얼음을 타듯 ······ 특별한 1등급 커리타기

특급

특별한 1등급 커리타기

대의파악+내용일치

특별한 1등급 커리타기
특급 대의파악+내용일치

지은이 능률영어교육연구소

선임 연구원 김지현

연구원 선정아, 권영주, 박예지

영문교열 Lewis Hugh Hosie, MyAn Thi Le

표지, 내지 디자인 디자인샐러드

맥편집 윤욱현

영업 김정원, 윤태철, 서정익, 이민재

마케팅 오하야, 노명진

제작 김민중, 황인경, 한웅희

Introduction

수능 영어의 독해 유형 중 대의파악 유형은 글을 읽고 전체적인 내용을 이해·추론하는 능력을 평가하는 유형이고, 내용일치 유형은 글의 세부내용에 대한 정확한 이해 여부를 판단하는 유형입니다. 평가원에서는 이러한 대의파악과 내용일치 유형의 경우, EBS 교재의 지문을 그대로 활용하지 않고, EBS 지문과 주제, 소재, 요지가 유사한 다른 지문을 활용하는 간접 연계 출제 방식을 따르겠다고 밝힌 바 있습니다. 순수 읽기 영역 22문항 중 대의파악이 6문항, 내용일치가 4문항을 차지할 만큼 비중이 높은데다가 두 유형 모두 문장을 제대로 읽고 정확하게 해석하는 기본적인 독해력과 사고력을 요하기에, 기본기를 다지는 학습과 더불어 이 유형에 대한 전략적인 접근이 반드시 필요하다고 할 수 있습니다.

본 교재는 이러한 요구에 발맞춰 대의파악과 내용일치 문항의 유형별 해결 전략을 제시하여 문제 해결 능력을 기를 수 있도록 구성하였습니다. 또한 최신 수능 및 모의고사 기출 문제와 EBS 지문을 간접 연계한 지문을 수록하여 각 유형별 해결 전략을 실제로 적용해볼 수 있도록 구성하였습니다. 뿐만 아니라, 〈Actual Test〉, 〈Mini Test〉에 양질의 문제를 수록하여 해당 유형의 독해 문제에 완벽 대비하고 실전 감각을 기르도록 하였습니다.

본 교재로 대의파악과 내용일치 유형을 마스터하고, 아울러 수능 영어의 기본기를 다지길 바랍니다. 포기하지 않고 꾸준히 학습하다 보면 1등급이라는 목표를 달성할 수 있을 것입니다.

INTRO

본문에 들어가기 전에 대의파악과 내용일치 유형의 특징과 출제 경향을 살펴 보고, 글을 이해하는 데 기본이 되는 주제(문), 요지, 문단의 구조와 주제문의 위치 등을 알아보는 코너입니다. 본문에 들어가기 앞서 이를 먼저 학습하면 본문에 대한 이해도를 한층 높일 수 있습니다.

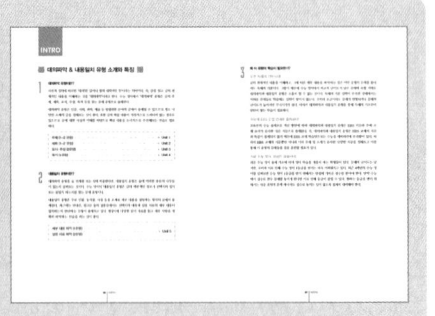

유형 설명

유형별 문제를 해결하기 위해 꼭 알아두어야 할 내용을 자세히 설명하는 코너입니다. 상단에는 각 유형별 특성과 출제 경향 등을 간략하게 정리하여 해당 유형을 한눈에 파악할 수 있도록 하였습니다.

유형 Solution 각 유형별 문제 해결 전략을 단계적으로 제시함으로써 문제 해결 능력을 기르고 실전 문제에 적용할 수 있도록 하였습니다.

유형 Analysis

최신 수능이나 모의고사 등의 기출 문제를 통해 앞서 익힌 유형 Solution을 적용하는 실례를 보여주는 코너입니다. 한눈에 알아볼 수 있도록 글의 구조를 분석하였으며, 유형 Solution 적용하기를 통해 해결 전략을 적용하는 과정을 구체적으로 제시하였습니다.

EBS 변형 Practice

EBS 지문을 변형한 짧은 지문들로 유형별 연습문제를 구성하였습니다. 앞에서 학습한 내용을 바탕으로 유형별 문제를 연습해볼 수 있습니다.

기출 Exercise

앞서 학습한 내용을 수능이나 모의고사 등의 기출 문제에 적용해보도록 한 코너입니다.

Actual Test

실제 수능 난이도에 맞는 다양한 주제·소재·요지의 실전 문제들을 풀어보는 코너입니다. 실전 느낌을 주기 위해 Time Limit을 제시하였고, 고난도의 문제를 제공하여 해당 유형을 완벽하게 마스터할 수 있도록 하였습니다.

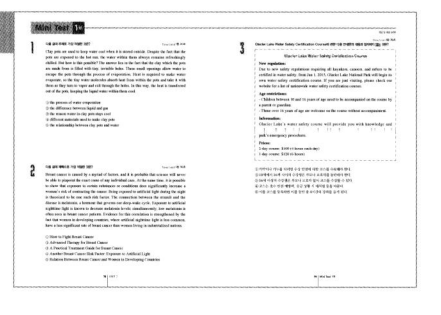

Mini Test

총 8회의 실전 모의고사를 통해 앞서 배운 해결 전략들을 적용하여 문제를 풀어보도록 하였습니다, 이를 통해 대의파악·내용일치 유형에 완벽 대비할 수 있습니다.

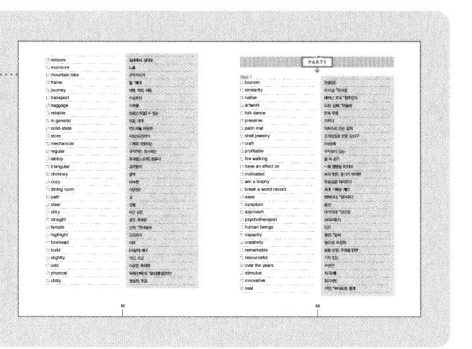

휴대용 어휘 암기장

본문에 나온 주요 어휘를 부록으로 별도 제공하여, 간편하게 휴대하면서 틈틈이 어휘를 학습할 수 있도록 하였습니다.

Contents

20일 동안 본 교재를 혼자서 Master할 수 있는 Plan입니다.
학습하신 날짜를 적으시고 스케줄에 맞춰 학습하세요.
20일 후에는 달라진 자신감을 느낄 수 있을 것입니다.
선생님들께서는 강의용으로 활용하셔도 좋습니다.

1일차 (/)	2일차 (/)	3일차 (/)	4일차 (/)	5일차 (/)
INTRO	Unit 1	Unit 2	INTRO, Unit 1&2 복습	Unit 3

6일차 (/)	7일차 (/)	8일차 (/)	9일차 (/)	10일차 (/)
Unit 4	Unit 3&4 복습	Unit 5	Special Unit	Unit 5 & Special Unit 복습

11일차 (/)	12일차 (/)	13일차 (/)	14일차 (/)	15일차 (/)
Mini Test 1	Mini Test 2	Mini Test 3	Mini Test 4	Mini Test 1~4 복습

16일차 (/)	17일차 (/)	18일차 (/)	19일차 (/)	20일차 (/)
Mini Test 5	Mini Test 6	Mini Test 7	Mini Test 8	Mini Test 5~8 복습

INTRO

대의파악 & 내용일치 유형 소개와 특징

1 대의파악 유형이란?

사전적 정의에 따르면 '대의'란 '글이나 말의 대략적인 뜻'이라는 의미이다. 즉, 글을 읽고 글의 전체적인 내용을 이해하는 것을 '대의파악'이라고 한다. 수능 영어에서 '대의파악' 유형은 글의 주제, 제목, 요지, 주장, 목적 등을 찾는 문제 유형으로 출제된다.

대의파악 유형은 인문, 사회, 과학, 예술 등 광범위한 분야의 글에서 출제될 수 있으므로 평소 다양한 소재의 글을 접해보는 것이 좋다. 또한 글의 핵심 내용이 직접적으로 드러나지 않는 경우도 있으므로 글에 대한 사실적 이해를 바탕으로 핵심 내용을 논리적으로 추론해보는 연습도 필요하다.

주제 (1~2 문항)	▶ Unit 1
제목 (1~2 문항)	▶ Unit 2
요지·주장 (2문항)	▶ Unit 3
목적 (1문항)	▶ Unit 4

2 내용일치 유형이란?

대의파악 유형을 숲 전체를 보는 것에 비유한다면, 내용일치 유형은 숲에 어떠한 종류의 나무들이 있는지 살펴보는 것이다. 수능 영어의 '내용일치' 유형은 글의 세부적인 정보가 선택지와 일치 또는 불일치 하는지를 찾는 문제 유형이다.

내용일치 유형은 주로 인물, 동식물, 사물 등을 소재로 세부 내용을 설명하는 형식의 글에서 출제된다. 최근에는 안내문, 광고문 등의 실용문에서도 선택지의 내용과 실용 자료의 세부 내용이 일치하는지 판단하는 문항이 출제되고 있다. 평상시에 다양한 읽기 자료를 읽고 세부 사항을 정확히 파악하는 연습을 하는 것이 좋다.

세부 내용 파악 (1문항)	
실용 자료 파악 (2문항)	▶ Unit 5

3 왜 이 유형의 학습이 필요한가?

모든 독해의 기본이다!

글의 전체적인 내용을 이해하고, 그에 따른 세부 내용을 파악하는 것은 어떤 유형의 문제를 풀더라도 독해의 기본이다. 그렇기 때문에 수능 영어에서 비교적 난이도가 낮은 유형에 속할 지라도 대의파악과 내용일치 유형은 소홀히 할 수 없는 것이다. 독해의 기본 실력이 부족한 상태에서는 어려운 문제들로 학습해도 실력이 쌓이지 않는다. 오히려 조금이라도 문제가 변형되거나 문제의 난이도가 높아지면 무너지기 쉽다. 따라서 대의파악과 내용일치 유형을 통해 독해의 기초부터 탄탄히 쌓는 학습이 필요하다.

수능에 EBS 간접 연계로 출제된다!

교육부의 수능 출제오류 개선 방안에 따라 대의파악과 내용일치 유형은 EBS 지문과 주제·소재·요지가 유사한 다른 지문으로 출제된다. 즉, 대의파악과 내용일치 유형은 EBS 교재의 지문과 똑같이 출제되지 않기 때문에 EBS 교재 학습만으로는 수능을 대비하기에 부족함이 있다. 따라서 EBS 교재의 지문뿐만 아니라 이와 주제 및 소재가 유사한 다양한 지문을 접해보고 이를 통해 이 유형의 문제들을 집중 훈련할 필요가 있다.

쉬운 수능 영어, 방심은 금물이다!

쉬운 수능 영어 출제 기조에 따라 영어 학습을 게을리 하는 학생들이 있다. 문제의 난이도는 낮지만, 오히려 이로 인해 수능 영어 1등급을 받기는 더욱 어려워지고 있다. 최근 4개년의 수능 영어를 살펴보면 수능 영어 1등급을 받기 위해서는 만점에 가까운 점수를 받아야 한다. 만약 수능에서 실수로 한두 문제를 놓치게 된다면 이로 인해 등급이 갈릴 수 있다. 원하는 등급을 받기 위해서는 쉬운 유형의 문제 하나라도 실수로 놓치는 일이 없도록 철저히 대비해야 한다.

이것만은 알고 시작하자!

1 주제 vs. 주제문

문단(paragraph)은 하나의 내용을 담고 있는 문장들의 집합이다. 한 문단에서는 하나의 공통적인 소재에 대해 이야기하는데, 이것이 바로 그 문단의 주제(topic)이다. 주제문(topic sentence)은 주제를 명시적으로 문장의 형태로 나타낸 것으로 '이 문단의 요점은 무엇인가'라는 질문에 답을 제공해줄 수 있는 문장을 말한다. 하나의 문단은 대개 중심 생각을 담고 있는 주제문(topic sentence)과 그 주제문의 근거가 되는 여러 개의 뒷받침 문장들(supporting sentences)로 구성된다. 주제문은 문단을 구성하는 다른 문장들보다 일반적이며 전체 문단을 요약하는 역할을 한다. 다음의 예시를 통해 주제, 주제문, 뒷받침 문장의 차이를 살펴보자.

예시1

ⓐ Every system in the body depends on water. ⓑ It helps regulate our body temperature and metabolism. ⓒ Water also removes toxins from our organs, brings nutrients to our cells, and keeps our ear, nose, and throat tissues healthy. ⓓ Furthermore, water is needed to avoid dehydration which can reduce our energy levels and make us feel tired.

위 글에서 주제는 body system's dependency on water이고, 이 주제를 문장으로 나타낸 ⓐ가 주제문이다. ⓑ, ⓒ, ⓓ는 주제문 ⓐ를 구체적으로 설명해주는 뒷받침 문장들이다. [예시1]에서는 주제문이 문단의 맨 앞에 위치했지만, 주제문은 문단의 어디에나 위치할 수 있다.

연습문제1 **[1-3] 다음 주제문을 읽고 알맞은 주제를 고르시오.**

1 Asking questions that challenged his students' beliefs was Socrates' approach toward teaching.
① 소크라테스의 철학　　　　② 소크라테스의 교수법

2 Using dolphins to help treat children with emotional difficulties has produced remarkable results.
① 돌고래를 활용한 치료법　　② 돌고래의 특징

3 For the past two decades, Korea has been recognized as one of the top competitors in the sport of archery.
① 양궁 종목에서의 한국의 위상　② 양궁과 스포츠 정신

한편, 글에 주제문이 없는 경우도 있는데, 이는 보통 일화나 이야기 형태의 글에서 나타난다. 그러나 주제문이 없다고 해서 주제가 없는 것은 아니다. 주제문이 명시적으로 드러나지 않은 글에서 주제를 찾기 위해서는 먼저 공통되는 내용을 종합한다. 글에 제시된 구체적 개념들 간의 공통되는 내용을 종합하여 일반화시키면 주제를 찾을 수 있다. 일화나 이야기 글은 사건이나 상황을 파악하고 교훈이나 시사점을 유추해 볼 수 있는데, 이것이 보통 글의 주제가 된다.

2 요지 vs. 주제문

글쓴이가 주제(topic)에 대해 하고자 하는 말, 즉 주제에 대한 글쓴이의 견해를 글의 요지(main idea)라고 한다. 다시 말해, 주제문(topic sentence)은 글쓴이가 요지를 자신의 언어로 표현한 것이라고도 볼 수 있다. 그러나 주제문과 요지는 같은 개념은 아니다. 요지는 글쓴이 외의 사람, 예를 들어 독자가 자신의 말로 바꿔 표현할 수 있는 반면, 주제문은 글쓴이만이 쓸 수 있다는 점에서 요지와 주제문은 서로 다르다.

연습문제 2 **[1-3] 다음 글을 읽고 물음에 답하시오.**

ⓐ Sea snakes are fascinating animals that live in the Pacific and Indian Oceans. ⓑ Different from sea turtles, sea snakes have their babies below the water's surface instead of on land. ⓒ Sea snakes only come out of the water when it is necessary to fill their one lung with air. ⓓ They can remain underwater for a couple of hours on a single lungful of air. ⓔ As beautiful as they are, they are just as dangerous. ⓕ A drop of their venom can quickly kill other living things.

- -

1 위 글의 주제를 고르시오.

① sea animals　　　② sea snakes　　　③ the lungs of sea snakes

2 위 글의 요지를 고르시오.

① Sea turtles and sea snakes are quite different from each other.
② The sea snake is an interesting creature that can be found in some oceans.
③ Although sea snakes are beautiful, their venom is highly toxic to other animals.

3 위 글의 ⓐ~ⓕ 중 주제문을 고르시오.

---

3 문단의 구조와 주제문의 위치

문단의 구조는 주제문의 위치에 따라 분류할 수 있다. 대개 주제문(topic sentence)은 [예시1]에서처럼 문단의 앞쪽에 위치하는 경우가 많지만 반드시 그런 것은 아니다. 주제문은 문단의 중간 또는 마지막에 위치할 수도 있고, 문단의 앞과 뒤에 동시에 올 수도 있다. 주제문의 위치에 따른 문단의 구조는 다음과 같다.

두괄식	중괄식
주제문이 문단의 앞에 위치한 경우	주제문이 문단의 가운데에 위치한 경우

미괄식	양괄식
주제문이 문단의 뒤에 위치한 경우	주제문이 문단의 앞과 뒤에 위치한 경우

4 글의 전개 방식에 따른 주제문의 위치

1 서사

서사는 어떤 사건을 시간의 흐름에 따라 흥미롭고 생생하게 전달하는 것이다. 서사 방식으로 전개된 글은 일반적 진술 없이 발생한 사건에 대한 여러 개의 구체적 진술로만 이루어진 경우가 많다. 그러므로 글이 서사 방식으로 쓰였을 경우, 글의 구조를 파악하기 보다는 사건이나 내용의 흐름을 따라 글을 읽어나가는 것이 좋다.

예시2

Once, there were two hunters, and each took care of his bow differently. One always left the bowstring on tight after a hunt, while the second always untied it so his bow would straighten. One day, while hunting, the first hunter's bow snapped in two. But the second hunter's bow was still as good as new, and he killed many deer for his family.

2 과정

서사는 '무엇을'에 글의 초점을 맞추는 데 비해, 과정은 '어떻게'를 중심으로 글을 구성하는 것이다. 즉, 과정은 시간성을 고려한 절차나 방법 위주로 글을 전개하는 것이다. 과정의 전개방식은 주로 제품 사용 설명서와 같은 글에서 볼 수 있으며, 주제문은 대부분 과정이 시작되기전이나 후에 위치한다.

예시3

주제문 Making pancakes is simple. In a large bowl, mix a cup of flour and half a cup of sugar. Next, add some milk and an egg. After that, mix until it is smooth. Next, heat a little oil in a frying pan. Then pour the mixture into the pan, using a spoonful for each pancake. Cook both sides until they are brown. Finally, eat and enjoy!

3 인과

인과의 전개 방식은 어떤 원인에서 결과에 이르는 단계를 중심으로 서술하는 방법이다. 인과의 방법으로 글을 전개할 때에는 원인을 먼저 제시하고 그에 따른 결과를 밝힐 수도 있고, 결과를 먼저 제시한 다음에 원인을 제시할 수도 있다. 원인을 먼저 제시할 경우 결과 부분에, 반대의 경우에는 원인 부분에 주로 글의 핵심 내용이 나온다.

예시4

Many people think that they can get sick from cold weather. **주제문** Illnesses, however, are not caused by temperature—they are caused by germs. Although being in the cold won't strengthen your immune system, you're more likely to get an illness indoors. When you are indoors you have a greater exposure to germs.

4 예시

예시는 주제문을 뒷받침하기 위해 구체적인 예를 드는 것으로 어떤 진술에 대해 예를 들음으로써 독자의 이해를 돕기 위한 목적으로 사용된다. 주제문은 보통 예시가 시작되는 부분이나 끝나는 부분에 위치한다.

예시5

주제문 Cross-country, touring, and cyclocross bikes are among the most popular. Cross-country bikes are mountain bikes with a light frame, making them easy to carry. They are designed for off-road courses. Touring bicycles are designed for long journeys. They are comfortable and can transport baggage. Cyclocross bicycles are designed for mixed surfaces. Cyclocross bicycles are designed for daily cycles to work or school. They are strong and reliable.

5 분류

분류란 특정한 기준에 따라 대상이나 현상 등의 상위 개념을 하위 종류로 나누어 서술하는 방식을 말한다. 예를 들어 '동물은 조류, 포유류, 양서류, 파충류 등으로 분류할 수 있다'처럼 대상을 기준에 따라 나누는 것이 분류 방식을 이용한 설명이다. 분류를 이용한 글은 분류의 기준을 먼저 제시하기 때문에 주제문이 글의 맨 앞에 위치하는 경우가 많다.

예시6

주제문 In general, there are two types of hard drives: hard disk drives and solid-state drives. Hard disk drives use one or more spinning discs and store data on magnets. Solid-state drives, on the other hand, have no moving mechanical parts, and use memory similar to USB flash drives. Regular desktop computers usually have hard disk drives, while solid-state drives are found in expensive laptops.

6 분석

흔히 분류와 분석을 혼동하는 경우가 많은데, 분류는 '나눈다'는 의미이고 분석은 '쪼갠다'는 의미이다. 예를 들어 자전거를 바퀴의 종류라는 기준에 따라 외발 자전거, 두발 자전거, 세발 자전거로 나누는 것은 분류이고, 자전거를 쪼개어 바퀴, 핸들, 브레이크, 안장 등으로 서술하는 것이 분석이다. 분석을 이용한 글 또한 분석의 기준을 먼저 제시하기 때문에 대개 글의 앞부분에 주제문이 위치한다.

예시7

주제문 The house is very big. It is made of dark brown wood, has two floors, and has lots of windows. The roof is triangular and has two chimneys. It has a cozy living room, a large kitchen, three bedrooms, and a small dining room. There is a stone path going up to the front door. In the yard, there are two big trees.

7 묘사

분석과 묘사는 대상을 구체화하여 서술하는 방법이라는 공통점이 있다. 하지만 분석은 대상을 조각조각 분해하는 방식인데 반해 묘사는 대상을 마치 그림을 그리듯이 서술하는 방식이다. 묘사는 글쓴이의 머릿속에 떠오르는 대상의 모습을 독자의 머릿속에도 똑같이 떠오르게 하기 위해 사용하는 서술 방식이다. 묘사를 사용하여 전개되는 글은 대개 주제문에 해당하는 일반적인 진술 없이 여러 개의 구체적 진술로만 이루어져 있는 경우가 많다.

예시8 ....

He has large gray eyes that are like two pieces of steel. His silky, straight, brown hair is long and brushed backward from his temples, highlighting his large forehead. He is short, has a feminine build, and has skin that is deeply tanned. There is something slightly odd about him, but it is difficult to say what it is.

8 비교와 대조

비교는 두 개 이상의 대상을 견주어 공통점을 보여주는 서술 방식이고 대조는 차이점을 보여주는 서술 방식이다. 비교와 대조를 통해 대상의 공통점과 차이점을 보여주면 독자는 대상의 특징을 더 잘 파악할 수 있다. 이때 비교나 대조를 통해 보여주고자 하는 것이 글쓴이가 비교 혹은 대조함으로써 말하고 싶은 바, 즉 글의 요지라고 볼 수 있다.

예시9 ....

주제문 Arizona and Rhode Island are both states of the US, but they are very different in many ways. For example, the physical size of each state is different. Arizona is about ten times the size of Rhode Island. They also differ in climate. Arizona has warm winters and extremely hot summers, whereas Rhode Island has warm, rainy summers and chilly winters.

→

W o r d s   y o u   w a n t   t o   h e a r   t o   y o u

Don't judge each day by the harvest you reap
but by the seeds that you plant.
- Robert Louis Stevenson

PART 1

↓

대의파악과 내용일치

→

Unit 1 주제

글쓴이가 글을 통해 말하고자 하는 중심 내용을 묻는 유형이다. 매년 수능에서 한 문제 이상 출제되며, 선택지는 영어 또는 우리말로 제시된다. 선택지가 지문에 나오는 핵심어(구)들로 이루어진 경우가 많다.

▶ 지시문: 다음 글의 주제로 가장 적절한 것은?

주제문 찾기

주제문이 있는 경우

일반적으로 한 단락의 글은 주제문과 그것을 뒷받침하는 문장으로 이루어진다. 구체적이고 세부적인 내용을 담고 있는 문장이 뒷받침 문장이고, 단락의 전체 내용을 포괄하는 일반적인 내용을 담은 문장이 주제문이다.

▶p.8 〈주제 vs. 주제문〉 참조

주제문이 없는 경우

모든 글에 반드시 주제문이 있는 것은 아니다. 주제문 없이 구체적인 진술이나 상황을 설명하는 문장들로 단락이 구성되어 있다면, 그러한 진술을 통해 글쓴이가 궁극적으로 말하고자 하는 바를 찾는다.

주제문의 단서

글쓴이의 주장이 드러나는 표현

- It is certain[evident / clear / important / necessary / essential] 등으로 시작하는 문장
- I think[believe / urge / insist / am sure] 등으로 시작하는 문장
- must, should, have to, need to 등의 조동사를 포함하는 문장

연결어 전후의 문장

- for example, for instance 등이 포함되는 문장 앞에 오는 문장
- therefore, thus, so, consequently, as a result 등이 들어간 문장
- however, but, yet 등이 들어간 문장

유형 Solution

step 1 글의 핵심 소재를 찾는다.

>> 반복적으로 언급되는 핵심 소재를 찾으면 글의 주제를 파악하는 것이 용이하므로, 먼저 핵심 소재를 파악한다.

step 2 핵심 소재와 글쓴이의 견해를 종합하여 주제를 추론한다.

>> 핵심 소재에 대한 글쓴이의 생각이 담겨 있는 주제문을 찾는다. 주제문이 분명하게 드러나지 않은 글의 경우, 구체적인 내용을 일반화시켜 단락 전체를 아우르는 중심 내용을 찾는다.

다음 글의 주제로 가장 적절한 것은? 평가원기출

> 도입 ⓐ Tourism is important for more than just vacationing. 구체화 ⓑ Tourism allows people from different places and cultures to come together, and then tourists and host communities learn about each other's differences and similarities. ⓒ They also learn new tastes and ways of thinking, which may lead to a better understanding between hosts and tourists. 추가 ⓓ Another positive effect of tourism is the aid it provides for the survival of a society's culture, especially the culture's art forms. The opportunity to sell native artworks to tourists or perform folk dances for them may encourage local artists to preserve traditional art forms. 예시 For example, Fijians have developed their palm mat and shell jewelry crafts into profitable tourist businesses. They also earn additional income by performing folk dances and fire walking.

> 글의 흐름
>
> 도입 관광은 휴가를 보내는 것 이상으로 중요함
>
> 구체화 관광을 통해 다른 문화권의 사람들이 만나 서로의 차이점과 유사점을 배움으로써 서로를 더 잘 이해하게 됨
>
> 추가 관광은 한 사회의 문화, 그 중에서도 전통 예술 분야에 도움을 줌
>
> 예시 관광은 피지 제도의 전통 문화를 보존하게 함

① misunderstandings between hosts and tourists
② various ways of creating tourism products
③ negative effects of cultural exchanges
④ disappearance of traditional cultures
⑤ cultural benefits of tourism

 유형 Solution 적용하기

step 1 글의 핵심 소재를 찾는다.

≫ 문장 ⓐ, ⓑ, ⓓ에서 'tourism(관광)'이라는 단어가 여러 번 언급되고 있으므로 핵심 소재가 관광임을 알 수 있다. ⓓ의 'Another positive effect of tourism(관광의 또 다른 긍정적 효과)' 이라는 어구를 통해 ⓓ의 앞뒤로 관광의 이점에 대해 서술하고 있음을 알 수 있다.

step 2 핵심 소재와 글쓴이의 견해를 종합하여 주제를 추론한다.

≫ 핵심 소재인 관광과 그에 대한 글쓴이의 견해를 종합하여 주제를 추론할 수 있다. ⓑ와 ⓒ에서는 관광의 긍정적인 효과 중에서도 문화적인 교류의 측면(관광이 관광객과 관광지역민이 서로를 잘 이해하도록 돕는다)을 언급하며, ⓓ 이하의 내용을 통해서는 관광이 한 사회의 문화, 그 중에서도 전통 예술에 기여하는 바를 서술하고 있다. 이를 종합하여 이 글의 주제를 ⑤ '관광의 문화적 이점'으로 추론할 수 있다.

[1~3] ⓐ~ⓔ 중 글의 주제가 가장 잘 나타난 것을 고르시오.

1

ⓐ The things you imagine can have a good effect on you if they are positive. ⓑ You can easily find examples of this in many fields. ⓒ Top athletes often use their imaginations to make themselves more motivated. They imagine winning trophies or breaking world records. ⓓ Some businesspeople also use their imaginations to make their businesses more profitable. In addition, doctors help patients ease painful symptoms or overcome diseases by using this approach. ⓔ Sometimes psychotherapists use this method to help their clients face their fears or weaknesses.

2

ⓐ Human beings have a huge capacity for creativity. ⓑ We have developed many remarkable and resourceful ideas and inventions to ensure our survival over the years. ⓒ However, the actual stimulus for many of these innovative survival methods came from observing nature. For example, Inuit catch seals like polar bears by waiting on the Arctic ice next to the breathing holes of seals. ⓓ Native Australians studied bird wings to design their boomerangs. ⓔ Polynesians created boats that look like seed pods.

3

ⓐ Advanced improvements in technology have changed how artists and performers tell stories. ⓑ As a result, major arts companies are testing new and exciting ways to produce plays. ⓒ For example, Royal de Luxe, a French theater company, uses technology to cleverly tell stories. ⓓ In 2006, its show, *The Sultan's Elephant*, was brought to London's streets by British arts company Artichoke. ⓔ The performance impressed everyone with its enormous mechanical elephant and 6-meter-tall doll, which was seemingly fired from a rocket.

1

다음 글의 주제로 가장 적절한 것은? 수능기출

Some people punish themselves when they are under time pressure. They delete all the games on their PC, they stop going for walks, and they don't spend time with their friends. They then have less pleasure in life and less balance—and their work performance actually declines. Break out of this pattern by paying more attention to relaxation and getting more involved in living when you are under pressure. Define clear time periods for this: half an hour for a walk, ten minutes to play a game on your PC, and so on. Your mind will become more creative during the break, and you will become mentally fitter. Free time without feelings of guilt will give you the strength to do high-quality work in the remaining time. Furthermore, a certain amount of recreation reduces the chances of developing stress-related disorders.

① 컴퓨터 게임 중독의 심각성
② 직장 내 대인 관계의 중요성
③ 집중력과 학습 능력 간의 관계
④ 죄책감이 정신 건강에 미치는 영향
⑤ 시간적 압박하에서의 휴식의 필요성

2

다음 글의 주제로 가장 적절한 것은? 교육청기출

Having positive relationships with peers can lead directly to resources and information that help students learn. By virtue of the fact that they are socially accepted, it is reasonable to assume that students who get along with their peers will also have access to peer resources that can promote the development of social and academic competencies. These resources can take the form of information and advice, modeled behavior, or specific experiences that facilitate learning. Teachers play the central pedagogical function of transmitting knowledge and training students in academic subject areas. However, students provide each other with valuable resources necessary to accomplish academic tasks. Students frequently clarify and interpret their teacher's instructions concerning what they should be doing and how they should do it, provide mutual assistance in the form of volunteering substantive information and answering questions, and share various supplies such as pencils and paper.

① ways to prevent conflict among peers
② benefits of positive peer relationships in learning
③ side effects of strict school discipline on students
④ the importance of teachers' detailed instructions
⑤ necessary components of effective teaching

Actual Test

다음 글의 주제로 가장 적절한 것은?   Time Limit 1분 30초

Staying warm in winter is a major concern for most animals. To overcome the freezing cold, they must minimize how much heat their bodies lose. The amount of body heat that an animal loses is directly affected by how much of its body surface is exposed to its surroundings. In other words, animals that have more of their body surface exposed will lose more heat. Since smaller animals, such as mice and birds, have a higher ratio of surface area to body volume and a higher metabolism, it is more difficult for them to maintain their body heat than it is for larger animals. When they are in groups, however, they will stay in close physical contact with each other to lower their overall exposed surface area, thereby conserving body heat. Scientists refer to this behavior as "huddling."

① the effect of metabolism on body heat
② how body heat is converted into energy
③ why larger animals prefer cold weather
④ the disadvantage of having a small body
⑤ a strategy small animals use to stay warm

다음 글의 주제로 가장 적절한 것은?   Time Limit 1분 30초

London's Natural History Museum has a special team working behind the scenes: a colony of flesh-eating beetles. To help prepare the museum's huge collection of animal skeletons for research and displays, this team of bugs is devoted to their careful cleaning. Animal skeletons are made up of hundreds of tiny bones, many of which are too fragile to be handled by human hands. The larvae of the beetles are especially good at cleaning as they can consume as much as two to four kilograms of flesh per week. Furthermore, these natural cleaners leave the bones in perfect condition. Scientists used to use chemicals to take the flesh off the bones, but this process damaged the bones themselves and erased vital information. The condition of the bones left by the beetles provides scientists with more information about the animal's life: when it died, where it lived, and what it ate.

① the chemicals produced by animal skeletons
② the reason museums need new ways to clean bones
③ why a museum uses beetles to clean animal skeletons
④ how scientists use chemicals to take the flesh off the bones
⑤ why scientists prefer to use chemicals over natural cleaners

3

다음 글의 주제로 가장 적절한 것은?

Time Limit 1분 50초

Imagine that your friend just got an 'A' on a difficult test. You feel happy for him, but at the same time you feel jealous. This kind of feeling is perfectly natural, but it tends to make people uncomfortable. A recent study on emotions determined that jealousy and similar feelings affect the part of the brain that senses physical pain. Consequently, people avoid these feelings. But jealousy is not necessarily a bad emotion; psychologists claim it can be either positive or negative. Negative jealousy takes the form of bitterness and resentment, and it may lead people to act hurtfully toward others. Positive jealousy, however, can make us feel motivated and inspired. So the next time you feel jealousy toward a friend, remember that you can use that feeling to push yourself toward improving your own life.

① the social effects of jealousy
② the potential benefits of jealousy
③ the importance of not being jealous
④ why jealousy can cause physical pain
⑤ the relationship between joy and jealousy

Plus+ 빈칸 (A)와 (B)에 들어갈 말로 가장 적절한 것을 보기에서 골라 위 글의 내용을 한 문장으로 요약하시오.

> •보기• ambition motivator persuasion coincidence resentful success

→ Jealousy can be a potential (A) _____ to help you achieve (B) _____.

Words & Phrases

1 major 주요한 concern 우려, 걱정 overcome 극복하다 minimize 최소화하다 directly 곧장 affect 영향을 미치다 surface 표면
expose 드러내다; *노출시키다 surroundings ((pl.)) 환경 ratio 비율 metabolism 신진대사 contact 연락; *접촉 lower ~을 내리다[낮추다]
overall 종합적인, 전체의 conserve 아끼다; *보호하다 huddle (보통 춥거나 무서워서) 옹송그리며 모이다

2 behind the scenes 무대 뒤에(서) colony 식민지; *군집 flesh-eating 육식성의 beetles ((pl.)) (딱정벌레 등) 초시류 skeleton 뼈대
display 전시, 진열 devote to ~에 전념하다 fragile 부서지기 쉬운 larva 유충 (pl. larvae) consume 소모하다; *먹다 damage 손상을 주다
erase 지우다, 없애다

3 tend to (~하는) 경향이 있다 uncomfortable 불편한 determine 알아내다; *결정하다 sense 감지하다, 느끼다 consequently 그 결과, 따라서
psychologist 심리학자 claim 주장하다 bitterness 씀, 쓴 맛; *쓰라림 resentment 분함, 억울함 hurtfully 상처를 입게
inspired 탁월한; *영감을 받아 한 [문제] persuasion 설득 coincidence 우연의 일치 resentful 분해[억울해] 하는

4 다음 글의 주제로 가장 적절한 것은? Time Limit 1분 30초

One of the essential traits of modern technology is that its growth is accelerating quite rapidly. This has led to an increase in customers who sell their relatively new electronic gadgets for the latest products on the market. With this change, a new industry has emerged that is being called reCommerce, or reverse commerce. Using online and offline services, reCommerce helps reclaim these discarded devices. For example, upon hearing that the makers of a popular tablet were about to release a newer version, a reCommerce website purchased a couple thousand older models within an hour. Customers received cash or gift cards for these older devices, which were then sold to electronics stores. These places then resell these pre-owned gadgets to attract those on a tight budget who normally wouldn't be able to afford such items. In conclusion, reCommerce offers advantages to both vendors and buyers in addition to helping lower the amount of e-waste.

① the disadvantages of technological innovation
② the advantages of recycling used electronic devices
③ a technological innovation that destroys new markets
④ a new market for used electronic devices and its benefits
⑤ the increasing number of changes in new electronic devices

5 다음 글의 주제로 가장 적절한 것은? Time Limit 1분 30초

Hyenas may not qualify as particularly courageous animals, but they do possess a keen ability to assess risk and make decisions based on those assessments. The spotted hyenas of Africa are social animals. While living in clans of up to 90 individuals, they frequently hunt, migrate, and spend time in smaller packs. When packs from different clans meet, a battle for dominance may ensue. It has been shown that the larger pack is more likely to win the battle. The hyenas are aware of this fact. Therefore, when confronted by an unknown pack, they will immediately calculate their odds of success by counting the members of the opposing pack. They do this using both their excellent night vision and their aural ability to distinguish sounds made by individual hyenas. If the opposing pack is larger than their own, they will attempt to retreat rather than attack.

① the secrets of hyenas' hunting techniques
② ways in which hyenas manage conflicts within a clan
③ why hyenas of Africa migrate from one place to another
④ how hyenas successfully get along with unfamiliar packs
⑤ hyenas' capability to make decisions during a power struggle

6

다음 글의 주제로 가장 적절한 것은? 고난도

Anti-war sentiment is not a modern phenomenon; people have opposed wars for as long as they have been fought. World War I was no exception. Despite the intense nationalism in Europe in 1914, there were thousands of citizens across the continent unwilling to fight for their countries. Known as "conscientious objectors," some argued that participating in the violence of war went against their religious beliefs. Others saw it as contrary to the cause of international socialism, which encouraged the working classes of all nations to unite and create a better world. Still, these objectors were in the minority, and for refusing to fight, they were scorned by their fellow citizens, and even given lengthy prison sentences. However, looking back now on the tragic and senseless loss of life that occurred during World War I, it is difficult not to side with the objectors.

① 제1차 세계대전의 발발 원인
② 오래 전부터 존재한 반전 정서
③ 전쟁으로 인한 인명 손실과 폐해
④ 유럽의 민족주의가 비난 받는 이유
⑤ 종교적 신념에 따른 병역 거부의 타당성

Words & Phrases

4 essential 필수적인   trait 특성   growth 성장   accelerate 가속화되다   rapidly 빨리   relatively 비교적   gadget 도구, 장치   emerge 나오다
reverse 반대의   commerce 무역; *상업   reclaim 되찾다; *재활용하다   discard 버리다   upon v-ing ~하자마자 곧   release 풀어주다; *공개하다
purchase 구입하다   pre-owned 중고의   attract 마음을 끌다   on a tight budget 돈이 없는, 빠듯한   vendor 행상인; *판매 회사
e-waste 전자폐기물

5 qualify 자격을 얻다   courageous 용감한   possess 소유하다   keen 날카로운, 예리한   assess 재다, 가늠하다 (*n.* assessment)
spotted 점무늬가 있는   clan 씨족; *집단, 무리   migrate 이동하다   pack 꾸러미; *무리, 떼   dominance 권세, 지배, 우세   ensue 뒤따르다
confront 닥치다; *정면으로 부딪치다   odds (*pl.*) 공산, 가능성   aural 청각의   distinguish 구별하다   retreat 후퇴하다   [문제] capability 능력
struggle 투쟁

6 anti-war 반전의   sentiment 정서, 감정   phenomenon 현상   exception 예외   intense 극심한   nationalism 민족주의
unwilling 꺼리는, 싫어하는   conscientious 양심적인   objector 반대자   religious 종교의   cause 원인; *대의명분   socialism 사회주의
unite 연합하다   minority 소수   fellow 같은 처지에 있는, 동료의   lengthy 너무 긴   sentence 문장; *형벌, 형   tragic 비극적인
senseless 무의미한   side with ~의 편을 들다

7

Could you imagine using your tongue instead of your nose to smell your environment? It seems strange, but that's what snakes do. When a snake quickly sticks out its tongue, it is trying to "taste" the air around it for any nearby prey. Once the snake captures the small odor particles from the air with its tongue, it then moves them to the roof of its mouth where the *Jacobson's organ is located. This second **olfactory organ has two openings that perfectly line up with the snake's forked tongue. The receptor molecules of this organ gather the chemical compounds from the odor particles and communicate their findings to the snake's brain.

*Jacobson's organ 야콥슨 기관 (일종의 후각 기관)

**olfactory organ 후각기

① why snakes don't smell good
② the location of organs in snakes
③ the method snakes use to kill prey
④ the special way snakes detect smells
⑤ how snakes breathe through their mouths

8

In Thailand, there is a tradition that assigns a color to each day of the week. The color of each day was assigned based on the color of the God who protects that day. Sunday is red after the God of Sunday, Surya, and Tuesday is pink after the God of Tuesday, Mangala. In the past, it was very common to see people wearing the color associated with a specific day. These colors of the day are also used as traditional Thai birthday colors. For example, the current king was born on a Monday and because Monday's color is yellow, they use yellow decorations on his birthday. The day when a person was born has important meaning in Thai culture and its assigned color is often thought of as lucky. In some households you can see a pole with two colored ribbons tied around it— one representing the husband and the other representing the wife.

① the colors associated with Thai gods
② how Thai people bring themselves luck
③ a Thai tradition about the colors of days
④ why Thai culture values the color yellow
⑤ why the Thai king's favorite color is yellow

9

다음 글의 주제로 가장 적절한 것은?

Time Limit 1분 30초

Blinking is something that we do unconsciously to shield our eyes from harm. The majority of the human eyeball is protected by a bony socket. Yet, a portion of it— approximately one tenth of the total eyeball—is exposed when our eyes are open. This leaves the eyes, one of the most sensitive and delicate organs in the body, vulnerable to a variety of irritants and particles floating in the air. Fortunately, our eyes are equipped with an effective safeguard: blinking. Blinking performs two functions that help protect our vision. First, it *lubricates the exposed portion of the eyeball to ensure that our sight remains clear. And, second, it deposits a thin layer of fluid on the exposed surface that protects it from particles in the air.

*lubricate 매끄럽게 하다

① the purpose of blinking
② side effects of eye surgery
③ methods of improving eyesight
④ ways of protecting the eyes from dust
⑤ the importance of regular eye examinations

Words & Phrases

7 tongue 혀　stick out ~을 내밀다　prey 먹이　capture 포로로 잡다, 억류하다　odor 냄새　particle 입자　locate ~의 정확한 위치를 찾아내다; *(특정 위치에) 두다　forked 한 쪽 끝이 두 갈래인　receptor 수용기　molecule 분자　compound 복합체; *화합물　communicate 연락을 주고받다; *(정보 등을) 전달하다　finding (조사·연구 등의) 결과　[문제] detect 발견하다, 감지하다

8 tradition 전통　assign 맡기다; *부여하다　associated 관련된　think of ~ as ... ~을 …로 여기다　household 가정　pole 막대기, 기둥　represent 대표하다, 대신하다　[문제] value 소중하게 생각하다

9 blink 눈을 깜박이다　unconsciously 무의식적으로　shield 방어하다　eyeball 안구　bony 뼈가 다 드러나는; *뼈의　socket 콘센트; *푹 들어간 곳, 구멍　portion 부분　approximately 거의, ~ 가까이　delicate 연약한　vulnerable 취약한　irritant 자극물　float 떼[흘러]가다, 떠돌다　be equipped with ~을 갖추고 있다　safeguard 보호 장치　vision 시력, 눈　deposit 예금하다; *두다　layer 막　fluid 유체, 유동체　[문제] side effect 부작용　examination 조사; *검사

Unit 2 제목

제목은 글의 주제를 압축적으로 표현한 것이므로, 제목을 추론하는 문제는 먼저 글의 주제를 파악하고 난 뒤 제목을 찾아야 한다. 선택지는 구, 절, 문장으로 이루어진 영어로 제시되며 매년 수능에서 한 문제 이상 출제된다.

▶ 지시문: 다음 글의 제목으로 가장 적절한 것은?

글의 주제와 제목 ■ 주제와 제목 모두 글의 중심 내용을 나타내지만, 제목은 독자의 호기심을 자극하기 위해 주제보다 비유적이거나 상징적으로 표현되는 경우가 많다. 글쓴이는 제목을 통해 글의 내용을 암시하거나 독자로 하여금 글의 내용을 짐작하게 한다.

▶p.16 〈주제〉 참조

제목의 요건 ■ 제목은 글의 주제를 그대로 활용할 수도 있고, 요지를 포함하여 표현할 수도 있다. 또한 독자가 글을 읽고 싶은 마음이 들도록 주제보다 다양하게 표현되는 경우가 많다. 하나의 주제문을 가지고 다양한 방식으로 제목을 표현하는 아래의 예를 보도록 하자.

주제문과 다양한 ■
제목의 형태
• 주제문: There are five normal stages of grieving after losing a loved one.
• 구로 표현되는 제목: Moving Through the Five Stages of Grief
• 절로 표현되는 제목: Why You Go Through Five Stages of Grief After Losing Someone
• 콜론을 포함하는 제목: The Five Stages of Loss: Normal Way of Grieving
• 문장으로 표현되는 제목: Grief Is Not a Mental Disorder.
• 의문사가 사용되는 제목: What Process Do We Go Through When Losing Someone?

유형 Solution

step 1 글의 중심 내용을 담은 주제문을 파악한다.

≫ 제목은 주제와 동일하거나, 주제를 변형하여 나타내므로 글의 중심이 되는 주제문을 파악하는 것이 중요하다. 주제문이 없는 경우, 세부내용을 종합하여 글 전체를 아우르는 주제를 찾는다.

step 2 주제문을 잘 반영한 제목을 찾는다.

≫ 선택지를 하나씩 살피며 글의 주제를 가장 잘 나타낸 것을 고른다. 이때 본인이 택한 선택지가 글의 일부분에 관한 것은 아닌지, 혹은 너무 비약적이거나 초점을 벗어난 내용은 아닌지 주의한다. 선택지의 제목으로 본인이 글을 쓴다고 가정했을 때, 제시된 글이 나올 수 있는지 생각해 보는 것도 문제 해결 방법이 될 수 있다.

다음 글의 제목으로 가장 적절한 것은? 수능기출

주제문 ⓐ The key to successful risk taking is to understand that the actions you're taking should be the natural next step. 부연 설명 ⓑ One of the mistakes we often make when confronting a risk situation is our tendency to focus on the end result. 예시 Skiers who are unsure of themselves often do this. They'll go to the edge of a difficult slope, look all the way down to the bottom, and determine that the slope is too steep for them to try. The ones that decide to make it change their focus by analyzing what they need to do to master the first step, like getting through the first *mogul on the hill. Once they get there, they concentrate on the next mogul, and over the course of the run, they end up at the bottom of what others thought was an impossible mountain.

*mogul 모굴(스키의 활주 사면에 있는 단단한 눈 더미)

> 글의 흐름
>
> 주제문 '성공적인 위험 감수의 열쇠'라는 핵심 소재와 그에 대한 글쓴이의 견해를 제시함
>
> ○
>
> 부연 설명 위험 상황에 처했을 때 저지르는 실수가 결과에 초점을 맞추는 경향이라고 부연 설명함
>
> ○
>
> 예시 스키 타는 사람을 예로 들어 주제를 뒷받침함

① Separating the Possible from the Impossible
② Focus on the Next Step, Not the Final Result
③ Start with Ultimate Goals in Mind!
④ The Wonders of Committed Efforts
⑤ Success Through Risk Avoidance

유형 Solution 적용하기

step1 **글의 중심 내용을 담은 주제문을 파악한다.**

>> 주제문이 글의 첫 문장에 나오는 두괄식 구성의 글이다. 핵심어(key word)는 주제문 ⓐ에 나오는 'The key to successful risk taking(성공적인 위험 감수의 열쇠)'과 'next step(다음 단계)'이고, 주제문 뒤에 따라오는 ⓑ가 주제문에 대해 부연 설명하고 있다.

▶p.10 〈문단의 구조와 주제문의 위치〉 참조

step2 **주제문을 잘 반영한 제목을 찾는다.**

>> 스키 타는 사람을 예로 들어, 목표를 달성하기 위한 단계를 차근차근 밟다 보면 처음에는 불가능해 보였던 목표도 결국 달성할 수 있다는 내용을 전달하고 있는 글이다. 따라서 ② '마지막 결과가 아니라 다음 단계에 집중하라'가 제목으로 적절하다.

[1~3] 다음 글의 제목으로 가장 알맞은 것을 고르시오.

1

Counselors who want to provide online services should consider some of the disadvantages. Along with being able to use technology, such as video conferencing, to communicate electronically with clients, counselors should guarantee that all website information is up-to-date and accurate. This will help current and future clients. And while convenient, online counseling can make it difficult for counselors to read their clients' body language accurately and for clients to trust them. This could delay their ability to build a strong relationship.

ⓐ Why You Should Trust Your Counselor
ⓑ Video Conferencing: A New Way to Communicate
ⓒ What to Consider Before Offering Online Counseling

2

When scientists studied the remains of animals at museums or closely inspected animals at labs, little information about actual animal behavior was gained. Surprisingly, it was only much later when researchers thought that zoos could be used as a way to learn about animal behavior. With the ability to study live animals face-to-face, researchers have now come to understand many behaviors, such as the facial expressions of wolves, which can be too challenging to study in the wild.

ⓐ The Challenges of Studying Animal Behaviors
ⓑ Animal Rights: Are Zoos and Labs Really Safe?
ⓒ Zoos: An Overlooked Chance to Study Animals

3

Sometimes the things that we think are unimportant turn out to be important. For example, William James, an American philosopher and psychologist, noticed that fifteen deaf passengers were not sick during a rough sea journey. He thought then that seasickness might be related to inner ear troubles, which deaf people don't experience. After some testing, James could confirm that it was true. Without James' lucky observation, this cause of seasickness could have remained unnoticed for a long time.

ⓐ How Do Inner Ears Relieve Seasickness?
ⓑ Deaf People Travel in Ships Comfortably
ⓒ Minor Observations Can Lead to Interesting Information

1 다음 글의 제목으로 가장 적절한 것은? 수능기출

Large animals are actually less dangerous to hikers than smaller ones. Common sense tells us that we should avoid tigers, bears, and other large threatening animals. But smaller animals are actually more threatening than bigger animals. To overcome disadvantages of their size, small animals have developed useful weapons such as poison to protect themselves in the wild. Each year, only a few people are attacked by tigers or bears, and most of these incidents are caused by the people themselves. However, more people are killed by bites from small poisonous snakes than by these large animals. Even more people lose their lives from allergic reactions to common bee stings. For these reasons, hikers should be careful about small dangerous creatures.

① How to Deal with Allergies
② Watch Out for Small Animals!
③ Animals: Human's True Friends
④ Animals Attack Human Villages!
⑤ Why Are Wild Animals Endangered?

2 다음 글의 제목으로 가장 적절한 것은? 평가원기출

Inflation can be a major life concern for most people. It makes it difficult for households to plan ahead. This is because 'future problems' concerning inflation often make us change our plans for the future. For instance, how much should the parents of a newborn start regularly saving to pay for her college education? If inflation averages two percent, prices roughly double every thirty-six years. But if inflation gets up to eight percent, prices roughly double every nine years. A Harvard education that currently costs $100,000 may therefore end up costing half a million dollars for an infant born today. Millions of workers who retired with pensions during the 1960s and 1970s found that inflation pushed up costs far beyond their expected expenses. Many had to reenter the workforce just to make ends meet.

① What Causes Inflation?
② Inflation Affects Future Plans
③ Various Ways to Reduce the Inflation Rate
④ Actual Benefits Exceed Estimated Expenses
⑤ How Quickly Can the Inflation Rate Climb?

Actual Test

Time Limit 1분 30초

1 다음 글의 제목으로 가장 적절한 것은?

Most people know Einstein for his theory of relativity. But few people know that he never won a Nobel Prize for it. In fact, he was nominated eleven times without winning. The old-fashioned attitude of the Nobel committee members was mostly to blame. They thought the theory of relativity was too radical. One member even wrote: "Einstein must never receive a Nobel Prize even if the entire world demands it." It seemed that Einstein might never win a Nobel Prize. However, Einstein's 1905 paper on the *photoelectric effect finally won him the Nobel Prize in physics in 1921. His paper showed that light behaves not only as waves but also as particles. The committee ordered Einstein not to mention his theory of relativity at the prize ceremony but he didn't even attend.

*photoelectric effect 광전효과

① The Theory of Relativity
② The Uneasy Life of Einstein
③ The Selection Process of the Nobel Prize
④ The History of the Nobel Prize in Physics
⑤ The Story of Einstein and the Nobel Prize

Time Limit 1분 30초

2 다음 글의 제목으로 가장 적절한 것은?

Many people enjoy reading novels today, but this form of literature is relatively new. Before the 13th century, most European stories were told through poetry. This tradition goes back to ancient Greece and the works of the poet Homer. Poetry was used because it was easier to speak or sing; at this time, books did not really exist, so stories were told orally. After the 13th century, some writers switched from poetry to prose. One example is Geoffrey Chaucer, who wrote the classic *Canterbury Tales*. However, works like this cannot be considered novels because they do not tell a single story. Rather, they are made up of different individual stories, or "episodes." It wasn't until the 1700s that things changed. By that time, there was a big market for printed books, and readers wanted stories that talked about a single idea or followed a single character. This demand led to the development of a new genre in literature.

① Why People Read Novels
② The Development of Novels
③ The New Trend in Literature
④ Factors Consisting of Novels
⑤ The Work of the Ancient Greek Poet

3

다음 글의 제목으로 가장 적절한 것은?

Time Limit 1분 50초

Tea drinking has been a part of Indian culture for centuries. However, the rise in the number of coffee shops in recent years has Indian youth captivated. As alcohol has only limited popularity in India, there is a shortage of safe, public socializing space. Coffee shops have exploited this, being places where the young can hang out without worry. In the evenings, a regular sight is groups of teenagers and younger people in coffee shops chatting or playing music. This coffee shop culture is also having an influence on how young people meet members of the opposite sex. India is a country that has always been against the idea of dating at a young age. But today's Indian youth now have places to go on dates without the watchful eyes of their parents.

① How India is Changing Coffee Shop Culture
② India's Older Generation and the Rise of Coffee
③ Indian Society Rallies Against Coffee Shop Culture
④ How Coffee Shop Culture is Destroying Indian Values
⑤ The New Trend for Young People in India: Coffee Shops

Plus+ 빈칸 (A)와 (B)에 들어갈 말로 가장 적절한 것을 보기에서 골라 위 글의 내용을 한 문장으로 요약하시오.

> •보기• relevant   alternative   variety   trend   weakness   consistent

→ Coffee shops have become a new (A) _____ for Indian teens and young people providing a safe (B) _____ meeting place for them.

Words & Phrases

1 theory 이론   relativity 상대성, 관련성   nominate 지명하다, 추천하다   old-fashioned 옛날 식의, 구식의   attitude 태도   committee 위원회
be to blame (~에 대한) 책임이 있다[책임을 져야 한다]   radical 급진적인   behave 행동하다; *움직이다   wave 파도; *파동   particle 분자, 입자
mention 언급하다   attend 참석하다
2 literature 문학   relatively 상대적으로   poetry 시   go back 거슬러 올라가다   poet 시인   orally 구두로; *구전으로   switch 바꾸다
prose 산문   rather 오히려   be made up of ~로 이루어져 있다   episode 일화   character 등장인물
3 rise 증가, 상승   captivate ~의 마음을 사로잡다   limited 제한된, 아주 많지는 않은   popularity 인기   a shortage of ~의 부족   socializing 사교
exploit 이용하다   hang out 많은 시간을 보내다   regular 규칙적인; *보통의   sight 시력; *광경   have an influence on ~에 영향을 끼치다
opposite 다른 편의, 반대의   watchful 지켜보는, 신경 쓰는   [문제] rally 결집[단결]하다   relevant 관련 있는, 적절한
alternative 대체 가능한, 대안이 되는   consistent 한결같은, 일관된

4 다음 글의 제목으로 가장 적절한 것은? 고난도 Time Limit 1분 50초

The Triangle Shirtwaist Factory fire in New York City on March 25, 1911 was one of the deadliest manufacturing tragedies in US history. Fire chiefs said the likeliest cause of the fire was the discarding of a lit match or burning cigarette into a bin. It spread quickly because in the wooden bin were two months' worth of shirt scraps. Although smoking was banned in the factory, workers were known to sneak cigarettes. Many workers jumped from the eighth, ninth, and tenth floors to try and save themselves because the company would lock the doors to the stairs and the exits to prevent workers from taking unofficial breaks and stealing. The fire caused the deaths of 146 workers—123 women and 23 men. The fire led to legislation for increased factory safety standards, and a workers' union fought for better factory working conditions.

① The Evolution of Workplace Rules
② Fire Safety in the Early 20th Century
③ How Disaster Can Result in Progress
④ Common Causes of Industrial Disasters
⑤ America's Deadliest Industrial Accidents

5 다음 글의 제목으로 가장 적절한 것은? Time Limit 1분 30초

Imagine you're working on a class presentation. You have one day left to prepare and you still have a lot of work to do. Your teacher might tell you, "You need to get your ducks in a row." What is she talking about? This expression is used to advise someone to ensure that the details of something are complete and well organized. There are a few different theories explaining the source of this expression. One of the most popular theories suggests that it is a reference to bowling. Bowling pins used to be shorter and wider than they are nowadays; this shape led people to call the pins "ducks." Before machines were invented to set the pins up automatically, people had to pick up and reset the pins themselves. So "getting one's ducks in a row" originally meant carefully setting all of the "duck" pins back in their proper positions.

① The History of Ducks in Bowling
② Why Bowlers Stopped Setting Pins by Hand
③ How Bowling Improves Organizational Skills
④ Differences Between Early and Modern Bowling
⑤ The Origin of the Idiom "Get Your Ducks in a Row"

6 다음 글의 제목으로 가장 적절한 것은?

Jaguar Land Rover, a British car manufacturer, has released a new kind of instruction book for its customers. It is a survival guide that outlines the basics of staying alive in the Arabian Desert. The book contains information about the geography of the region to help guide people to safety, and about the animals and plants that people could encounter in the desert and how they might be used to survive. It has reflective packaging similar to that used in the military, which could be used to signal for help, and a metal spiral spine that could be used as a *skewer in cooking. Finally, just in case you find yourself in an extremely serious situation, the book itself is actually edible. It was made out of edible ink and paper, and is about as nutritious as a cheeseburger.

*skewer (요리용) 꼬치

① A New Survival Book's Multiple Uses
② How Cheeseburgers Can Save Your Life
③ Advanced Modern Car Instruction Manuals
④ How Geography Influences Car Manufacturers
⑤ The Dangers of Eating While Driving in the Desert

Words & Phrases

4 **deadly** 생명을 앗아가는, 치명적인 **manufacturing** 제조업 **tragedy** 비극 **likely** ∼할 공산이 있는; *그럴듯한, 그럴싸한 **discard** 버리다, 폐기하다
match 성냥 **bin** 쓰레기통 **spread** 펼치다; *퍼지다 **scrap** 조각 **ban** 금하다 **sneak** 살금살금 가다; *몰래 하다 **unofficial** 비공식적인
legislation 제정법 **standard** 수준, 기준 [문제] **evolution** 진화, 발전

5 **get one's ducks in a row** 만반의 준비를 갖추다 **ensure** 반드시 ∼하게[이게] 하다, 보장하다 **complete** 가능한 최대의, 완벽한
organized 조직화된; *정리된, 계획된 **reference** 말하기; *참조 **automatically** 자동적으로, 기계적으로 **reset** 다시 맞추다 **originally** 원래, 본래
proper 적절한, 제대로 된 [문제] **idiom** 관용구, 숙어

6 **manufacturer** 제조사 **instruction book** 취급 설명서 **survival** 생존 **outline** 개요를 서술하다 **basics** (pl.) 기본, 기초
geography 지리학; *지리, 지형 **region** 지방, 지역 **guide** 안내하여 데려가다[보여주다] **encounter** 맞닥뜨리다, 마주치다
reflective 사색적인; *빛[열]을 반사하는 **spiral** 나선형의 **spine** 척추; *(책의) 등 **edible** 먹을 수 있는 **nutritious** 영양분이 많은

7

Many churches in medieval Europe had special boxes where people, usually mothers, could leave their unwanted babies. Over the last decade, several countries have reported the return of such "baby box" services. Usually placed outside hospitals, these baby boxes are heated and will send a signal to nurses when a baby is placed inside. Additionally, the boxes also contain emergency contact details for parents to note in case there is a change of mind at a later time. Advocates of such programs say that the boxes offer desperate parents a safe option to anonymously leave their baby to be found and cared for. But critics argue that by making it easier to abandon babies, struggling parents are being encouraged to consider it an acceptable thing to do.

① The Baby Box Debate
② The Benefits of Baby Boxes
③ Baby Boxes and Modern Parenting
④ Why Mothers are Fighting for Baby Boxes
⑤ The Reason Baby Boxes are Popular Again

8

There is a layer of natural oil called sebum that covers your skin, protecting it by making it waterproof. When you get caught in the rain, take a quick shower, or wash your hands before dinner, the sebum prevents your skin from getting soaked. But what about the times when you're in water for longer periods, such as when you spend all day playing in a pool? The fact is there's a limited amount of sebum on your skin at any given time, and prolonged exposure to water can actually wash it off. Once it's gone, the water is free to penetrate your skin. That's why spending a long time in the pool can cause your fingers and toes to wrinkle.

① The Fragility of Our Skin
② Why We Protect Our Skin
③ How Sebum on Our Skin Works
④ Several Benefits of Natural Skin Oils
⑤ How To Reduce Sebum Production Naturally

9

다음 글의 제목으로 가장 적절한 것은? 고난도

Millions of people in need are helped every year by the United Kingdom's considerable charity industry. But over recent years, one specific fundraising technique has caused annoyance among the public: chugging. The term "chugging" came about as a blend of the words "charity" and "mugging," and refers to the practice of charity workers, or "chuggers," approaching passersby in the street to solicit donations to a particular charity. These chuggers want more than just spare change in your pocket; they want your bank details so you can make regular, monthly donations. The ethical aspect of fundraising in such a way has been questioned. Opponents argue that the behavior of chuggers can be unpleasant, even forceful, bullying people into making donations. But supporters believe that in order to ensure charities can continue to help those in need, how money is raised is not important.

① Why Britain's Charity Industry Is Thriving
② Charities Value Money More Than Behavior
③ A Sophisticated New Fundraising Technique
④ How Charities Are Generating More Money Than Ever
⑤ Could Charities Lose Public Favor With Aggressive Tactics?

Words & Phrases

7 medieval 중세의   advocate 옹호자   desperate 자포자기한   anonymously 작자미상으로; *익명으로   care for ~를 보살피다[돌보다]   critic 비평가; *비판하는 사람   abandon 버리고 떠나다   struggling 발버둥 치는, 고군분투하는   encourage 격려하다; *부추기다, 조장하다   consider 사려하다; *여기다   acceptable 받아들여지는

8 layer 층   sebum 피지(皮脂)   waterproof 방수의   soaked 흠뻑 젖은   prolonged 오래 끄는, 장기의   exposure 노출   wash ~ off ~을 씻어 없애다   penetrate 관통하다, 스며들다   wrinkle 주름지다   [문제] fragility 부서지기 쉬움, 연약

9 considerable 상당한, 많은   charity 자선   fundraising 모금   technique 기법   annoyance 짜증   come about 발생하다, 생기다   blend 혼합   mugging (특히 공공장소에서의) 강도   refer to ~을 나타내다   practice 실행; *관행   approach 다가가다   passerby 통행인   solicit 간청하다   spare 남는   ethical 윤리적인, 도덕에 관계된   question 질문하다; *의심하다   bully 괴롭히다   [문제] thriving 번성하는, 번화한   sophisticated 세련된, 교양 있는   generate 발생시키다, 만들어내다   tactic 전술, 병법

Unit 3 요지·주장

글의 주제에 대한 글쓴이의 관점이나 견해, 주장을 묻는 유형이다. 주로 논설문이나 이야기 글 형태의 지문으로 매년 수능에서 한 문제 이상 출제된다. 선택지는 보통 우리말로 제시되는데, 때로는 영어 속담이나 격언이 나오기도 한다.

▶ 지시문: 다음 글의 요지로 가장 적절한 것은? / 다음 글에서 필자가 주장하는 바로 가장 적절한 것은?

글의 주제와 요지

주제가 글의 중심 내용이라면, 요지는 그러한 중심 내용에 대한 글쓴이의 생각이라고 할 수 있다. 따라서 글의 요지를 파악하기 위해서는 주제에 대해서 글쓴이가 어떤 입장이나 태도를 취하고 있는지를 파악해야 한다.

요지를 파악하는 방법

요지를 파악하기 위해서는 먼저 주제를 찾고, 주제에 대한 글쓴이의 견해를 파악해야 한다. 주제를 잘 파악하더라도 글쓴이의 견해를 제대로 이해하지 못하면 오답을 고를 수 있다. 주로 아래와 같은 표현과 함께 글쓴이의 견해가 제시되므로 요지를 찾는 문제에서 다음 표현이 나오면 주의를 기울이도록 한다.

▶p.16 〈주제문 찾기〉 참조

- I think[believe / hope / find / suggest] that ~
- In my opinion, For me, To me, As far as I'm concerned ~
- It is certain[clear / necessary / important / essential / imperative] ~
- must, have to, should, need to, ought to 등의 조동사
- 최상급 표현이나 강조 표현
- Do ~, Don't 등으로 시작하는 명령 표현

유형 **Solution**

step 1 주제문을 찾아 요지를 파악한다.

>> 먼저 핵심 소재를 파악한 후, 글쓴이의 의견, 주장, 혹은 결론이 담긴 주제문을 찾아 요지를 파악해야 한다. 이때 주제문을 암시하는 단서가 있으면 더욱 쉽게 주제문을 찾을 수 있다.

▶p.16 〈주제문의 단서〉 참조

step 2 글의 흐름을 끝까지 놓치지 않는다.

>> 글의 전반부에 제시된 주제에 대한 견해가 반드시 글쓴이의 관점을 의미하는 것은 아니다. 중반부 이후로 전환이나 역접을 나타내는 연결사(but, however, yet, still, nevertheless)로 시작되는 문장에 글쓴이의 진짜 관점이 제시될 수 있으므로, 글의 후반부까지 흐름을 잘 따라가면서 글쓴이의 생각을 파악해야 한다.

다음 글의 요지로 가장 적절한 것은? 수능기출

> 도입 One difference between winners and losers is how they handle losing. 예시 Even for the best companies and most accomplished professionals, long track records of success are punctuated by slips, slides, and mini-turnarounds. Even the team that wins the game might make mistakes and lag behind for part of it. ⓐ That's why the ability to recover quickly is so important. 추가 Troubles are ubiquitous. Surprises can fall from the sky like volcanic ash and appear to change everything. 인용 That's why one prominent scholar said, "Anything can look like a failure in the middle." 주제문 ⓑ Thus, a key factor in high achievement is bouncing back from the low points.

> 글의 흐름
>
> 도입 패배를 다루는 방식에서 승자와 패자는 차이가 남
>
> 예시 최고의 기업, 뛰어난 전문가, 우승한 팀도 뒤처질 수 있음
>
> 추가 골칫거리나 뜻밖의 일도 생길 수 있음
>
> 인용 '무엇이든 도중에는 실패처럼 보일 수 있다'는 학자의 말을 인용함
>
> 주제문 성공을 거두려면 최악의 상태에서 회복할 수 있어야 함

① 경영의 전문화는 일류 기업의 조건이다.
② 위기 관리에는 전문가의 조언이 필요하다.
③ 합리적 소비는 필요와 욕구의 구분에서 비롯된다.
④ 폭넓은 인간 관계는 성공의 필수 요소이다.
⑤ 실패를 빨리 극복하는 것이 성공의 열쇠이다.

유형 Solution 적용하기

step1 주제문을 찾아 요지를 파악한다.

>> 주제문이 뒷부분에 나오는 미괄식 구성의 글이다. 마지막 문장 ⓑ는 주제문의 단서가 되는 연결어 Thus로 시작하여 글쓴이의 생각(= 글의 요지)을 드러내고 있다.

step2 글의 흐름을 끝까지 놓치지 않는다.

>> 맨 마지막 문장 ⓑ가 주제문인 미괄식 구성의 글이나, 글쓴이는 글 중반부의 ⓐ를 포함하여 글 전반에 걸쳐서 '실패로부터 빨리 회복하는 능력'이 성공의 관건'임을 반복하여 말하고 있다.

EBS변형 Practice

[1~3] 다음 글의 요지로 가장 적절한 것을 고르시오.

1

Surprisingly, the easiest way to lower healthcare costs and improve our health is often ignored during healthcare reform discussions. More than half of these costs are preventable, and eating healthier is the best way to take care of ourselves. Having good eating habits instead of bad ones such as overeating would help create a more reasonably-priced and efficient healthcare system. More importantly, we'd be in control of our well-being and less dependent on healthcare professionals.

ⓐ 사람들은 과도하게 의료보험 제도에 의존한다.

ⓑ 의료 개혁을 통해 현재의 의료비를 낮춰야 한다.

ⓒ 건강한 식습관을 가지면 의료비를 절감하고 건강을 증진시킬 수 있다.

2

Women nowadays have much power over buying decisions, lead huge businesses, and own many stocks in corporations worldwide. However, most companies continue to portray women too simply in their ads. In a UK survey, 91% of women reported feeling misunderstood by advertisers, despite having one fifth of all media advertising devoted to them. Companies that keep using outdated marketing techniques will most likely fail. Studying the differences between the way women and men think will help them create more successful advertisements.

ⓐ 남녀는 다른 사고방식을 갖고 있다.

ⓑ 여성은 최근 더 강력한 사업상의 결정권을 갖는다.

ⓒ 성공적인 상업 광고를 위해서는 여성에 대한 이해가 선행되어야 한다.

3

It has become more common for us to forget simple things, like where our keys are, but it's a result of our brains processing more information than ever before. People are constantly trying to separate fact from fiction from all the information available now while doing more things by themselves. Several decades ago, we relied on others for reserving flights or finding products, but those things are easily done by ourselves now. With increasing progress, we've had to accept more work.

ⓐ 인간의 기억력에는 한계가 있다.

ⓑ 과거에 사람들은 사소한 일도 서로 도와가며 했다.

ⓒ 정보 과다로 인해 우리는 더 많은 일을 스스로 처리해야만 한다.

1 다음 글의 요지로 가장 적절한 것은? 수능기출

In our efforts to be the good child, the uncomplaining employee, or the cooperative patient, many of us fall into the trap of trying to please people by going along with whatever they want us to do. At times, we lose track of our own boundaries and needs, and the cost of this could be our life, both symbolically and literally. When we are unable to set healthy limits, it causes distress in our relationships. But when we learn to say no to what we don't feel like doing in order to say yes to our true self, we feel empowered, and our relationships with others improve. So don't be afraid to say no. Try to catch yourself in the moment and use your true voice to say what you really want to say.

① 난관을 극복할 때 성취감이 생긴다.
② 항상 타인의 입장을 먼저 고려해야 한다.
③ 자신이 원하지 않는 일은 거절할 필요가 있다.
④ 자신의 의견을 고집하면 대인 관계가 악화된다.
⑤ 제안을 승낙하기 전에는 그 의도를 파악해야 한다.

2 다음 글의 요지로 가장 적절한 것은? 평가원기출

When people expect to see someone again, they are more likely to find that person attractive, regardless of the individual's behavior, than if they do not have expectations of future interaction. The expectation of future interaction motivates people to look for positive qualities in someone so that they will look forward to future interactions rather than dread them, and increases the chances that people will find the individual attractive. Conversely, when people interact with someone whom they do not foresee meeting again, they have little reason to search for positive qualities. In fact, doing so may be depressing, given that they may not have the opportunity to get to know the person better in future interactions. Indeed, people are sometimes motivated to find negative qualities in individuals whom they do not expect to see again.

① 첫인상은 상대방과의 향후 관계를 예측하는 기준이 된다.
② 타인에 대한 평가 기준으로 성격이 외모보다 우선시된다.
③ 상대방을 배려하는 자세가 원만한 대인 관계를 가능케 한다.
④ 바라는 것이 많을수록 상대방에 대한 단점을 발견하기 쉽다.
⑤ 다시 만날 가능성 여부가 상대방을 평가하는 데 영향을 준다.

Actual Test

1 다음 글의 요지로 가장 적절한 것은?

At any large newsstand, you can find a variety of magazines to choose from. Some are devoted to particular subjects such as technology or cooking. But many feature content about celebrities, and a large number discuss nothing else. Apparently, editors have found that articles containing information about celebrities and the controversies often surrounding their lives sell better than those that discuss current events or other news. This distresses me, because I am not at all interested in reading about the goings-on in the world of celebrities, no matter how scandalous they may be. What I am expecting when I pick up magazines is news about political developments or scientific breakthroughs that are meaningful to me, and I'm sure I'm not in the minority.

① 잡지는 신문에 비해 보다 전문화된 내용을 다룬다.
② 잡지들이 유명인사에 대해 지나치게 관심을 갖는다.
③ 신문은 다른 매체보다 뉴스를 객관적으로 전달한다.
④ 언론은 대중들의 보다 적극적인 참여를 원하고 있다.
⑤ 다양한 매체를 통해 대중의 알 권리가 확보되고 있다.

2 다음 글의 요지로 가장 적절한 것은?

In 1993, Robert Young, a researcher with the department of psychology at the University of Texas, discovered that our perception of a person is influenced by their name. The results of several experiments conducted among college-aged subjects demonstrated that people with names that were more common in the past than they are now were assumed to be less popular and intelligent than people with names that are more common now than they were in the past. Similarly, we develop expectations about people based on their appearance, as though looks and behavior must match. Perhaps this is why we are shocked when someone acts in a way that doesn't fit his or her appearance. For example, we wouldn't expect someone with an innocent face to behave violently.

① 이름을 짓는 일은 신중히 이루어져야 한다.
② 좋은 첫 인상을 만드는 것은 대인관계에 있어 중요하다.
③ 사람들은 자신의 경험을 통해 사물을 판단하는 경향이 있다.
④ 겉모습은 그 사람의 진짜 모습을 판단하기 어렵게 만들 수도 있다.
⑤ 어떤 사람에 대한 우리의 인식은 그 사람의 이름 또는 외모에 의해 영향을 받는다.

3

다음 글에서 필자가 주장하는 바로 가장 적절한 것은?

Time Limit 1분 50초

Survey results indicate that 84% of college students regularly feel overwhelmed by the work that is expected of them. But what is it exactly that is causing all this stress? The problem appears to be all the academic challenges that college students face nowadays. One of the leading reasons for these challenges may be attributed to having never learned how to study properly. Those who don't know how to study usually feel too embarrassed to ask for help. They often think that they are the only ones facing this situation or imagine that they can deal with it alone. However, getting help is absolutely necessary to solve this problem. That's why all college students should be required to take classes on how to study. While the subject matter may seem pointless, these classes can be just as mentally stimulating and academically satisfying as any other college course. In the long run, preparing students with this vital skill will benefit everyone.

① 대학생들은 본인들의 학습에 책임을 져야 한다.
② 상당수의 대학생들이 학습 장애에 시달리고 있다.
③ 대학생들이 혼자 문제를 해결하는 것은 큰 도전일 수 있다.
④ 대학생들이 학습 방법을 배울 수 있도록 학교에서 도와줘야 한다.
⑤ 대학은 대학생들의 발전을 위해 좀 더 흥미로운 강의를 제공해야 한다.

Plus+ 빈칸 (A)와 (B)에 들어갈 말로 가장 적절한 것을 보기에서 골라 위 글의 내용을 한 문장으로 요약하시오.

> •보기• manipulate   neutral   beneficial   trivial   prepare   worthless

→ It is (A) _____ for everyone to (B) _____ students on how to study in college.

Words & Phrases

1 newsstand 신문 가판대   devote (~에) 바치다[쏟다]   feature 특징; *특집으로 다루다   content 내용   celebrity 유명 인사
apparently 명백히, 분명히   controversy 논란, 논쟁   distress 괴롭히다   goings-on (이상한·놀라운·부정직한) 행위[일]
scandalous 가증스러운; *추문을 담은   breakthrough 큰 발전, 대발견   minority 소수
2 psychology 심리학   perception 지각, 자각; *인식, 인지   influence 영향을 미치다   conduct (특정한 활동을) 하다   subject 주제; *연구[실험] 대상
demonstrate 증거[실례]를 들어가며 보여주다, 입증[실증]하다   assume (사실일 것으로) 추정[상정]하다   appearance 외모
innocent 아무 잘못이 없는; *순진한, 순수한
3 indicate 나타내다   regularly 정기[규칙]적으로; *자주   overwhelmed 압도된   expect of ~에 기대하다   academic 학업의, 학교의
challenge 도전   be attributed to ~에 기인하다   embarrassed 당황스러운   pointless 무의미한   mentally 정신적으로
stimulating 자극이 되는, 고무적인   in the long run 결국에는   vital 필수적인   benefit 혜택, 이득; *유익[유용]하다
[문제] manipulate (사람·사물을) 조종하다   neutral 중립적인   trivial 사소한, 하찮은

4 다음 글의 요지로 가장 적절한 것은?　　　　　　　　　　　　　　　　　Time Limit 1분 30초

These days, most travelers rely on their cameras to record their trips, and few take the time and effort to keep a journal. However, there are many ways in which preserving travel memories in a journal is superior to doing so with a camera. Whereas a photograph captures a moment in time, a journal lets you explain exactly what was happening before, during, and after that moment. You can therefore record much more information by writing down your insights and noting specific details as they occur. Also, if you travel to different places that happen to share certain customs or natural features, your journal will allow you to build on the knowledge you gain during each trip and increase your understanding.

① 순간을 잘 포착해야 좋은 사진을 찍을 수 있다.
② 여행 일지 작성에는 많은 시간과 노력이 필요하다.
③ 여행을 할 때는 고성능 카메라를 쓰는 것이 중요하다.
④ 여행 일지를 작성하는 것이 사진을 찍는 것보다 나을 수 있다.
⑤ 여행을 할 때 여행지의 문화와 관습을 주의 깊게 관찰할 필요가 있다.

5 다음 글의 요지로 가장 적절한 것은?　　　　　　　　　　　　　　　　　Time Limit 1분 30초

An environmental refugee is a person displaced from their home region because of environmental problems such as climate change, rising sea level, or a natural disaster. There are currently about twenty-five million environmental refugees, which is thought to rise to around fifty million in 2020 as a result of global climate change. At the time of writing, the UN does not entitle environmental refugees the same rights as those fleeing war or political unrest in their home regions. With official UN refugee status, environmental refugees would have access to food, temporary housing, and freedom of movement. The humanity of such a decision would vastly improve the lives of people driven from their home regions by severe environmental situations and help them find somewhere new to call home.

① 환경 난민에게 이동의 자유를 허락해야 한다.
② 난민 자격을 받으려면 UN의 승인이 필요하다.
③ 환경 난민은 공식 UN 난민 자격을 부여 받아야 한다.
④ 환경 난민은 정치 난민과 같은 권리를 가질 자격이 없다.
⑤ UN은 환경 난민을 줄이기 위해 환경 보호에 앞장 서야 한다.

6

다음 글의 요지로 가장 적절한 것은? 고난도

Prior to the development of the synthetic blue pigment "*indanthrone blue" about a century ago, the color blue was quite rare in works of art and decoration. The earliest known dyes and pigments, made from plants and minerals respectively, were difficult to make. Working with this more dependable and flexible blue pigment, many artists recognized the emotional strength of blue, and were able to use more sustaining and subtle variations of the color, making it a focal point of their paintings. Today, technological progress is still providing artists with more options. A 2010 **augmented reality exhibition at New York's Museum of Modern Art required visitors to use smartphones to view 3D and animated pieces; pieces that would not exist at all if viewed with the naked eye. Here, again, new technology is being used in an innovative way by artists to push the boundaries of what art is and what it is capable of.

*indanthrone blue 인단트론 블루
**augmented reality 증강현실

① 예술은 기술의 발전과 함께 진화한다.
② 기술은 예술의 창의성에 의해 발전된다.
③ 현대 예술은 과거의 예술보다 독창적이다.
④ 예술가들은 늘 기술 발전으로부터 영감을 받아왔다.
⑤ 예술가들은 한계를 뛰어 넘기 위해 새로운 기법을 끊임없이 개발해야 한다.

Words & Phrases

4 journal 신문, 잡지; *일기, 일지   preserve 지키다; *보존하다, 저장하다   superior to ~보다 뛰어난   capture 포로로 잡다; *(카메라 등이) 포착하다
in time 때맞추어   insight 통찰(력), 견해   note 적어 두다   occur 발생하다   gain 얻다

5 refugee 난민, 망명자   displace 대신하다; *쫓아내다   region 지방, 지역   entitle 자격을 주다   flee 달아나다, 도망하다   unrest 불안, 불만
status 신분, 자격   have access to ~에 접근할 수 있다   temporary 일시적인, 임시의   housing 주택, 집   humanity 인류; *인간성, 인간애
vastly 대단히   drive from ~에서 몰아내다

6 prior to ~에 앞서   synthetic 합성한, 인조의   pigment 색소   rare 드문   dye 염료   respectively 각자, 각각   dependable 믿을 수 있는
flexible 융통성 있는   sustaining 떠받치는; *유지하는   subtle 미묘한   variation 변화, 차이   focal 중심의   naked eye 육안
innovative 혁신적인   boundary 경계

다음 글에서 필자가 주장하는 바로 가장 적절한 것은?

Time Limit 1분 30초

Situations in which you feel you have to quickly come up with an excuse to get out of something you don't want to do are quite familiar. Maybe you're invited to a coworker's party and just don't have the time. Or your boss asks if you'll volunteer to work on Saturday when you know you don't need to. So out come the excuses. "I can't! I have a family funeral to go to." Or, "I'm having a tooth pulled that day. Sorry." The next time you find yourself in this situation and are getting ready to make up a fake excuse, stop. There's no need to justify why you can't make it or to adjust your schedule to accommodate someone else's. You don't have to say "yes," but you don't have to lie either.

① 자신과의 약속을 철저히 지켜라.
② 좋은 제안은 상대보다 먼저 하라.
③ 주위 사람을 적으로 만들지 말라.
④ 다른 사람의 부탁을 중요하게 여겨라.
⑤ 하기 싫은 일에 대해서 핑계 없이 거절하라.

8

다음 글의 요지로 가장 적절한 것은?

Time Limit 1분 30초

The term "gatekeeping" is used to describe the process by which information is filtered to the public by an institution or particular group of people. A gatekeeper has the power to regulate public awareness by choosing what information to allow through the system. Politically, government agencies are gatekeepers controlling who can access those in positions of authority and also what information is fed to the public. Outside of politics, gatekeeping power can also be seen in the media, where what stories are told and how they are told is decided internally. Considering these examples, it is easy to see that gatekeepers have huge influence over public thought. By selecting to release specific information, they shape thought in a particular way and can push opinion favorably one way or another on controversial issues.

① 게이트키퍼는 대중의 의견에 영향을 끼친다.
② 정보의 흐름은 전적으로 게이트키퍼에 의해 통제된다.
③ 정부는 투표 패턴에 영향을 주기 위해 게이트키퍼를 고용한다.
④ 게이트키퍼는 힘이 있음에도 불구하고 대중 의견에 영향을 끼치지 못한다.
⑤ 게이트키퍼는 정부가 어떤 정보에 접근할 수 있는지를 규제한다.

9 다음 글의 요지로 가장 적절한 것은? 고난도

For an experiment on reciprocity, participants were told they would be rating some artwork. During each experiment, an assistant would briefly leave the participant alone in the room and return with a can of soda, sometimes with a second one for the participant as well. After the participant finished rating the art, the same assistant would ask the person to buy some tickets for a *raffle. The participants who got a soda from the assistant bought twice as many tickets as the participants who did not. They were later asked how much they liked or disliked the assistant. It turned out that whether or not participants liked the assistant had no effect on how many tickets they bought. Even if participants didn't like the assistant, they still bought more tickets if that assistant had given them a drink.

*raffle (특정 기관의 기금 모금을 위한) 복권

① 누군가를 싫어하면 실제로 그 사람에게 더 호의를 베풀게 된다.
② 사람들은 자신에게 호의를 베푼 이들을 더 높게 평가한다.
③ 사람들은 예술가를 싫어하면 실력과는 별개로 그의 예술작품을 저평가한다.
④ 사람들은 무료로 무엇을 받기 위해서 기꺼이 더 많은 돈을 쓰는 경향이 있다.
⑤ 다른 사람의 호의가 그들에 대한 호감보다 구매에 더 큰 영향을 끼친다.

Words & Phrases

7 come up with (해답·돈 등을) 찾아내다[내놓다]   excuse 변명   coworker 함께 일하는 사람, 동료   volunteer 자원하다   funeral 장례식
make up 둘러대다, 지어내다   fake 가짜의   justify 옳음을 보여주다; *해명하다   adjust 조정하다   accommodate 공간을 제공하다; *(요구 등에)
부응하다

8 term 용어   filter 여과하다, 거르다   institution 기관, 단체   regulate 규제하다   awareness 의식   access 접속하다; *접근하다
authority 지휘권, 권한   feed 먹이다; *(정보를) 주다   internally 내부로   release 풀어 주다; *공개하다   favorably 호의적으로; *유리하게
one way or another 어떻게 해서든   controversial 논란이 많은

9 reciprocity 호혜   participant 참가자   rate 평가하다   assistant 조수, 보조원   briefly 잠시   turn out ~인 것으로 드러나다
have effect on ~에 효력이 있다

Unit 4 목적

글의 전반적인 내용 이해를 바탕으로 글을 쓴 목적이나 글쓴이의 의도를 파악하는 유형으로, 매년 수능에서 보통 한 문제씩 출제된다. 일상생활에서 흔히 접할 수 있는 실용문이 주로 지문으로 출제되며, 선택지는 영어나 한글로 제시된다.

▶ 지시문: 다음 글의 목적으로 가장 적절한 것은?

글의 종류

일상생활과 밀접한 관련이 있는 편지, 이메일, 광고문, 사용설명서, 추천서, 연설문, 논평, 보고서, 안내문, 항의문, 사과문, 고객 문의 같은 다양한 종류의 실용문이 글의 목적을 묻는 문제로 출제된다. 최근에는 글의 세부 내용을 정확하게 파악해야 알 수 있는 구체적인 목적을 묻는 문제가 출제되는 경향이 있으므로 지문을 꼼꼼하게 읽도록 한다.

• 구체적인 목적을 나타내는 선택지의 예:
  학교에서 개최하는 행사를 홍보하려고
  여름철 질병 예방법을 알려주려고
  새로 출시된 전자 제품을 소개하기 위하여
  애완동물 동반 여행 수칙을 안내하기 위하여
  도서관 건물의 완공을 알리기 위하여

글의 목적을 나타내는 표현

실용문 지문이나 선택지에 자주 등장하는 다음의 표현을 익혀두도록 한다.

· **complain** 항의하다 · **apologize** 사과하다 · **insist** 주장하다 · **celebrate** 축하하다
· **suggest** 제안하다 · **recommend** 추천하다 · **cancel** 취소하다 · **refund** 환불하다
· **request** 요청하다 · **inquire** 문의하다 · **advertise** 광고하다 · **advise** 충고하다
· **introduce** 소개하다 · **offer** 제공하다 · **encourage** 장려하다 · **appreciate** 감사하다
· **decline** 거절하다 · **promote** 촉구하다 · **invite** 초대하다 · **notify** 공지하다
· **guide** 안내하다 · **inform** 알리다 · **explain** 설명하다 · **confirm** 확인하다

유형 **Solution**

step 1 글의 도입부를 통해 글쓴이와 독자의 관계를 파악한다.

>> 일반적으로 글의 첫 부분에서 누가 누구에게 글을 쓰는지 파악할 수 있다. 이러한 관계를 알면 글의 목적을 파악하고 상황을 이해하는 데 도움이 된다.

step 2 글쓴이의 요구사항 또는 진짜 의도가 담긴 문장을 찾는다.

>> 글쓴이의 어조나 표현 등에 유의하면서 글쓴이의 핵심 의도가 담긴 문장을 찾는다. 글쓴이는 의례적이거나 상투적인 말을 꺼낸 다음에 진짜 의도를 담은 본론을 꺼내는 경우가 많다. 그러므로 그러한 표현의 함정에 빠지지 않도록 끝까지 신중하게 지문을 읽도록 한다.

정답 및 해설 p.19

다음 글의 목적으로 가장 적절한 것은? 평가원기출

> ▶도입◀ ⓐ I have always been a huge fan of Redbug Cameras. ⓑ However, when I purchased your newest model, the Superimage 2000, I could not have been more disappointed. ▶세부 내용 ①◀ I acquired it on June 3rd of this year and it does not function correctly. The camera lens does not focus properly and the resulting photos are blurry and unclear. ▶세부 내용 ②◀ I went to the local service center to get it repaired, but the poor service I received there only complicated the problem. I am extremely frustrated with the poor quality repairs that were made in addition to the overall inferior quality of the camera. ▶핵심 의도◀ ⓒ I insist on receiving a full refund. Enclosed is a copy of the original receipt and the repair bill.

> 글의 흐름
>
> ▶도입◀ 글쓴이가 최신 카메라를 구입한 고객이며 제품에 실망하였음을 알 수 있음
>
> ▶세부 내용 ①◀ 카메라 렌즈의 초점이 잘 잡히지 않아 사진이 선명하지 않다고 불만을 제기함
>
> ▶세부 내용 ②◀ 서비스 센터에서 수리를 받았지만 형편없는 서비스로 문제가 더욱 악화됨을 호소함
>
> ▶핵심 의도◀ 편지에 영수증과 수리비 청구서 사본을 동봉하며 전액 환불을 요청함

① 환불을 요구하기 위하여
② 렌즈 수리를 의뢰하기 위하여
③ 신제품으로의 교환을 요청하기 위하여
④ 품질 개선 방향을 제안하기 위하여
⑤ 구입 방법을 문의하기 위하여

↓

유형 Solution 적용하기

step1 글의 도입부를 통해 글쓴이와 독자의 관계를 파악한다.

>> ⓐ, ⓑ를 통해 글쓴이는 Redbug Cameras의 최신 카메라를 구매한 고객이며 이 글의 독자는 해당 카메라의 판매처 또는 판매자임을 유추할 수 있다.

step2 글쓴이의 요구사항 또는 진짜 의도가 담긴 문장을 찾는다.

>> ⓒ에서 글쓴이의 요구 사항이 명확히 드러난다. 글쓴이는 결함이 있는 제품과 수리 관련 서비스가 만족스럽지 않다고 밝히며 제품에 대한 전액 환불을 요청하고 있다.

[1~2] 다음 글을 읽고, ⓐ~ⓔ 중 글쓴이가 글을 쓴 의도가 가장 잘 드러난 문장을 고르시오.

1

Dear Supporters,
We have held free Friday afternoon children's art classes for the past three years. ⓐ It has been amazing getting to know the children of our community. ⓑ Some, we are sure, will become great artists. ⓒ Unfortunately, we are sorry to inform you that we have to stop the classes because we can no longer afford instructors and supplies. ⓓ If we can obtain sponsorship we might be able to resume the classes. ⓔ We only wish we could continue to offer them for free to all children.

2

ⓐ Customers judge us on the quality of our telephone service. Most of them are happy if their call is answered quickly. ⓑ But others want more than that. ⓒ Customers want the service to be polite and efficient. ⓓ The customers who buy our products keep the company going, and understanding this is very important for customer relations. ⓔ To be a great company, with very satisfied customers, we need to deal with all calls efficiently and pleasantly.

3 다음 글의 목적으로 가장 적절한 것을 고르시오.

Being a music teacher is a hard job. It takes up a lot of time and requires a lot of effort. Your students want to know that you have knowledge and passion about music. But remember that your students are individuals. The relationship you build with your students is very important. With this connection, it doesn't matter where you teach or how much you are paid. Students just want a teacher who is actually interested in them.

ⓐ 음악 교육의 중요성을 강조하려고
ⓑ 음악 지도자로서 지녀야 할 태도에 대해 조언하려고
ⓒ 음악을 배우는 데 드는 비용과 시간에 대해 소개하려고

1

다음 글의 목적으로 가장 적절한 것은? 수능기출

As you are well aware, a great tragedy took place in our city last week. Some faulty electrical wiring led to a fire breaking out and eventually destroying an entire block of homes in the suburbs. From the very beginning it was fanned by strong winds, but it would not have spread so far and so quickly, if our firefighters had been able to arrive at the scene in time. Our city has only one fire station located downtown. Would you please establish a new fire station in our area, since you are mayor of our city? We are in urgent need of one. I look forward to your response.

① 소방서 신설을 건의하려고
② 강풍 대비 훈련을 통보하려고
③ 전기 시설의 교체를 촉구하려고
④ 소방 시설의 현대화를 제안하려고
⑤ 소방관의 조속한 파견을 요청하려고

2

다음 글의 목적으로 가장 적절한 것은? 평가원기출

Dear Mr. Johnson,

I would like to thank you for approving my request that the company pay for my college tuition. Today, *Human Resources informed me that you had signed my request for payment. I want to tell you that this financial relief will make a great difference in my life. Now, I can focus more on my job. This will enable me to perform better at my work and contribute more to the company. Once again, I appreciate your support of my tuition and your faith in me.

Sincerely,
Warwick Smith
*Human Resources 인사 부서

① 학비 지원 승인에 감사하려고
② 대학 입학 추천서를 부탁하려고
③ 장학금 신청 자격을 문의하려고
④ 급여 인상 계획 승인을 요청하려고
⑤ 업무 효율성 향상 방안을 제안하려고

Actual Test

1 다음 글의 목적으로 가장 적절한 것은?　　　　　　　　　　　Time Limit 1분 30초

As you know, I was involved in a serious accident last January. While I was taking a walk through my neighborhood one evening, a car hit me from behind and shattered several bones in my legs. The doctors told me I might never be able to walk again. For six months, I spent three hours at your gym every day working with your physical therapy experts. Little by little, I felt my legs healing and returning to their former strength. I am proud to report that as of today, I can walk again with only the assistance of a cane. The enthusiasm and commitment of the gym staff made my recovery experience both fun and effective, and I don't think I would have achieved such progress without them.

① 특수 교육 프로그램에 지원하려고
② 재활 치료에 대해 감사를 전하려고
③ 새로 연 체육관에 등록을 권유하려고
④ 교통사고로 인한 부상에 대해 경고하려고
⑤ 운동 효과에 대한 실험 결과를 보고하려고

2 다음 글의 목적으로 가장 적절한 것은?　　　　　　　　　　　Time Limit 1분 30초

If you want to help the homeless, look for people wearing red vests near your local subway station. They're selling *The Big Issue*, a magazine that was launched in London in 1991 to help reduce the number of people forced to sleep on the city's streets. It assists the homeless not through donations but by giving them an opportunity to earn money. Famous people, such as Barack Obama and J.K. Rowling, help out by writing articles for free. If you want to help as well, all you have to do is buy an issue. The vendor will be given a sense of accomplishment from your small contribution, which in the long run can be more valuable than you think.

① 새로운 잡지를 홍보하려고
② 잡지 구매에 대해 감사하려고
③ 노숙자 문제 해결책에 대해 논의하려고
④ 노숙자 문제를 위한 국가 정책을 알리려고
⑤ 노숙자를 돕기 위한 잡지 구매를 촉구하려고

3

다음 글의 목적으로 가장 적절한 것은?

To Whom It May Concern,

I am a huge supporter of your products and have been for ten years. They are great and on the few occasions I've needed to contact customer support, the service has been of the highest quality. So it was to my great surprise last week, on Wednesday the 15th of August, when I experienced extremely poor service from one of your employees. The previous week, I had ordered some spare parts online. I paid extra to guarantee their arrival by Tuesday the 14th of August. However, nothing arrived. On Wednesday, I phoned the center to inquire about the delivery. The staff member seemed completely disinterested in helping me and told me it was the delivery company's problem. The parts have been delivered now, but it was very unpleasant to be regarded so lowly by a member of your staff. I sincerely hope you investigate this matter further.

Regards,
Robert Miles

① 고객 센터에 관해 조사하려고
② 여분의 물품 배송을 요구하려고
③ 직원의 응대에 관해 항의하려고
④ 배송에 관한 자세한 정보를 요청하려고
⑤ 빠른 배송을 위한 비용에 관해 문의하려고

Words & Phrases

1 **be involved in** ~에 휘말리다　**take a walk** 산책하다　**shatter** 산산이 부수다　**physical therapy** 물리 치료　**little by little** 조금씩　**former** 예전의　**cane** 줄기; *지팡이　**enthusiasm** 열광; *열정　**commitment** 약속; *헌신　**recovery** 회복　**achieve** 달성하다; *해내다, 이루다　**progress** 진전

2 **launch** 시작하다; *출간하다　**earn** (돈을) 벌다　**help out** (특히 곤경에 처한 ~를) 도와주다　**vendor** 행상인　**accomplishment** 성취; 업적; 완성　**contribution** 기부금; *기여　**in the long run** 결국에는

3 **concern** 영향을 미치다, 관련되다　**occasion** 때, 기회　**previous** 이전의, 먼젓번의　**spare** 남는; *여분의, 예비용의　**guarantee** 보장[약속]하다　**arrival** 도착 (*v.* arrive)　**inquire** 묻다, 알아보다　**delivery** 배달　**completely** 완전히, 전적으로　**disinterested** 사심이 없는; *무관심한　**unpleasant** 불쾌한　**lowly** 낮은, 하찮은　**investigate** 수사하다, 조사하다

다음 글의 목적으로 가장 적절한 것은?

Starting next Monday, the 4th of June, Caldwell Bridge will be temporarily closed. Due to increasing levels of traffic over the last few years, the Stark County Roads Department has decided that the bridge needs to undergo significant renovation. The work will involve widening the existing road across the bridge to include two extra lanes. The additional lanes should greatly reduce traffic and travel times across the bridge in the long run. It is expected to take the construction team six weeks to complete the work. While the work is carried out on the bridge, motorists will not be able to use it to get to and from Caldwell Harbor. Instead, they will have to take a detour along Barton Highway. The Stark County Roads Department apologizes for any inconvenience that this may cause.

① 다리의 철거를 알리기 위해서
② 공사 도중 발생한 실수에 사과하기 위해서
③ 도심 내 교통 문제의 원인을 설명하기 위해서
④ 운전자에게 도로 보수 공사를 알리기 위해서
⑤ 새롭게 개설한 도로 완공 소식을 전하기 위해서

다음 글의 목적으로 가장 적절한 것은?

Although we are sorry about the problems you've had with your Goldblade Electric Razor, I regret to inform you that we cannot repair it free of charge. As you noted, the razor is still under warranty. However, as the terms of the warranty were broken, it no longer applies. The razor was designed to be used with a 110-volt outlet. For 220-volt outlets, a converter must be used. This is explained clearly in the user's manual. There is also a warning sticker on the razor itself. Since you plugged your razor directly into a 220-volt outlet, there will be a charge of $80 to repair or replace it. Again, I apologize for the situation, but we must follow the terms of the warranty.

① 새로 나온 제품을 홍보하려고
② 제품의 결함에 대해 사과하려고
③ 제품의 사용 방법을 설명하려고
④ 제품보증서의 내용 변경을 알리려고
⑤ 제품의 무상 수리 요청을 거절하려고

6

다음 글의 목적으로 가장 적절한 것은? 고난도

In addition to physical destruction, a typhoon that hit East Asia in 2012 also led to environmental damage. The powerful storm pushed several large containers off of a cargo ship into the sea. The containers were filled with nurdles, tiny plastic pellets used in manufacturing. After the storm, many of these pellets washed onto Hong Kong's beaches. The pellets aren't just an eyesore; they can absorb pollutants from seawater and become toxic. Fish mistake the pellets for food and eat them, passing the toxins along to any animals and humans that eat the fish. Hundreds volunteered to clean up the affected beaches, but separating the tiny pellets from water and sand proved troublesome. The government even hired workers to help, but the difficult cleanup still took several months to complete.

① 환경 단체에 대한 관심을 모으기 위해
② 홍콩 해변가의 오염에 대해 주의를 주려고
③ 환경 사고의 광범위한 영향을 보여주기 위해
④ 플라스틱 제품을 사용하지 않도록 설득하기 위해
⑤ 유해 화학물질이 어떻게 먹이사슬에 들어가게 되는지 설명하기 위해

Plus+ 빈칸 (A)와 (B)에 들어갈 말로 가장 적절한 것을 보기에서 골라 위 글의 내용을 한 문장으로 요약하시오.

> •보기• conclude cause benefit development problem reduce

→ A typhoon that slammed East Asia in 2012 (A) _____d not only physical damage but also severe environmental (B) _____s.

Words & Phrases

4 temporarily 일시적으로   undergo 겪다, 받다   significant 중요한   renovation 수선, 수리   widen 넓어지다; *넓히다   existing 기존의
lane 길; *차선   additional 추가의   construction 건설, 공사   carry out ~을 수행하다   motorist 운전자   detour 둘러 가는 길, 우회로
inconvenience 불편

5 razor 면도기   free of charge 무료로   under warranty 보증 기간 중인   term 용어; *조건   apply 신청하다; *적용되다, 해당되다
outlet 발산 수단; *콘센트   converter 전환시키는 사람[것]; *변환기   user's manual 사용 설명서   replace 대신하다; *바꾸다, 교체하다

6 physical 육체의; *물질의, 물질적인   destruction 파괴, 파멸   cargo ship 화물선   pellet 알갱이   manufacturing 제조업   wash 씻다; *밀려오다,
eyesore 흉물스러운[보기 흉한] 것   absorb 흡수하다, 빨아들이다   pollutant 오염 물질, 오염원   mistake ~ for ... ~를 …라고 오인하다
troublesome 골칫거리인   hire 빌리다; *고용하다

7 다음 글의 목적으로 가장 적절한 것은?   Time Limit 1분 30초

I'm writing to thank you for welcoming me to your offices for a job interview on February 22nd. I have been a subscriber for several years and admired your in-depth articles, and I enjoyed hearing about your magazine's financial goals for the future. Unfortunately, though, I need to remove my name from consideration for the business manager position. I have been offered a similar position with a sports magazine that is closer to my home. Although I think that your needs and my qualifications are a good match, I would prefer not to disrupt the lives of my family members by relocating. Once again, thank you for including me in your hiring process. I wish you and your company nothing but success in the future.

① 구직 면접을 요청하려고
② 잡지 구독을 신청하려고
③ 구직 지원을 취소하려고
④ 잡지 투자자를 모집하려고
⑤ 원고 기고 청탁을 거절하려고

8 다음 글의 목적으로 가장 적절한 것은?   Time Limit 1분 30초

On October 21st, I purchased a red wool sweater from your store in the American Mall in Chesterfield. After putting on the sweater for the first time, I noticed there was a small rip in one of the sleeves. I went back to the store with the sweater and my receipt in hopes of returning it, but both the clerk who had sold me the sweater and the manager of the store refused my request. I think this is an unacceptable situation, which is why I'm writing to you. I'm including a photograph of the product's defect, along with a copy of my receipt. Currently, I am quite disappointed with the treatment I have received from your store. I hope that you can offer me a more satisfactory solution to this situation.

① 불친절한 직원의 징계를 요구하려고
② 구매 영수증의 재발행을 요청하려고
③ 새로운 디자인의 스웨터를 제안하려고
④ 친절 사원에 대한 포상이 있음을 알리려고
⑤ 결함이 있는 제품에 대한 해결책을 요구하려고

9 다음 글의 목적으로 가장 적절한 것은? 고난도

Time Limit 1분 50초

Recently, CALBIT, Inc. has become aware that emails appearing to have been written by CALBIT executives are being delivered to email addresses throughout the company. While the exact content of these emails varies, it usually has to do with an opportunity of employment in the financial or international payments divisions. Sample email titles include "In-House Work Available" and "*ATTN: Job Opening in Finance." These messages, although they bear the company logo and a link to our website, were not generated by CALBIT executives and do not contain accurate information. If you think you may have received one of these emails, please report it to the Tech Department immediately by calling extension 515. Most importantly, do not open any attachments or click on any of its links, as they may expose your computer to a virus.

*ATTN ~ 귀하, 주목(Attention)

① 재무 담당 직원을 모집하려고
② 이메일 사용 예절을 강조하려고
③ 통신망 사업의 성과를 보고하려고
④ 사기성 메일에 대해 주의를 당부하려고
⑤ 인터넷을 이용한 새로운 업무 방식을 소개하려고

Words & Phrases

7 subscriber 구독자 admire 존경하다 in-depth 철저하고 상세한, 면밀한 financial 금융[재정]의 remove 치우다; *없애다, 제거하다 consideration 사려, 숙고 qualification 자격; *자질 disrupt 방해하다, 지장을 주다 relocate 이전하다, 이동시키다 nothing but 오직

8 purchase 구입하다 rip 찢어진 곳 refuse 거절하다, 거부하다 unacceptable 받아들일 수 없는 defect 결함 along with ~와 함께 treatment 치료; *대우 satisfactory 만족스러운

9 aware 알고 있는 executive 경영 간부; *경영진 content 내용물 vary 서로[각기] 다르다 have to do with ~와 관계가 있다, 관련되다 division 분할; *분과, 부, 국 in-house (회사·조직) 내부의 bear 참다; *있다, 지니다 generate 발생시키다, 만들어 내다 accurate 정확한 immediately 즉시, 즉각 extension 확대; *내선, 구내전화 attachment 애착; *첨부 파일

Unit 5 내용일치

글의 세부적인 정보를 읽고 지문의 내용과 선택지의 내용이 일치·불일치 하는지를 묻는 유형이다. 수능에서는 매년 두 문제 이상이 출제되며, 선택지는 지문 내용 순서대로 거의 우리말로 제시된다.

▶ 지시문: ~에 관한 다음 글의 내용과 일치하는/일치하지 <u>않는</u> 것은?

글의 종류

세부정보의 내용일치 여부를 판단하는 문제는 인물이나 동식물, 사물 등을 소재로 한 일반 유형과, 안내문, 공고문 등의 실용 자료를 파악하는 유형으로 나뉜다. 실용 자료 파악은 특히 최근에 출제되기 시작한 유형으로 편지글, 이메일 청구서, 광고문 등 일상 생활에서 흔히 접할 수 있는 실용문이 제시된다. 내용일치는 풀기 어려운 유형은 아니지만 내용에 대한 정확한 이해가 필요하므로 지문을 꼼꼼히 읽고 실수하지 않도록 주의를 기울여야 한다.

실용문에 자주 쓰이는 표현

세부정보를 묻는 실용문에 자주 나오는 다음의 표현을 익히도록 한다.

· 구인 광고: **apply for**(~에 지원하다), **applicant**(지원자), **qualified**(적격인), **required**(필요 조건인), **full time**(전시간 근무의), **part-time**(시간제 근무의), **certification**(증명서)

· 요금표·시간표: **one-way**(편도의), **round-trip**(왕복의), **fare**(요금, 운임), **direction**(방향), **departure**(출발), **arrival**(도착), **charge**(요금), **admission**(입장료), **toll**(통행료)

· 안내문: **announce**(공고하다), **take effect**(유효하다), **cancel**(취소하다), **delay**(연기하다)

· 편지글: **complain**(불평하다), **protest**(항의하다), **appreciate**(감사하다), **call for**(요청하다), **apologize**(사과하다), **recommend**(추천하다), **suggest**(제안하다), **notify**(공지하다)

유형 **Solution**

step 1 **지시문을 읽고 내용 일치인지, 불일치인지 파악하라.**

〉〉 본문의 내용과 선택지가 일치하는 것을 고르는 문제인지, 일치하지 않는 것을 고르는 문제인지 확인한다. 지시문을 잘못 이해하는 경우 본문을 제대로 이해해도 오답을 고를 수 있으니 반드시 짚고 넘어가도록 한다.

step 2 **선택지를 빠르게 훑어본다.**

〉〉 선택지만 읽어도 본문의 대략적인 내용을 파악할 수 있다. 선택지의 내용을 간략히 파악하여 본문에서 어떤 정보를 찾아야 할지 판단한다.

step 3 **본문과 선택지를 대조하며 정답을 고른다.**

〉〉 선택지는 본문에 언급된 순서대로 제시되므로 본문의 내용과 하나씩 대조하면서 읽어나간다. 이때 본문 내용과 선택지 내용의 일치 여부에 따라 선택지 옆에 ○, × 등을 표시하면 정답을 고르는 데 도움이 된다.

Georg Dionysius Ehret에 관한 다음 글의 내용과 일치하지 <u>않는</u> 것은? 수능기출

> 주제문 ⓐ The 18th century is called the Golden Age of botanical painting, and Georg Dionysius Ehret is often praised as the greatest botanical artist of the time. 시간적 순서 ⓑ Born in Heidelberg, Germany, he was the son of a gardener who taught him much about art and nature. ⓒ As a young man, Ehret traveled around Europe, largely on foot, observing plants and developing his artistic skills. In Holland, he became acquainted with the Swedish naturalist Carl Linnaeus. ⓓ Through his collaborations with Linnaeus and others, Ehret provided illustrations for a number of significant *horticultural publications. ⓔ Ehret's reputation for scientific accuracy gained him many commissions from wealthy patrons, particularly in England, where he eventually settled.
>
> *horticultural 원예(학)의

> 글의 흐름
>
> 주제문 18세기의 가장 위대한 식물 화가로 칭송 받는 Georg Dionysius Ehret을 소개함
>
> 시간적 순서 시간의 순서에 따라 Georg Dionysius Ehret의 삶을 소개함
> (독일 하이델베르크에서 탄생 → 젊은 시절 유럽 전역을 여행 → 학자들과 공동 작업을 통해 원예 출판물에 삽화를 제공 → 명성을 얻어 영국에 정착)

① 18세기의 가장 위대한 식물 화가로서 칭송받는다.
② 정원사의 아들이었다.
③ 젊은 시절 주로 마차로 유럽을 여행하였다.
④ 다수의 원예 출판물에 삽화를 제공하였다.
⑤ 영국에 정착하였다.

유형 Solution 적용하기

step1 **지시문을 읽고 내용 일치인지, 불일치인지 파악하라.**

>> Georg Dionysius Ehret라는 등장 인물에 대한 글의 내용과 일치하지 않는 선택지를 고르는 문제이다.

step2 **선택지를 빠르게 훑어본다.**

>> 글의 내용과 일치하지 않는 것을 고르는 문제이므로, 선택지 중 하나를 제외한 나머지가 모두 내용과 일치한다. 옳은 선택지를 통해 등장 인물에 대한 대략적인 정보를 파악할 수 있다.

step3 **본문과 선택지를 대조하며 정답을 고른다.**

>> ⓐ, ⓑ, ⓓ, ⓔ를 통해 ①, ②, ④, ⑤의 내용은 사실임을 확인할 수 있다. 반면 ⓒ에서 Ehret이 주로 걸어서(largely on foot) 유럽을 여행했다고 하였으므로, 선택지 ③은 본문의 내용과 일치하지 않는다.

[1~3] 글의 내용과 일치하면 ○, 일치하지 않으면 × 표시를 하시오.

1

Abraham, a rabbi, decided to go to university despite having a pregnant wife and two children. At first, he managed to pay the tuition, but in his final year, he ran out of money. And he was deep in debt. One day, his wife called him and told him that someone had donated money to help him finish university. Somehow, a man had found out about a rabbi who needed financial help. The man was a Christian, but he generously helped a Jew.

ⓐ Abraham은 마지막 학년에 많은 빚을 지고 있었다. (   )

ⓑ Abraham에게 재정적 도움을 준 남자는 기독교도였다. (   )

ⓒ Abraham의 사정을 알게 된 대학에서 수업료를 감면해 주었다. (   )

2

Dear Passengers,

There will be disruption to our service on Thursday and Friday next week. The 134, 137, and 139 buses will leave from Waddington Terminal on the hour, instead of every thirty minutes. Furthermore, the service on bus 200—the inner-city route— will be every twenty minutes rather than at 10-minute intervals. In addition, bus 312 will terminate at 9 p.m. on both days. For a fully updated timetable, please visit www.uptownbus.com. We sincerely apologize for any inconvenience.

ⓐ 변경된 시간표는 금요일에 다시 정상화될 것이다. (   )

ⓑ 137번 버스는 1시간 간격으로 Waddington Terminal을 출발할 것이다. (   )

ⓒ 도심 지역 노선은 10분 간격으로 운행될 것이다. (   )

3

You have to be careful when handling raw meat and fish. They often have high levels of bacteria. In addition, they provide the perfect setting for bacteria growth. Wash anything that touches such foods to prevent bacteria spreading. For instance, after seasoning raw meat in a dish, don't put cooked meat back in it. Before reusing the dish, you must thoroughly wash it in hot water with soap. Otherwise, the bacteria from the raw meat could infect the cooked meat.

ⓐ 생고기와 생선은 많은 세균을 가지고 있다. (   )

ⓑ 세균 오염을 막기 위해 요리하기 전에 생고기를 뜨거운 물에 씻어내야 한다. (   )

ⓒ 생고기에 사용된 그릇은 뜨거운 물과 세제로 세척한 후에 재사용해야 한다. (   )

기출 Exercise

1

living rock cactus에 관한 다음 글의 내용과 일치하지 <u>않는</u> 것은? 평가원기출

Living rock cactus is one of the most peculiar plants found in the desert. For most of the year, it blends into the rocky *limestone soils of the Dead Horse Mountains, Mariscal Mountain, and the hills along the Rio Grande. You may step on one before you notice it. Spineless and flat against the ground, it has triangular **tubercles that overlap in a star-shaped pattern. In extremely dry conditions, living rock cactus is almost invisible: it literally shrinks into the surrounding rocky soil. Moisture is stored in the root, and during droughts the root shrinks, dragging the stem underground. These spineless plants survive by blending into their native habitat. As added protection, they store foul-tasting, poisonous alkaloids in their bodies.

*limestone 석회암 **tubercle 작은 돌기

① 사막에서 발견되는 특이한 식물 중 하나이다.
② 삼각형 모양의 작은 돌기를 가지고 있다.
③ 매우 건조한 조건에서는 눈에 거의 보이지 않는다.
④ 가뭄 기간에는 뿌리가 팽창한다.
⑤ 독성이 있는 알칼로이드를 체내에 저장한다.

2

Short Film Festival에 관한 다음 안내문의 내용과 일치하는 것은? 수능기출응용

SHORT FILM FESTIVAL

We will be hosting nine short films, which were written, directed, acted and produced by students from the College of the Arts, Pamil University.

· Date: Friday, November 21, 2014   · Time: 7:00 pm-10:00 pm
· Place: Pamil Auditorium, Pamil University
· Price: $10 (general admission)
        $5 (discount for all university students with a valid ID)
  - Tickets can be purchased from the student union office from November 17, 2014.
  - All tickets are non-refundable.
  - FREE beverage included in ticket price
· For more information, please call the student union office at (343) 777-8338.

① 교수들이 제작한 영화가 상영된다.
② 오전에 세 시간 동안 진행된다.
③ 영화 전공 학생에게만 입장료를 할인해 준다.
④ 입장권은 환불이 가능하다.
⑤ 무료 음료가 입장료에 포함된다.

Actual Test

Paul Laurence Dunbar에 관한 다음 글의 내용과 일치하는 것은?
Time Limit 1분 30초

Visitors to Dayton, Ohio, have the chance to see the home of poet Paul Laurence Dunbar. The house where he lived has hardly changed at all since Dunbar died in 1906, and it's now a museum open to the public. During his life, Paul Dunbar had a hard time convincing people to publish his work. Newspapers refused to include his writing simply because he was African American. So Dunbar submitted his poetry anonymously, and then, after it was printed, he would write to the publishers and claim credit for the work. After his death, his mother kept his room exactly as it was. She even left Dunbar's final poem on his desk. It rested there so long that the sunlight from a nearby window bleached the ink, erasing the poem forever. All that museum visitors will see is a blank page.

① 1906년에 그의 집이 박물관으로 개조되었다.
② 살아 있는 동안에 영향력 있는 작품을 출판했다.
③ 신문사로부터 작품 게재와 관련해 인종차별을 당했다.
④ 출판업자들에게 자신의 신분을 끝까지 밝히지 않았다.
⑤ 어머니 덕분에 그의 마지막 시가 출간될 수 있었다.

mangrove killifish에 관한 다음 글의 내용과 일치하지 <u>않는</u> 것은? 고난도
Time Limit 1분 50초

The three-inch long *mangrove killifish lives in the muddy waters of mangrove swamps along the east coast of the Americas, from Florida to Brazil. Many mangrove swamps dry up for several months each year and when this happens, the mangrove killifish must live outside of the water. Scientists have recently discovered that the mangrove killifish can spend up to sixty-six successive days out of water. When the swamps dry up, the fish is able to breathe air through its skin, and typically spends its time inside fallen trees. It enters holes created by insects inside trees and there it becomes more passive and relaxed; a change from its usual aggressive behavior. During the time outside of water, the killifish modifies its **gills so it can hold water and keep nutrients, while it gets rid of waste through its skin. Once it re-enters the water, the change is reversed.

*mangrove killifish 맹그로브 송사리

**gill 아가미

① 늪지에서 서식한다.
② 물 밖에서도 최대 두 달여간을 살 수 있다.
③ 피부를 통해 호흡할 수 있다.
④ 늪이 메마르면 나무에 구멍을 파서 머무른다.
⑤ 물 밖에서는 아가미를 조정해 수분과 영양분을 지킨다.

60 | PART 1

3 다음 중 여행 일정표에서 여행 활동으로 언급되지 <u>않은</u> 것은?   Time Limit 1분 30초

Tour of Littlewood

Enjoy a tour through the historic town of Littlewood, just one hour south of Atlanta. This guided tour gives you a wonderful opportunity to see what life was like for pioneers in America's Deep South. Spaces on the tour are limited to just 20 seats, so please book in advance. Tours leave at 9:00 am and return at 5:00 pm every weekday, excluding public holidays.

9:00 am: The bus will depart from Atlanta Station.

10:00 am: The bus will arrive at Littlewood Tourist Center. Drinks and snacks will be served. A tour guide will give a brief introduction of the area.

10:30 am: The guide will show you around the town. First, you'll visit the ruins of Lookout Fort. This will be followed by a stop at the Littlewood Saloon, where lunch will be served.

1:30 pm: You'll visit Littlewood Museum. After enjoying the museum's exhibits, you'll watch a documentary called *The Making of Littlewood*.

3:30 pm: There will be a tour of the Old Jailhouse. Afterwards, we'll visit the Littlewood Town Shop to buy T-shirts and postcards.

4:00 pm: The bus will leave from the Tourist Center.

5:00 pm: The bus will arrive at Atlanta Station.

---

① 도시 관광하기
② 박물관 구내식당에서 식사하기
③ 영상물 관람하기
④ 옛 교도소 탐방하기
⑤ 기념품 구입하기

Words & Phrases

1 convince 납득시키다, 확신시키다   publish 출판[발행]하다   submit 제출하다   anonymously 작자 미상으로; *익명으로   claim 주장하다; *요구하다   credit 신용 거래; *인정   bleach 표백하다, 바래지게 하다   blank 빈

2 swamp 늪, 습지   successive 연속적인, 연이은   typically 보통, 일반적으로   passive 수동적인, 소극적인   aggressive 공격적인   modify 수정하다, 바꾸다   nutrient 영양소, 영양분   reverse 뒤바꾸다, 반전시키다

3 historic 역사적으로 중요한   pioneer 개척자, 선구자   in advance 미리   excluding ~을 제외하고   depart 떠나다, 출발하다   brief 짧은; *간단한   ruins (*pl.*) 폐허   exhibit 전시품   documentary 다큐멘터리

4

Rubik's cube에 관한 다음 글의 내용과 일치하지 <u>않는</u> 것은 ?   Time Limit 1분 30초

You've probably heard of a Rubik's cube before, right? It's a 3D puzzle and one of the world's most popular toys. To solve it, players must rotate the rows of colored cubes until each face of the cube is only one color. There are six standard colors: red, white, blue, orange, green, and yellow. In addition to being colorful, its classic 3x3x3 formation and 5.7-cm-long sides make for a very portable toy. Though many have successfully solved it now, Erno Rubik, the architecture professor who invented the toy in 1974, was quite troubled at first. He thought that he wouldn't be able to solve the puzzle before he died. While playing with it, Rubik figured out that a certain order of moves would organize different parts of the puzzle. After a month, Rubik had finally mastered it and applied for a patent. He received the patent in 1975, and Rubik's cubes were selling in stores from 1977.

① 각 면이 한가지 색이 되도록 맞추는 입체 퍼즐이다.
② 큐브에 사용되는 표준 색상은 총 6개이다.
③ 한 면이 약 6cm로 휴대하기 편하다.
④ 큐브를 발명한 Erno Rubik도 결국 퍼즐을 풀지 못하고 사망했다.
⑤ 1977년부터 상점에서 판매되기 시작했다.

5

Gothic novels에 관한 다음 글의 내용과 일치하는 것은?   Time Limit 1분 30초

The word "Gothic" is often used to refer to something dark and mysterious. From 1765 to 1840, Gothic novels were the reading material of choice in most of Europe. These early horror stories, which were written by people like Horace Walpole, Ann Radcliffe, and Monk Lewis, were sold by the thousands and were translated into multiple languages. Readers enjoyed their depictions of mystical worlds where ghosts and spirits roamed and mysterious happenings were a matter of course. The upper classes were among the most enthusiastic consumers of these stories, but publishers made sure to price them so everyone, even society's poorest members, could participate in the phenomenon. For the cost of a penny, anyone could enter the Gothic realm of terror, and an astonishing number of pennies were paid in order to do so.

① 19세기 후반에 유럽에서 인기를 끌었다.
② Ann Radcliffe는 여러 언어로 책을 썼다.
③ 실제로 발생한 역사적 사건을 배경으로 했다.
④ 상류 계급 사람들에게 인기가 있었다.
⑤ 가난한 사람들이 구매하기에는 책 값이 비싼 편이었다.

6 Penguins in the Wild Parade에 관한 다음 안내문의 내용과 일치하지 <u>않는</u> 것은?

Penguins in the Wild Parade

Visit Penguin Park to experience the thrill of seeing penguins in the wild! Hear them play and watch them escape from birds of prey. You can even walk them home on our extensive park walkways.

Admission:
· Adults (16+) $20
· Children (4-15) $12
· Family (2 adults, 2 children) $60

Times:
· Penguin arrival time depends on their biological cycle, the weather, and the season.
· Check penguin arrival calendar on our website.
· Arrive one hour before penguin arrival, grab a snack and explore our penguin center.

Things to remember:
· Make a reservation on our website: www.pitw.com
· Viewing time is one hour from when the penguins arrive.
· Keep your ticket(s) and get discounted admission at Bat Cave Park and Insect Palace.

---

① 입장료는 연령에 따라 다르다.
② 펭귄 도착 시간은 상황에 따라 달라질 수 있다.
③ 웹사이트를 통해 예약해야 한다.
④ 펭귄 관람 시간은 펭귄이 도착하고 나서 두 시간 후이다.
⑤ 방문 티켓을 제시하면 다른 시설에서 입장료를 할인 받을 수 있다.

Words & Phrases

4 rotate 회전시키다 row 열, 줄 formation 형성; *형성물 make for ~쪽으로 가다; *도움이 되다 portable 휴대가 쉬운, 휴대용의
architecture 건축학 organize 준비[조직]하다; *(특정한 순서, 구조로) 정리하다, 체계화[구조화]하다 master ~을 완전히 익히다, ~에 숙달하다
patent 특허권

5 Gothic 고딕풍의 refer to ~을 나타내다 translate 번역하다 multiple 많은, 다수의 depiction 묘사, 서술 mystical 신령스러운; *신비주의의
roam 돌아다니다, 배회하다 a matter of course 당연한 일 enthusiastic 열렬한 publisher 출판인, 출판사 phenomenon 현상
realm 영역 astonishing 정말 놀라운

6 thrill 황홀감, 흥분, 설렘 escape 달아나다, 탈출하다 bird of prey 맹금(독수리, 매, 올빼미 등) extensive 아주 넓은, 대규모의 walkway 통로, 보도
admission 들어감, 가입; *입장료 biological 생물학의 grab (와락·단단히) 붙잡다; *급히 ~하다 explore 답사[탐사/탐험]하다

7

raccoon에 관한 다음 글의 내용과 일치하지 <u>않는</u> 것은? Time Limit 1분 30초

Related to the bear, the raccoon looks very similar to its larger cousin. It walks in the same way, with its heels on the ground, although its front paws have a different shape. They look more like those of a monkey. Perhaps the most noticeable feature of the raccoon is the patches of black fur that circle its eyes. In another similarity to bears, raccoons have a diverse diet, mixing things like wild berries and nuts with prey such as birds, insects, frogs, snails, and crayfish. If possible, raccoons like to rinse their food in water before eating it. Since many of their favorite snacks can be found near streams, rivers, and lakes, raccoons like to live in those places, making dens in nearby hollow trees.

① 곰처럼 뒤꿈치를 땅에 대고 걷는다.
② 앞발의 모양은 원숭이와 비슷하다.
③ 눈 주위에 검은 털이 반점처럼 나 있다.
④ 물기가 많은 음식물을 좋아하지 않는다.
⑤ 물가에 있는 나무에 보금자리를 만든다.

8

Norway에 관한 다음 글의 내용과 일치하지 <u>않는</u> 것은? Time Limit 1분 30초

You might expect that a country sharing the same latitude as Alaska would be a cold and unpleasant place to live. And while it is true that some parts of Norway can be quite cold and wintry, the country's overall climate is surprisingly mild. The main reason for this is the warm water of the *Gulf Stream, which passes by the west coast of Norway. This warm current allows regions located inside the Arctic Circle to enjoy moderate weather even in winter. However, during the course of all four seasons, the temperatures in Norway can vary quite a bit. In summer, Norway can experience temperatures as high as 30°C. Winter, on the other hand, tends to be cold and snowy.

*Gulf Stream 멕시코 만류

① 알래스카와 위도상으로 같은 위치이다.
② 전반적으로 온화한 기후이다.
③ 서해안을 흐르는 멕시코 만류의 영향을 받는다.
④ 사계절의 기온차가 크지 않은 편이다.
⑤ 겨울에는 눈이 많이 오는 경향이 있다.

9 2016 Summer Science Program에 관한 다음 안내문의 내용과 일치하지 <u>않는</u> 것은?

2016 Summer Science Program

Get a head start on the school year by enrolling in our summer science program. This two-week course provides a hands-on experience for high school students at Canada's Academy of Natural Science. Guided by our expert staff, students will explore each of the academy's main exhibits and perform science experiments based on what they've learned. Don't miss this exciting chance to discover the wonders of science!

Schedule: Monday, August 8 - Friday, August 19, 8:00 am - 11:00 am

Cost: $10 for laboratory supplies

Enrollment: Any high school student entering 9th or 10th grade in Oxford County

Students must register no later than Friday, July 15.
For additional information, call (236) 555 1824 or visit our website at cans.org/ssp.

---

① 2주간 진행된다.
② 과학자가 실험하는 것을 직접 볼 수 있다.
③ 실험용품으로 인한 비용이 발생한다.
④ 등록할 수 있는 학년에 제한이 있다.
⑤ 늦어도 7월 15일까지 등록해야 한다.

| Words & Phrases |

7 related to (~에) 관련된; *(생물·언어 등이) 동족[동류]의   heel 발뒤꿈치   paw (동물의) 발   noticeable 뚜렷한, 현저한   patch 부분; *반점   circle 빙빙 돌다; *동그라미를 그리다   similarity 유사성   diverse 다양한   wild berry 산딸기   crayfish 가재   rinse 씻다; *씻어 내다, 헹구다   den (야생 동물이 사는) 굴   hollow (속이) 빈
8 latitude 위도   wintry 겨울의, 겨울 같은; *추운   mild 가벼운; *온화한   warm current 난류   moderate 보통의; *(날씨가) 온화한
9 get a head start 남보다 유리한 출발을 하다   enroll 명부에 올리다, 등록하다 (n. enrollment)   hands-on 직접 해 보는
laboratory supplies 실험용품   county 자치주   no later than 늦어도 ~까지는

Special Unit 장문

정답 및 해설 p.28

Type 1 일반 장문

일반 장문 유형은 주제나 제목 등의 대의를 파악하는 문항과 빈칸이나 연결사를 추론하는 문항이 출제된다. 일반 장문의 대의파악 유형도 앞에서 배운 대의파악 유형의 Solution을 적용하여 문제를 해결한다.

유형 Analysis

다음 글의 제목으로 가장 적절한 것은? 수능기출응용

질문 ⓐ What should writers do when they have hints of thoughts that seem too unclear to be expressed in words? 답변 Edgar Allan Poe's advice is simple: ⓑ They should pick up their pens (or, he might add today, power up their laptops). Poe rejects the argument that any ideas are so deep or slight that they're not able to be stated using words.

인용1 "For my own part," he said in an 1846 article in *Graham's Magazine*, "I have never had a thought which I could not put into words, with even more clarity than that with which I imagined it." The act of writing, Poe believed, helps writers make their ideas not only clearer but more logical. To use his phrase, the process of writing adds to "the logicalization of thought."

인용2 Whenever he felt dissatisfied with an unclear "idea of the brain," Poe said, "I rely on the pen, for the purpose of obtaining, through its aid, the necessary form, consequence, and precision."

Today's supporters of freewriting would probably agree with Poe on this point. 주제문 ⓒ Sometimes, the best way to resolve a problem—whether it's a writing problem or a thinking problem—is simply to start writing.

> 글의 흐름

질문 글쓴이가 '말로 표현하기 힘든 생각이 있으면 작가는 무엇을 해야 할까?'라는 질문을 던짐

답변 '펜을 들라(요지)'고 말한 Edgar Allan Poe의 말을 인용하여 답변을 함

인용1 글로 적어보는 행동이 작가의 생각을 명확하고 논리적으로 만든다는 Edgar Allan Poe의 말을 인용함

인용2 분명하지 않은 생각에 불만족을 느낄 때마다 펜에 의존한다는 Edgar Allan Poe의 말을 추가로 인용함

주제문 작문이나 사고에 있어서 문제 해결 방법은 단순히 글쓰기를 시작하는 것임

① Begin at the End
② Think with Your Pen
③ Pleasure of Freewriting
④ Ideas Too Deep to Be Real
⑤ Make It Clear, Make It Logical

↓

step1 글의 중심 내용을 담은 주제문을 파악한다.

>> 글의 도입 부분이 글쓴이의 질문(ⓐ)과 답변(ⓑ)의 구조로 되어 있다. 글쓴이가 질문을 던지고 스스로 답을 하는 경우, 답변 부분에 보통 단락의 중심 화제에 대한 글쓴이의 견해가 담겨 있다. 이 글의 글쓴이는 답변 부분에서 Edgar Allan Poe의 말을 인용함으로써 글쓴이의 주장을 뒷받침하고 있다. 글쓴이는 이어지는 단락들에서도 Edgar Allan Poe의 말을 인용하여 글로 적는 일이 사고의 논리화에 도움을 준다고 주장하고 있다. 마지막 단락의 ⓒ에서도 'the best way to resolve a problem … is simply to start writing (문제를 해결하는 최선의 방법은 … 단순히 글쓰기를 시작하는 것이다)'이라고 글의 요지를 한 번 더 밝히면서 글을 마무리하고 있다.

step2 주제문을 잘 반영한 제목을 찾는다.

>> 글의 전반부에 제시된 글쓴이의 답변과 이후에 제시된 Edgar Allan Poe의 조언, 그리고 글의 후반부에 제시된 글쓴이의 주장을 통해서도 ② '당신의 펜으로 생각하라'가 이 글의 제목으로 적절함을 알 수 있다.

순서 장문

순서 장문 유형은 네 단락으로 된 긴 글을 읽고 첫 번째 단락에 이어질 단락의 순서를 바르게 배열하고, 지칭대상 추론이나 세부사항 파악 문항에 답하는 유형이다. 순서 장문의 내용일치 유형도 앞에서 배운 내용일치 유형의 Solution을 적용하여 문제를 해결한다.

유형 Analysis

정답 및 해설 p.28

[1~2] 다음 글을 읽고 물음에 답하시오. 평가원기출

(A) Zach was a 14-year-old boy, and he was a good swimmer. ⓐ He advanced to the 100 meter freestyle final. Although there were many competitors, Zach knew that the winner should be between him and Tony. They were best friends, but ⓑ Zach considered him as his biggest competitor. They both were great swimmers and had won an equal number of races.

→ 등장인물인 수영선수 Zach과 그의 친구이자 경쟁자인 Tony를 소개

(B) To prepare for the race, ⓒ both Zach and Tony bought a specially made swimming suit that could minimize resistance against water and help them swim faster. But they found out that this type of special suit had not been allowed in previous races. Both Zach and Tony asked the swimming coach if they could wear it. He said that he would let them know before the race.

→ Zack과 Tony가 경기 중에 특수 제작된 수영복을 입을 수 있는지를 수영 코치에게 문의함

(C) On the other hand, Zach's conscience whispered that a true victory comes from fair competition. After a long conflict, he finally decided to be honest. He told Tony about the suit, and they both joined the race wearing the suits. ⓓ Tony won the race, and Zach congratulated him. This was the sweetest second place Zach had ever won.

→ 솔직하게 Tony에게 말을 하고, Tony의 우승을 축하해줌

(D) Nothing was decided during the morning, but shortly before the race, the coach told Zach that he and Tony could wear the suit. He asked Zach to tell Tony about it. ⓔ After hearing what his coach said, Zach faced a difficult choice. At first, he hesitated to tell his friend about the news. He thought that if he did not tell Tony about it, he would definitely win the race.

→ 특수 제작된 수영복을 입을 수 있음을 알게 된 Zack이 그 사실을 Tony에게 알려줄지 고민함

1 주어진 글 (A)에 이어질 내용을 순서에 맞게 배열하시오.

2 위 글의 **Zach**에 관한 내용과 일치하지 <u>않는</u> 것은?

① 100미터 자유형 결승전에 진출했다.
② Tony를 가장 큰 경쟁자로 생각했다.
③ 특수 제작된 수영복을 샀다.
④ Tony의 준우승을 축하해 주었다.
⑤ 코치의 말을 듣고 어려운 선택에 직면했다.

↓

유형 **Solution** 적용하기

step 1 지시문을 읽고 내용 일치인지, 불일치인지 파악하라.

>> 불일치하는 것을 고르는 문제이고, 등장인물 중 Zach에 관한 내용을 묻고 있다.

step 2 선택지를 빠르게 훑어본다.

>> '자유형 결승전', '수영복', '코치' 등을 통해 Zach은 수영 경기와 관련 있는 인물임을 알 수 있다. 또한 ⑤번 선택지를 통해 무언가를 선택해야 하는 상황에 놓여 있음도 추측할 수 있다.

step 3 본문과 선택지를 대조하며 정답을 고른다.

>> ⓐ, ⓑ, ⓒ, ⓔ를 통해 ①, ②, ③, ⑤의 내용은 사실임을 확인할 수 있다. 그러나 ⓓ 'Tony won the race, … This was the sweetest second place Zach had ever won(Tony가 대회에서 우승했고, … 이것은 Zack이 차지한 가장 달콤한 준우승이었다).'을 통해 일치하지 않는 것은 선택지 ④임을 알 수 있다.

1 다음 글의 제목으로 가장 적절한 것은? 수능기출

Since the beginning of time, the mysterious nature of dreaming has led people to believe that dreams were messages from the other world. Dreams have been regarded as prophetic communications which, when properly decoded, would enable us to foretell the future. There is, however, absolutely no scientific evidence for this theory. It is certainly true that individuals who are concerned about a traumatic event, such as the threat of the loss of a loved one who is sick, will dream about that loved one more than would otherwise be the case. If the dreamer then calls and finds that the loved one has died, it is understandable for him or her to assume that the dream was a *premonition of that death. But this is a mistake. It is simply a coincidental correspondence between a situation about which one has intense concern and the occurrence of the event that one fears.

To prove the existence of premonitory dreams, scientific evidence must be obtained. We would need to do studies in which individuals are sampled in terms of their dream life and judges are asked to make correspondences between these dream events and events that occurred in real life. A problem that arises here is that individuals who believe in premonitory dreams may give one or two striking examples of "hits," but they never tell you how many of their premonitory dreams "missed." To do a scientific study of dream prophecy, we would need to establish some base of how commonly coincidental correspondences occur between dream and waking reality. Until we have that evidence, it is better to believe that the assumption is false.

*premonition 예감

① Why Do People Dream?
② Ways to Interpret Dreams
③ the Origin of Dream Prophecies
④ the Scientific History of Dreams
⑤ Can Dreams Foretell the Future?

[2~3] 다음 글을 읽고, 물음에 답하시오. 수능기출

(A) Mom once said that my grandmother came to America as a poor uneducated Greek immigrant at eighteen. My grandmother wanted to go to school, but the harsh immigrant life pushed her to support her family. Though she never learned to read in school, she knew many traditional stories from her home country.

(B) One day, when I saw my grandmother on the street by chance, I noticed that she had difficulty in reading an English sign. Right at that moment, it hit upon me to teach her to read English in return for all she had taught me. I talked to my mom about it, and she was delighted with my plan. So my grandmother and I worked hard together using books for beginners.

(C) My efforts were rewarded only a month later on the morning of my eighteenth birthday. My grandmother decorated a cake with "HAPPY BIRTHDAY BETTY." I had only taught her the basics of reading, but she had written these words all by herself. Touched by this simple message, I said, "It's not just my birthday, Grandma. You stepped into this country at eighteen. Now, you are stepping into another new world. So it's your birthday, too."

(D) My grandmother liked to tell me these interesting stories at night. I still remember a few stories in which the gods made promises with each other like humans. Those who broke their promises were punished. While listening to the stories, I decided that I would not break any promises. The morals of her stories taught me how I should live my life.

2 주어진 글 (A)에 이어질 내용을 순서에 맞게 배열하시오.

3 위 글의 grandmother에 관한 내용과 일치하지 <u>않는</u> 것은?

① 18세에 그리스에서 미국으로 이민을 왔다.
② 학교에서 읽기를 배운 적이 없다.
③ 필자와 초보자용 책으로 공부하였다.
④ 필자의 생일 케이크에 축하 문구로 장식을 하였다.
⑤ 필자로부터 밤에 재미있는 이야기를 듣는 것을 좋아했다.

Actual Test

[1~2] 다음 글을 읽고, 물음에 답하시오.   Time Limit 1분 50초

(A) One day, one of Mary's neighbors asked her if she could take care of a lost dog for a while. The neighbor had found it wandering around the building's parking lot. Mary agreed, but told her she could only do it for a few days. The two women took a picture of the dog and posted it on a local community website in the Lost Pets section. They also printed fliers and put them up around the neighborhood.

(B) Getting out of bed, she found the dog standing outside the door. Upon seeing her, it ran to Becky's room, where the girl was lying unconscious on the floor. As soon as Mary bent over to take care of her daughter, the dog stopped barking. Mary rushed Becky to the hospital, where she was given vital medical treatment. The doctors said that if she had brought Becky in a few minutes later, she could have died. The dog saved her life!

(C) After they had posted all the fliers, Mary went to buy some pet supplies with her daughter Becky, who had a serious heart condition. Mary warned Becky not to get too excited about having a dog, reminding her that it was just for a few days. A few days passed, with no word from the dog's owner. Then, one morning, Mary was awakened by the sound of the dog furiously barking and scratching on her bedroom door.

(D) After Becky was released from the hospital, Mary's family named the dog Berry and welcomed him as a new family member. A few days later, Mary received a call from the dog's owner. He told her that he had seen one of the fliers and wanted his dog back. He arrived at their apartment, where he was surprised to see the girl bitterly crying and her mother hugging her tight. Mary explained that the dog had saved her daughter's life. After thinking for a few moments, the dog's owner said, "Maybe he was supposed to find you guys. You'd better keep him."

1 주어진 글 (A)에 이어질 내용을 순서에 맞게 배열하시오.

2 위 글의 Mary에 관한 내용과 일치하지 <u>않는</u> 것은?

① 이웃이 발견한 길 잃은 개를 맡아주었다.
② 개의 주인을 찾는 전단지를 인쇄하여 붙였다.
③ 개의 도움으로 자신의 생명을 구할 수 있었다.
④ 그녀의 딸은 심각한 심장 질환을 앓고 있었다.
⑤ 개의 주인은 그녀가 개를 키우도록 허락해 주었다.

3 다음 글의 제목으로 가장 적절한 것은?　　　　　　　　Time Limit 1분 50초

Did you ever wonder how famous writers come up with their ideas? Well, certain writers, such as Erika Nordstrom, use the richness of their lives as a source of material for their books. In a recent interview, Nordstrom explained that after her family's adoption of a lost puppy when she was a child, she began to keep a journal. Each day, she would write about all the funny things her new pet did and her efforts to train him.

After some time, she found herself writing about other things in the journal as well. First, she wrote about her experience visiting a neighbor's farm, where she had had the chance to ride a horse for the first time. Later, she wrote about the many interesting people who visited her home that summer. Eventually, many of these memories became the starting points for the popular books for teenagers Nordstrom wrote as an adult. When writing them, she would often go back to her childhood journals in order to remember what it was like to be young, and to find inspiration for interesting characters and events to include in her books.

Today, Nordstrom's stories are loved by young people around the world. However, if it hadn't been for her new puppy and the journal she decided to keep as a child, we might never have had the chance to read her wonderful stories.

① What Erika Nordstrom Loves Most
② Benefits of Journal Writing
③ Sources of Erika Nordstrom's Stories
④ Erika Nordstrom's Childhood Memories
⑤ The Background of Erika Nordstrom's Family

Words & Phrases

1-2 wander 돌아다니다　flier 전단지　unconscious 의식이 없는　bend over 몸을 ~위로 굽히다　vital 필수적인　supply 《pl.》 물품
furiously 격하게, 맹렬히　bark (개 등이) 짖다　scratch 긁다　bitterly 비통하게, 격렬히
3 come up with ~을 생각해 내다　richness 풍성함, 풍요로움　source 원천, 근원　adoption 입양　keep a journal 일기를 적다
eventually 결국에　inspiration 영감

(A) A wise old man owned a gas station in a small town. One day, his granddaughter came to visit. She sat with him in his rocking chair and watched the drivers come and go. After some time, a car pulled up and a man they didn't recognize got out. He stretched and looked around at the town.

(B) The stranger then walked up to the old man and greeted him. "I'm not from around here," he said. "What is this town like?" "Well," the old man replied, "what is your hometown like?" "Oh, it's terrible," said the man. "Everyone is rude and dishonest." The old man in his rocking chair nodded and said, "This town is the same."

(C) After the man had driven away, the little girl looked at her grandfather with curiosity on her face. "Grandpa," she said, "When the first man asked, you told him our town was a terrible place to live. But you told the second man that it was a great place. Why?" "Well," said the old man, "People always find the same thing wherever they go. That's because no matter where you go, you take your attitude with you."

(D) Soon after the stranger had left, another unfamiliar car pulled into the gas station. A man got out and walked over to the old man and his granddaughter. "Hi," he said. "I was wondering if this town is a good place to live." The old man thought about it and asked him what his town was like. The man smiled at him and said, "It's a great place. Everyone is warm and friendly." The old man nodded at him and said, "This town is the same."

4

주어진 글 (A)에 이어질 내용을 순서에 맞게 배열하시오.

5

위 글의 a wise old man에 관한 내용과 일치하지 <u>않는</u> 것은?

① 주유소를 갖고 있다.
② 손녀딸이 그를 보러 찾아왔다.
③ 첫 번째 방문자의 질문에 자신의 도시도 마찬가지라고 답했다.
④ 손녀딸은 처음에 그의 의도를 이해하지 못했다.
⑤ 두 번째로 찾아온 방문자의 의견에 반박했다.

6 다음 글의 제목으로 가장 적절한 것은? 고난도

Psychologists conducted an experiment to find out the relationship between rewards and children's behavior. They selected a group of children from the ages of three to five who were interested in drawing. They then divided the children into three groups: The children in group A were promised that they would be awarded a certificate as a prize if they spent their free time drawing. In group B, the children were not told about the certificates, but received one anyway if they chose to draw. Finally, the children in group C were neither given nor told about the certificates.

The children were then observed during their free time, and those in groups A and B who chose to spend their time drawing were given certificates. Two weeks after finishing the experiment, the psychologists returned. What they found was that the children in group A had lost much of their interest in the activity of drawing, while the children in the other two groups continued to draw enthusiastically.

This phenomenon is now known as the "overjustification effect." It occurs when the offer of a material reward actually reduces a person's intrinsic motivation to perform a task. The psychologists' experiment showed that attempting to encourage children with certificates or prizes can have an adverse effect when it comes to activities the children naturally enjoy. The problem is that doing so causes the children's motivation to shift from internal satisfaction to external factors. Once these external factors are removed, the children's internal motivation fails to return, and they eventually lose interest in the activity.

① A Surprising Cause of Lost Motivation
② The Real Reason Children Desire Praise
③ Awards: Effective Motivators for Children
④ Creative Activities to Do with Children
⑤ Offering the Best Reward for Good Behavior

Words & Phrases

4-5 gas station 주유소   rocking chair 흔들의자   pull up (차가) 멈추다, 서다   recognize (누구인지) 알다   stretch 기지개를 켜다
greet ~에게 인사하다   dishonest 정직하지 못한   nod (고개를) 끄덕이다   drive away 차를 타고 떠나다   curiosity 호기심
attitude 태도   unfamiliar 익숙하지 않은   pull into ~에 도착하다

6 psychologist 심리학자   conduct 수행하다   reward 보상   select 선발하다, 선택하다   certificate 증서; *증명서
overjustification 과잉 정당화   occur 일어나다, 발생하다   intrinsic 고유한, 본질적인   adverse effect 역효과   shift 이동하다
internal 내부의   satisfaction 만족   external 외부적인, 외부의   factor 요소   [문제] desire 바라다, 원하다   motivator 동기 요인

Words you want to hear to you

Don't limit yourself.
Many people limit themselves to what they think they can do.
You can go as far as your mind lets you.
What you believe, remember, you can achieve.
- Mary Kay Ash

PART 2

↓

Mini Test

→

1 다음 글의 주제로 가장 적절한 것은?   Time Limit 1분 30초

Clay pots are used to keep water cool when it is stored outside. Despite the fact that the pots are exposed to the hot sun, the water within them always remains refreshingly chilled. But how is this possible? The answer lies in the fact that the clay which the pots are made from is filled with tiny, invisible holes. These small openings allow water to escape the pots through the process of evaporation. Heat is required to make water evaporate, so the tiny water molecules absorb heat from within the pots and take it with them as they turn to vapor and exit through the holes. In this way, the heat is transferred out of the pots, keeping the liquid water within them cool.

① the process of water evaporation
② the difference between liquid and gas
③ the reason water in clay pots stays cool
④ different materials used to make clay pots
⑤ the relationship between clay pots and water

2 다음 글의 제목으로 가장 적절한 것은?   Time Limit 1분 30초

Breast cancer is caused by a myriad of factors, and it is probable that science will never be able to pinpoint the exact cause of any individual case. At the same time, it is possible to show that exposure to certain substances or conditions does significantly increase a woman's risk of contracting the cancer. Being exposed to artificial light during the night is theorized to be one such risk factor. The connection between the stimuli and the disease is melatonin, a hormone that governs our sleep-wake cycle. Exposure to artificial nighttime light is known to decrease melatonin levels; simultaneously, low melatonin is often seen in breast cancer patients. Evidence for this correlation is strengthened by the fact that women in developing countries, where artificial nighttime light is less common, have a less significant rate of breast cancer than women living in industrialized nations.

① How to Fight Breast Cancer
② Advanced Therapy for Breast Cancer
③ A Practical Treatment Guide for Breast Cancer
④ Another Breast Cancer Risk Factor: Exposure to Artificial Light
⑤ Relation Between Breast Cancer and Women in Developing Countries

3 Glacier Lake Water Safety Certification Course에 관한 다음 안내문의 내용과 일치하지 <u>않는</u> 것은?

Glacier Lake Water Safety Certification Course

New regulation:

Due to new safety regulations requiring all kayakers, canoers, and rafters to be certified in water safety, from Jan 1, 2015, Glacier Lake National Park will begin its own water safety certification course. If you are just visiting, please check our website for a list of nationwide water safety certification courses.

Age restrictions:

- Children between 10 and 16 years of age need to be accompanied on the course by a parent or guardian.
- Those over 16 years of age are welcome on the course without accompaniment.

Information:

Glacier Lake's water safety course will provide you with knowledge and understanding of navigation, nature laws, lake safety precautions, and the national park's emergency procedures.

Prices:

2-day course: $100 (4 hours each day)
1-day course: $120 (6 hours)

① 카약이나 카누를 타려면 수상 안전에 대한 코스를 수료해야 한다.
② 10세에서 16세 사이의 수강생은 부모나 보호자를 동반해야 한다.
③ 16세 이상의 수강생은 부모나 보호자 없이 코스를 수강할 수 있다.
④ 코스는 호수 안전 예방책, 응급 상황 시 대처법 등을 다룬다.
⑤ 이틀 코스를 등록하면 이틀 동안 총 4시간의 강좌를 듣게 된다.

4

다음 글의 요지로 가장 적절한 것은?

Time Limit 1분 30초

Parents often feel guilty when they are unable to comfort their children in person. In their eyes, talking on the phone doesn't have the same effect. To test this belief, researchers conducted an experiment on some young girls. The girls, whose ages were between 7 and 12, were asked to make a presentation in front of many strangers, a situation designed to cause stress. Afterwards, they were divided into three groups. The first group was comforted by their mothers in person, the second group was comforted over the phone, and the third group was not comforted at all. The researchers then checked their level of a calming hormone called oxytocin. Against expectations, all of the girls who were comforted by their mothers, whether in person or over the phone, showed approximately the same levels of oxytocin.

① 아이에게 어머니의 위로는 반드시 필요하다.
② 부모의 위로는 아이에게 때로 불편함을 불러일으킬 수 있다.
③ 호르몬을 이용한 아동 심리 치료는 위험 요소를 가지고 있다.
④ 7세에서 12세 사이의 소녀들 다수가 어머니와의 유대에 어려움을 겪는다.
⑤ 부모가 전화상으로 아이를 위로하는 것은 직접 위로하는 것과 거의 효과가 같다.

5

다음 글의 목적으로 가장 적절한 것은?

Time Limit 1분 30초

Dear Paolo,

I was delighted to see the new website that you have built for the charity. It looks great, but I think it could be better. The main issue involves the layout. In the current layout, it is a little bit unclear how visitors to the site can actually donate money to our organization. By better highlighting payment options—perhaps putting this information on the front page—we will make it more convenient for people to make a donation. I would be happy to come and meet with you and explain in more detail how I think it should work. Once again, I'd like to thank you for putting in so much time and effort. Our organization relies on the goodwill of volunteers like you.

Kind regards,
Kelly Green
Secretary, Children's First Charity

① 새로운 웹 페이지 개설을 축하하려고
② 웹 페이지의 화면 재배치를 제안하려고
③ 웹 페이지 방문객의 기부를 독려하려고
④ 기부자들에게 감사 인사를 하려고
⑤ 자원봉사자들간의 만남을 주선하려고

다음 글의 제목으로 가장 적절한 것은? 고난도

The prevalence of credit cards in American society is a modern development, but the concept of purchasing goods on credit is not. The idea goes back centuries, to a time when store owners knew each of their customers personally. They were aware who had a steady job and who could be trusted to pay back money loaned. Reliable customers were offered a line of credit at the store—they had the option to take items and pay for them at some future date.

Not surprisingly, the earliest versions of credit cards emerged from this model. In the 1920s and 1930s, they were provided by individual companies as a perk for loyal customers. The only real departure from the past was the introduction of a physical card to track purchases. The cards were made of paper or metal and were often kept by the merchant as opposed to the customer, since they could only be used through that specific company.

The next step came in the 1940s, when airlines started offering credit cards as a way to lure customers. What was novel about these was that a card issued by one airline was accepted by all others as well. Then, in 1950, the first true "general-purpose" card was created by Diners Club. Thanks to a global network of merchants, this single card could be used to purchase products on credit from stores and companies all over the world.

① Credit Card Debt Relief
② The Importance of Loyal Customers
③ The US Economy and Social Systems
④ The Invention of the Credit Card and Its History
⑤ The Impact of Credit Cards on Small Business

1

다음 글의 주제로 가장 적절한 것은?   Time Limit 1분 30초

There are many animals whose skin is similar in color to their natural surroundings, which helps them blend in and remain hidden. Others, however, have brilliantly colored skins, with deep yellows, oranges, and pinks covering their bodies. This noticeable coloration is a warning to predators that these animals are poisonous. If predators attempt to eat these creatures, they will get a terrible taste in their mouths or even get sick and die. Interestingly, there are certain species that have evolved skin colors closely imitating those of poisonous animals, even though they themselves are not toxic. This strategy proves effective at fooling potential attackers. Since predators avoid eating brightly colored animals, assuming they are poisonous, the imitators are able to avoid being killed.

① the most colorful animal found in nature
② the effects of eating colorful animals on predators
③ the way that predators distinguish poisonous animals
④ how simply looking poisonous protects some animals
⑤ the different ways poisonous animals protect themselves

2

다음 글의 제목으로 가장 적절한 것은?   Time Limit 1분 30초

Paper money in India comes in several different values, from five rupees to 1,000 rupees. Now, however, there is a new bill available: the zero rupee note. Although it is not legal currency, this bill was created in 2007 by a nonprofit organization to help fight corruption. In India, bribery is recognized as a pervasive problem. Government officials often refuse to provide free services unless they are given money first. Therefore, these bills were created to be used by people who have been asked to pay a bribe. The zero rupee notes have various phrases written on them such as "Eliminate corruption at all levels." The goal is to shame government officials who accept bribes and to let them know that there are groups who are fighting this type of dishonest behavior.

① Special Bills to Help End Bribery
② Paying Workers with Fake Money
③ Is Paper Money a Thing of the Past?
④ Dishonest Officials Forced to Pay Fines
⑤ India Struggles with a New Form of Corruption

3 다음 글의 요지로 가장 적절한 것은? 고난도

When Americans look back on the American War of Independence, they often overlook the substantial help that American forces received from the French. For more than 100 years, the British and French had been fighting for control of North America. So, when the American colonists declared their independence from England in 1776, the French were happy to support them. The pivotal role played by the French in the war is well represented by the 1781 Battle of the Chesapeake. American ground forces had laid siege to Yorktown, Virginia, where the top British commander and his army were located. British ships sailed from New York to help break the siege, but they were blocked from entering the Chesapeake Bay by twenty-four French ships. The French navy succeeded in guarding the bay long enough that the British general in Yorktown was forced to surrender to the colonists.

① 프랑스인들과 영국인들은 북미에서 많은 전투를 했다.
② 체서피크 전투는 직접적으로 미국의 독립으로 이어졌다.
③ 18세기에는 프랑스 해군이 영국 해군의 적수가 되지 못했다.
④ 미국의 독립 전쟁 승리는 프랑스의 원조에 많은 빚을 졌다.
⑤ 프랑스인들은 영국인들이 미국 식민지 주민들과 싸우는 것을 도왔다.

4 다음 글의 목적으로 가장 적절한 것은?   Time Limit 1분 30초

It's great to see so many people interested in the cross-country running team. However, before you make your decision, I want to go over some things. This sport requires months of training to achieve the stamina and strength you need, so there are going to be demanding workouts three hours a day, including Saturdays. You'll have Sundays off, but I'm going to recommend that you spend an hour or so lifting weights so that your body remains active. Our races will be on Saturdays, and we'll often have to travel long distances the night before to get there. This means we'll often be returning late on Saturday nights as well. If you value your weekend social life more than your commitment to the sport, this team isn't for you.

① 주말 시합 일정을 공지하려고
② 스포츠클럽 가입을 권장하려고
③ 크로스컨트리 경기 규칙을 설명하려고
④ 효과적인 체력 단련 방법을 소개하려고
⑤ 스포츠클럽 가입 전 유의 사항을 알리려고

5 weasel에 관한 다음 글의 내용과 일치하지 <u>않는</u> 것은?   Time Limit 1분 30초

The weasel is related to the mink, though it is smaller and lives only on land. It has a notorious reputation for being a fierce hunter, killing prey for pleasure as well as for food. For example, weasels have been known to kill every single chicken in a henhouse but only feed on a few of them. In the wild, its diet includes a variety of animals, from mice, rabbits, squirrels, and birds to grasshoppers, frogs, and even earthworms. However, the behavior of the weasel toward its mate and young contrasts greatly with its otherwise fierce nature. Once mated, weasels remain paired for the rest of their lives, and their *litters, born each spring and numbering from four to eight young, are carefully looked after.

*litter (동물의) 한 배에서 나온 새끼

① 밍크보다 크기가 더 작고 육지에서 서식한다.
② 재미를 위해서 사냥감을 죽이기도 한다.
③ 개구리나 지렁이를 잡아먹기도 한다.
④ 짝을 짓고 새끼를 낳으면 온순해진다.
⑤ 매년 봄에 4~8마리 정도의 새끼를 낳는다.

(A) Ever since I was a little boy, my father always kept a huge pickle jar next to the wardrobe in my parents' bedroom. Every day after work, he would go to the jar and empty his pockets full of coins into it. Hearing those coins dropping into the jar was my favorite sound as a kid. I remember afternoons when I would sit and gaze at the coins as they gleamed in the sunlight.

(B) Years passed, and I went to university. I finally learned the value of those coins; they paid for my entire tuition. But after graduating and getting a job, I forgot about the old jar. When I was visiting home one day, I noticed the jar was missing. Sadness filled my heart as I looked at the spot where it used to sit. It had been such an important symbol of willpower and diligence.

(C) After getting married, I had a son, Brian. We spent his first Christmas at my parents' house. After dessert, he started wailing, so I went to change his diaper in my parents' bedroom. Then, I saw it: the pickle jar was in the same spot and halfway full. While putting some of my own coins into it, I felt emotionally overwhelmed. Just then, my father entered the room. Though nothing was said, I knew we felt the same way.

(D) Regardless of how little money my father had, there were always coins to add to the jar. Even after losing his job one winter, he never removed a single coin. Whenever the jar was full, my father and I would head to the bank. There was always so much money in the jar! Then he'd turn to me and say, "You're not going to work in a factory like me. Your future's going to be brighter."

6

주어진 글 (A)에 이어질 내용을 순서에 맞게 배열하시오.

7

I에 관한 위 글의 내용과 일치하지 <u>않는</u> 것은?

① 피클 병에 동전을 넣을 때 나는 소리를 좋아했다.
② 아버지가 모은 동전으로 대학 등록금을 낼 수 있었다.
③ 집을 다시 찾아왔을 때 피클 병이 보이지 않자 슬퍼했다.
④ 아들이 태어나자 아버지가 했던 것처럼 동전을 모으기 시작했다.
⑤ 병이 꽉 채워지면 아버지와 함께 은행에 갔었다.

1

다음 글의 주제로 가장 적절한 것은?

Time Limit 1분 30초

The *quill pen was a writing instrument that remained in use for a long period of time. Introduced some time around AD 700, this pen was made from the quill of a feather, which was pulled from the left wing of a bird. It was important to use a quill from the left wing because this meant that the feathers would curve outward over the back of the hand when used by right-handed writers. Most quills were taken from geese, but those of the swan were more highly prized, being scarce and thus expensive. If the goal was to make fine line drawings, however, crow quills offered the best results, followed by those of the eagle, owl, and hawk.

*quill (날개 · 꼬리 등의 단단한) 깃

① how to make a quill pen
② functional benefits of birds
③ the history and use of the quill pen
④ the writing instrument for left-handed writers
⑤ the difference between the left and right wing of birds

2

다음 글의 제목으로 가장 적절한 것은?

Time Limit 1분 30초

With the help of "seizure laws," the US government has been able to take away criminally acquired assets worth millions of dollars each year. For instance, if a getaway car was driven to transport stolen cash or illegal drugs, the government has the authority to seize it under these laws. Furthermore, the government may also take ownership of goods that criminals have bought unlawfully, including property and real estate. Regulations require that any items taken by the government be auctioned off to the public. As these auctions are not meant to turn a profit, some people can get good deals on expensive items. Any funds raised from these auctions go straight to the government, meaning taxpayers save money.

① Government Taxes Criminals
② A Better Way to Save Money
③ Government Makes Crime Pay
④ How to Reduce Tax Payments
⑤ Find the Best Auctions Near You

3 Oregon Woodlands Marathon에 관한 다음 안내문의 내용과 일치하지 <u>않는</u> 것은?

Oregon Woodlands Marathon

The 20th Annual Oregon Woodlands Marathon will take place on Saturday, August 1, 2015. With a route through beautiful woodlands, it's one of the world's most popular road races.

Categories: This year, the marathon offers two different categories:
Marathon (42.195 km)
1/4 Marathon (10.55 km)

Important: To allow the roads to open for traffic, runners need to have passed certain points of the course by a certain time.

Distance	Maximum Time
10 km	2 hours
25 km	3 hours
Finish	6 hours

Payment:

Before the end of May (early bird)	$15
Regular	$20

Registration: You need to register and pay online. Once we receive the payment, you will automatically be sent confirmation by email. Print this receipt. You must show this at the runners' booths before the race.

① 약 42km와 그보다 짧은 거리의 두 가지 경주가 진행된다.
② 당일 해당 구획의 도로는 하루 종일 통제된다.
③ 25km 거리는 최대 3시간 이내로 달려야 한다.
④ 5월 말 이전에 등록하면 할인을 받을 수 있다.
⑤ 결제 후 이메일을 통해 영수증을 받을 수 있다.

4

다음 글의 요지로 가장 적절한 것은? 고난도　　　　Time Limit 1분 50초

Hydrogen gas is the primary building block responsible for star formation. In studying galaxies and other star-forming regions throughout the universe, astronomers have determined that there is less and less hydrogen available to create new stars. Part of the problem is that the majority of hydrogen originally present in the universe is effectively "locked up" in stars currently in existence. When stars explode at the end of their life cycle, some of their hydrogen is released back into space, but this does not occur frequently enough to maintain constant hydrogen levels. In addition, as the universe expands, it is getting harder and harder for galaxies to pull in hydrogen from open space via their natural gravitational forces. These findings support the current theory that cosmological evolution will lead to an increasingly dark and cold universe.

① 별의 형성은 상상할 수 없는 에너지를 필요로 한다.
② 별들이 폭발할 때 거대한 양의 수소가 만들어진다.
③ 자연 발생적인 중력은 수소를 끌어당길 수 있는 힘을 가지고 있다.
④ 시간이 지날수록, 별의 형성에 필요한 수소의 양이 점점 줄어들고 있다.
⑤ 과학자들은 왜 우주에서 수소가 감소하고 있는지를 확실히 밝혀야 한다.

5

다음 글의 목적으로 가장 적절한 것은?　　　　Time Limit 1분 30초

Each summer, our college conducts a variety of weeklong basketball clinics designed for high school coaches. Upon arrival, we give each participant a clipboard or folder that includes schedules of the week's activities and notepaper on which they can jot down information. I was very impressed when I saw the Noteboard-X, which functions as both a pocket folder and a clipboard, in your company's office supply catalog. This item would be of great use to us during the clinics. I realize that each Noteboard-X retails for $15, but I was wondering if this price drops for bulk orders or if you offer any special deals for educational institutes. If so, please provide me with the details. I would be interested in ordering 200 units of the product for this year's clinics. And if they are a success, I will order more in the future.

① 신제품 출시를 광고하려고
② 특별 농구 강좌를 홍보하려고
③ 제품 구매에 대해 문의하려고
④ 상품 주문의 내용을 변경하려고
⑤ 세미나 참가자에게 준비물을 알리려고

6 다음 글의 주제로 가장 적절한 것은? 고난도

Much of the terrain of southern Mexico, northern Central America, and some nearby Caribbean islands is made up of a shallow layer of *limestone covering a system of flowing groundwater. In some places, the limestone has eroded to the point of collapse, creating circular pits that expose the groundwater. This type of geologic feature is known by the local term "cenote." Many cenotes are connected by vast networks of underground river tunnels, and only a small fraction of these tunnels have been explored.

The cenotes have served different functions for the different people that have occupied this part of the world. In pre-Columbian times, they held a special importance in Mayan mythology. The Maya considered them gateways to the afterlife and would throw special objects, including the occasional human sacrifice, into them. Discoveries of artifacts in the cenotes have revealed much about the culture of the ancient Maya. Later, Spanish settlers and their descendants relied on the cenotes to provide water for their quickly expanding settlements.

These days, cenotes mainly serve as a draw for tourists. Those located in the northeast of Mexico's Yucatan Peninsula, near the popular resort center of Cancun, are especially popular with many people. Adventure tour companies have outfitted some of the subterranean tunnels with lights and provide air-filled tubes for floating along these underground rivers. The cenotes themselves are also used as swimming holes by both locals and visitors, who are looking to beat the Mexican heat.

*limestone 석회석

① an odd religious ritual of the ancient Maya
② the most popular tourist destination in Mexico
③ the danger of cenotes collapsing in many areas
④ an early Spanish settlement in southern Mexico
⑤ the various uses of a unique geologic formation

1

다음 글의 주제로 가장 적절한 것은?

Time Limit 1분 30초

If you have a lawn, chances are that you are unknowingly contributing to a number of environmental problems. For example, the fertilizers and pesticides you use to keep your grass green are a major threat to soil, water, and wildlife. Each year, American homeowners apply more fertilizers to their lawns than all of India uses to grow its crops. In addition, they use nearly ten times more pesticides than are used by all US farmers combined. Lawn mowers are another issue. The average mower emits as many air pollutants in an hour as a car does when driven 350 miles. And finally, the destruction of the natural environment required to build homes and lawns in the first place means that many plants and animals are killed off.

① air pollution from motor vehicles
② effects of intensive fertilizer use on grass
③ sustainable growth of agriculture in India
④ environmental impacts of lawns and lawn maintenance
⑤ how to contribute to environmental conservation

2

다음 글의 제목으로 가장 적절한 것은? 고난도

Time Limit 1분 50초

For most of human history, the microscopic world remained unknown to scientists. The development of the modern microscope, attributed to Dutch thinker Antonie van Leeuwenhoek in the latter half of the 17th century, finally opened this world to scientific exploration. With his handcrafted microscopes, Van Leeuwenhoek discovered the first of what we now refer to as microorganisms. He studied samples of pond water and human sweat and blood and found tiny, thriving colonies of bacteria and *protozoa. At first, the scientific community expressed doubt about these discoveries, as the idea of organisms too small to be seen by the human eye had never been considered. But as Van Leeuwenhoek's contemporaries began conducting their own microscope-powered investigations, they had no choice but to accept the existence of microorganisms. For his pioneering work, Van Leeuwenhoek is now called the "father of microbiology."

*protozoan 원생동물 (*pl.* protozoa)

① Evolution of Living Organism
② Bacterial Diseases in the Past
③ Unknown Scientists Who Changed the World
④ The New Scientific Discovery in Modern Biology
⑤ Antonie van Leeuwenhoek: The First to See Microscopic Life

3 다음 글에서 필자가 주장하는 바로 가장 적절한 것은?　　　　　　　　　Time Limit 1분 30초

For religious and cultural reasons, some Muslim women wear a burka, a form of clothing that covers the wearer completely. Many European citizens have urged their governments—sometimes successfully—to ban public wearing of burkas. The main argument for banning burkas is that they pose a security threat. Supporters of the ban point out that people must be identifiable in public, particularly in airports and train stations, or when using public transportation. Their concerns are driven by the fear that people might use such clothing to hide their identity while committing a terrorist attack or some other crime. Though these concerns may be valid, banning burkas is unreasonable and unfair to the women who wear them. As the wearing of burkas often reflects religious beliefs, the women's choice to wear them should be respected. Banning burkas forces these women either to violate their beliefs or never leave their homes.

① 무슬림 여성들은 여행 중에는 부르카를 벗어야 한다.
② 공공 안전은 종교적인 신념의 표현보다 더 중대한 문제이다.
③ 무슬림 여성들은 집에서만 부르카를 착용해야 한다.
④ 부르카는 신원을 확인할 때를 제외하고는 무슬림 여성들에게 허용되어야 한다.
⑤ 무슬림 여성들에게 부르카 착용을 금지하는 것은 부당하다.

4

다음 글의 목적으로 가장 적절한 것은?

Time Limit 1분 30초

Left-handed writers can be faced with many problems: their letters are poorly formed and hard to read, the ink gets *smudged on the page, and they experience discomfort in their hand. That's why they need to try the Swan, an innovative new pen from Writeco. It makes writing both easier and more comfortable for left-handers because it is equipped with a specially curved tip that allows them to see what they are writing. The pen was developed by Diane Navarro, CEO of Writeco, who was looking to find a way to help her two children, both of whom are left-handed. Now it's available to left-handed writers around the world. Get yours today and experience writing the right way.

*smudge 번지다, 얼룩을 남기다

① 새로운 펜의 디자인을 공모하려고
② 효율적인 필기 방법을 제안하려고
③ 왼손잡이를 위한 필기 제품을 홍보하려고
④ 필기가 학습에 미치는 영향을 설명하려고
⑤ 왼손잡이 학습자들의 어려움을 호소하려고

5

encaustic painting에 관한 다음 글의 내용과 일치하지 <u>않는</u> 것은?

Time Limit 1분 30초

*Encaustic painting is an ancient painting method that originated more than 2,000 years ago. Also referred to as hot wax painting, the technique involves adding colored pigments to melted beeswax and then applying it to wood, canvas, or other surfaces. Because the beeswax is unaffected by moisture, encaustic paintings resist damage and keep their bright colors for a long time. Though this method was familiar to and used by early Greek and Roman painters, encaustic painting didn't become popular until centuries later, in the 1700s. Some artists continue to use this technique nowadays, and modern technology is making it even easier for them to do so. Electric heating devices, such as lamps and irons, keep the beeswax warm and soft, giving the artists more time to position and shape it.

*encaustic 불에 달구어 착색한; 납화의

① 녹인 밀랍에 색소를 첨가해 염료로 사용한다.
② 습기의 영향을 받으면 색이 쉽게 바랜다.
③ 초기 그리스와 로마의 화가들에게 익숙한 화법이었다.
④ 1700년대에 이르러서야 인기를 얻게 되었다.
⑤ 현대 기술을 이용하여 더 수월하게 작업할 수 있게 되었다.

(A) An old woman stood in a courtroom, her eyes filled with tears. She had been arrested for stealing a loaf of bread from a bakery. The woman admitted that she was guilty, but tried to explain the situation to the judge. "I stole it for my grandchildren," she said in a soft voice. "My daughter is too sick to work, so they have nothing to eat."

(B) The judge sighed and thought for a moment. "He is right," the judge said to the old woman. "You must be punished. Either pay a $100 fine or spend ten days in jail." But before the woman could react, the judge took two fifty-dollar bills from his wallet and put them in his hat.

(C) The judge was moved by the old woman's words. He asked the owner of the bakery to drop the charges so the woman could go free. But the man refused. "She broke the law!" he shouted. "If she isn't punished, other people will do the same thing."

(D) "Her fine has been paid," he said. "And now I'm fining everyone here $1 each for living in a town where no one takes care of hungry children." The bakery owner watched as the judge's hat was passed around, and he turned red faced with shame. The old woman went home that evening with more than $150 in her pocket, enough to buy groceries for a month.

6

주어진 글 (A)에 이어질 내용을 순서에 맞게 배열하시오.

7

위 글의 내용과 일치하는 것은?

① 할머니는 자신의 죄를 끝까지 인정하지 않았다.
② 할머니는 아픈 딸의 약값을 위해 돈을 훔쳤다.
③ 판사는 할머니에게 처벌을 내렸다.
④ 제과점 주인은 할머니가 처벌 받는 것을 원치 않았다.
⑤ 할머니는 벌금을 내지 못해 열흘간 옥살이를 했다.

1

다음 글의 주제로 가장 적절한 것은?

Time Limit 1분 30초

In the early 1900s, US public parks and historical monuments were managed by many different government organizations. These included state governments, the US Department of the Interior, and other groups. Unfortunately, the level of protection provided by these organizations varied significantly. Because public lands lacked unified management, they could be misused by powerful companies. Conservationists used this as a reason to argue for the creation of a National Park Service (NPS). In 1916, President Woodrow Wilson signed a bill that made the NPS a reality. He charged the new organization with preserving the nation's special natural and historic sites so that Americans of future generations could enjoy them. Thanks to his actions, the extensive National Park system that exists in the US today was created.

① the importance of preserving nature
② the background of establishing an NPS
③ the development of national parks in the US
④ the result of argument for the creation of an NPS
⑤ the affects that conservationist have on creating the system

2

다음 글의 제목으로 가장 적절한 것은?

Time Limit 1분 30초

In many parts of the world, ginger has been an important medicinal plant for centuries. People in countries like India and China have used it in the treatment of indigestion, nausea, and vomiting. Recently, the Western world has taken an interest in ginger as well. Experts are conducting studies on the spice to test its effect on different types of nausea, from seasickness to the feelings of discomfort and pain caused by cancer treatments. Already, scientists are beginning to recognize that ginger is the best cure for these ailments. Again and again, simple ginger pills are showing more positive results than any medicine available in pharmacies today. If this trend continues, ginger will likely soon be marketed as a popular herbal remedy in the West.

① How to Avoid Indigestion
② Finding a Cure for Cancer
③ The Art of Cooking with Ginger
④ A Comparison of World Medicines
⑤ An Old Medicine for the New World

3 Mother Nature's Camp Volunteer Program에 관한 다음 안내문의 내용과 일치하는 것은?

Mother Nature's Camp Volunteer Program

Do you enjoy being outside? Have you ever thought of using your skills to help kids and the environment? Join Mother Nature's Camp Volunteer Program and share your love of nature with our campers!

Desired Qualifications:
Have over one year of experience leading or teaching children
Be 18 years of age or older
Can volunteer for one full week
Have *CPR and first aid training

Responsibilities:
Responsible for leading one group for one week
Bond with and give personal attention to your campers
Assist Head Counselors with any large group activities

Volunteer for:
Summer Camp: June 7 – July 10
Winter Camp: January 3 – February 5

How to apply:
Contact our volunteer manager, Sally Lincoln: volunteer@mothernaturescamp.com or 021-555-3298.

*CPR 심폐소생술

---

① 관련 경험이 없어도 지원할 수 있다.
② 한 달 간 자원봉사 프로그램에 참여해야 한다.
③ 한 주에 두 그룹을 맡아야 한다.
④ 캠프 참여 학생에게 개인적인 주의를 기울여야 한다.
⑤ 여름과 가을에 개최되는 캠프에 지원할 수 있다.

4

다음 글의 요지로 가장 적절한 것은?

Time Limit 1분 30초

A team of researchers asked two groups of participants to fill out a questionnaire with a pen held in their mouth in one of two different positions. The participants holding it in the "lip position" were forced to frown, while people holding it in the "teeth position" were forced to smile. The researchers did not explain the real purpose of the study, telling the participants that they were trying to find out how difficult it was for people without the use of their hands to write. In the questionnaire, the participants were asked to rate how funny a cartoon was, which was the real objective of the test. As the researchers expected, the participants in the teeth position group rated the cartoon significantly more amusing than those in the lip position group.

① 사람의 감정을 수치화하는 것은 불가능하다.
② 신체의 움직임은 감성 발달에 있어 중요하다.
③ 손을 사용하지 않고 글을 쓰는 것은 어려운 일이다.
④ 얼굴의 움직임은 사람의 감정에 영향을 미칠 수 있다.
⑤ 만화가 얼마나 재미있는가는 개인의 취향에 따라 다르다.

5

다음 글의 목적으로 가장 적절한 것은? 고난도

Time Limit 1분 50초

The precise definition of honor may vary between cultures, but there are few human societies in which the concept does not exist. Some sociologists argue that our sense of honor evolved in order to encourage harmonious behavior that contributes to the cohesion and, ultimately, the survival of social groups. But, to me, a more individualistic explanation of honor rings true. As mortal beings, we are constantly confronted by the fact that our lives will one day end. We only have a limited amount of time to shape the way in which others view us. After we're gone, any material wealth that we accumulate will not do us much good. Rather, it is primarily by our actions that we will be remembered. If we conduct our lives in an honorable fashion, we can be assured that those remembrances will be positive.

① 명예와 물질주의의 차이를 비교하기 위해
② 명예의 의미에 다른 방식으로 접근하기 위해
③ 명예가 왜 사람을 탐욕스럽게 하는지 설명하기 위해
④ 물질적 풍요와 명예가 덧없음을 역설하기 위해
⑤ 명예로운 삶을 사는 법에 대해 고찰하기 위해

다음 글의 제목으로 가장 적절한 것은?

Sintayehu Tishale has been considered one of the finest carpenters in Ethiopia for more than twenty years. A skilled worker, he wields a hammer with incredible precision; additionally, he saws, chops, and operates dangerous machinery as well as you would expect any carpenter to. You would never guess that his tables and chairs, instead of being made by hand, were made with his feet!

Being born with polio, Tishale lost the use of both his arms at a young age. When he was growing up he would try to repair broken furniture and practice performing tasks with his feet, knowing he had to train them to be stronger and more flexible—to be like hands. Sadly, Tishale's parents didn't spot his ability and thinking that there would be no employment opportunities for him, taught him to beg on the streets.

Although he begged for many years, traveling from place to place, he always believed that he could have a better life. That better life came when Tishale met his wife and everything changed. With her help, he learned how to read and write, and was able to focus on developing his woodworking skills.

Today, Tishale is in his mid-forties, a father of five, and still married. He has an identity that is bound and influenced by his fine carpentry skills, not his physical limitations. Some people live their lives by making the best of what they have. But then there are people who even make the best of what they don't have. Tishale is one of those people. Remember his story the next time you're faced with a seemingly impossible task.

① Sometimes Luck Is All You Need
② The Physical Limitations of Success
③ How Disabilities Hinder Productivity
④ Overcome Adversity by Not Giving Up
⑤ Learn Carpentry to Overcome Life's Challenges

1 다음 글의 주제로 가장 적절한 것은?

Time Limit 1분 30초

A common belief in nearly every human society is that the act of naming confers power over the thing that is named. Numerous ancient cultures believed that one person could demonstrate mastery or authority over another by speaking his or her name. For example, it was thought that if someone learned the true name of a demon or a god, saying its name would grant that person control of the entity. This type of idea can also be found in the Bible. In the Book of Genesis, God presents the earth's new animals to Adam, who is allowed to give each of them a name. As he does so, Adam, representing humankind, is able to somewhat tame the strange and wild world of nature. In the end, simply by assigning names, Adam becomes the master of all the living creatures on earth.

① the diversity of ancient cultures
② how the act of naming creates superiority
③ a book about ancient cultures: the Bible
④ the ways a ruler showed his authority in the past
⑤ Adam's ability to control all living creatures

2 다음 글의 요지로 가장 적절한 것은?

Time Limit 1분 30초

As populations expand, the number of deaths increases as well. By the year 2020, approximately 380,000 people will die annually, and the current burial system will be putting a growing burden on the environment. Thus, governments are offering guidelines to encourage the adoption of eco-friendly burial practices. Typically, these involve *cremating the dead and burying their remains in park-like settings. Not only would this be good for the environment, but it would meet with approval from those who find the sight of public cemeteries somewhat gloomy. Besides, it would likely lessen people's resistance to new cemeteries being built in their neighborhoods. Many European countries have already made attempts to introduce such burial techniques, and reactions have been promising.

*cremate (시체를) 화장(火葬)하다

① 환경친화적인 매장 제도를 도입해야 한다.
② 화장이 가장 환경친화적인 매장 방법이다.
③ 유럽 국가들은 환경친화적인 매장 기술 도입에 앞장서 왔다.
④ 정부는 더 엄격한 매장 제도 지침을 마련해야 한다.
⑤ 주거지 근처에 묘지를 건설하는 것은 지역 주민의 삶의 질을 떨어뜨린다.

3

다음 글의 제목으로 가장 적절한 것은? 고난도   Time Limit 1분 50초

A recent study in the Netherlands tested visual awareness and racial bias in forty-five white volunteers. They were asked to complete a *binocular rivalry task, a type of experiment in which a person's left and right eyes are shown different images at the same time. Participants were shown simple, high-contrast patterns in one eye, while their other eye was shown low-contrast images of light- and dark-skinned faces. They were told to press a button as soon as the faces became noticeable. Initially, participants only saw the patterns. As the experimenters lowered the contrast of the patterns and raised the contrast of the faces, the participants began to see the faces as well. They generally took more time to notice dark-skinned faces. After this test, participants were asked to match the words "light" and "dark" with words describing positive or negative qualities. The study found that those who held the strongest racial bias took the most time detecting dark-skinned faces.

*binocular rivalry (의학) 망막경합

① The Netherlands' Issue with Race
② Racial Bias Found in Visual Perception
③ Detecting Patterns in Scientific Experiments
④ What Words Do We Use to Describe Skin Colors?
⑤ How Our Eyes Perceive Light and Dark Skin Tones

다음 글의 목적으로 가장 적절한 것은?   Time Limit 1분 30초

Dear Ms. Fabian,

According to our records, the June edition of *Parenting Monthly* is the last installment of your 12-month subscription. On behalf of everyone at *Parenting Monthly*, I would like to thank you for choosing our magazine. I sincerely hope that you have enjoyed reading the articles and features in our magazine over the last year. Furthermore, I hope that you will continue to do so in the future. So, in order to encourage you to continue reading *Parenting Monthly*, I'd like to offer you, as a current customer, a 15% discount on your next 12-month subscription. This generous offer is only available until the last day of your current agreement, so be sure to act quickly. In order to take advantage of this opportunity, either fill out an online form at www.parentingmonthly.com or call one of our friendly customer assistance agents at 555–090–780.

Yours sincerely,
Janette Rhodes

① 새로 출간된 잡지를 소개하기 위해서
② 새로운 구독 서비스를 광고하기 위해서
③ 고객이 구독을 갱신하도록 장려하기 위해서
④ 고객에게 서비스에 대한 환불을 제공하기 위해서
⑤ 고객에게 지불해야 할 금액에 대해 상기시키기 위해서

5

European freshwater eel에 관한 다음 글의 내용과 일치하지 <u>않는</u> 것은?   Time Limit 1분 30초

European freshwater eels are real travelers. These snake-shaped fish begin and end their lives in the Sargasso Sea, southeast of Bermuda. Yet they spend most of their lives in European waterways. Their journey begins at birth, when as *larvae they drift east through the Atlantic. It takes them three years to cross the ocean, during which time they grow and change color. The next nine to nineteen years of their lives are spent in the rivers and lakes of Europe. Then, in old age, they retrace their path back to the Sargasso, where they reproduce and die. Though these eels possess a powerful sense of smell, used for navigation in small bodies of water, the only way scientists can explain their trans-Atlantic migration is a species-wide inherited memory.

*larva 유생(幼生)(변태 동물의 어린 것) 《*pl.* larvae》

① 태어난 직후 대서양을 횡단하기 시작한다.
② 위급하면 주변과 같은 색으로 변한다.
③ 9년에서 19년을 강이나 호수에서 보낸다.
④ 태어난 곳으로 회귀하려는 본능이 있다.
⑤ 뛰어난 후각을 소유하고 있다.

(A) Louis Braille, famous for the system that shares his name, was born on January 4, 1809 in Coupvray, France. When he was only three, Louis lost his sight in an accident. Later, he became a student at the Paris Blind School. Desperately wanting to read, he discovered that the school did have books designed to be read by the blind. The books used very large, raised letters that could be touched. Unfortunately, due to the large size of the letters, it took Louis a very long time to read a sentence.

(B) Louis tried reading this code himself. It was raised like the gigantic letters in the library's books, but the dashes and dots were much smaller. It was easier, but it still took a long time to read. Dashes took up too much space, which meant a page contained only one or two sentences. Louis felt that he could make a better system.

(C) At home for vacation, Louis sat in his father's leather shop, surrounded by all of his father's tools. While working on creating a new system, Louis unintentionally touched one of his awls. Suddenly, he realized the tool could help him make his new alphabet. He spent days working on it, basing it on six dots that could be arranged in different ways to represent the letters of the alphabet. He used the awl to punch out a sentence and attempted to read it. It all made sense. That was the moment when the Braille alphabet was created!

(D) To solve this problem, Louis searched for a more efficient way for the blind to read. Luckily, someone at the school told him about codes being used by the French army to deliver messages at night. French officers created the codes using dots and dashes, not letters. They were raised above the paper so that the soldiers in the field could read by touch without any light at night.

6

주어진 글 (A)에 이어질 내용을 순서에 맞게 배열하시오.

7

위 글의 Louis Braille에 관한 내용과 일치하지 <u>않는</u> 것은?

① 세 살 때 사고로 실명되어 맹인 학교에 다녔다.
② 글자를 손으로 만질 수 있는 맹인용 책을 찾아 읽었다.
③ 아버지의 도움으로 새로운 글자 체계를 만들었다.
④ 그의 글자 체계는 6개의 점을 배열한 알파벳으로 이루어졌다.
⑤ 프랑스 군의 암호에서 영감을 얻어 맹인용 글자 체계를 만들고자 했다.

1 다음 글의 주제로 가장 적절한 것은? Time Limit 1분 30초

Each human cell contains a structure which carries that particular person's genes. Our genes are the things that determine how we look and act. At the end of each of these structures are sticky bodies called *telomeres. They seem to determine the lifespan of our cells, and consequently of us as well. Each time a cell divides, its telomeres get shorter, until finally they are so short that the cell fails to divide and dies. However, scientists have found that by adding a certain enzyme to a cell, they can prevent its telomeres from shortening. With this addition, the cell remains young and continues to divide. Judging from this discovery, the human lifespan is sure to reach 180 years or more before the end of the century.

*telomere (염색체의) 말단소립

① the process of each human cell divides
② a correlation between a human cell and a lifespan
③ how to prevent a human cell from aging and dying
④ the reason why human beings want to live a long life
⑤ an innovative discovery that shows how to maintain healthy body cells

2 다음 글의 목적으로 가장 적절한 것은? Time Limit 1분 30초

Dear Resident,

According to the National Register of Electors, no one at this address is currently registered to vote in the upcoming national and local elections. Please remember that any Canadian citizen over the age of 18 is required by law to register for the National Register of Electors. There are a number of options that you can use to officially register. First, you can download a registration form online at www.electoralroll.gov. Simply fill out the form and mail it to the address on the document. Second, you can register over the phone by calling 1-866-097-0009. You will need to have your social security number and other personal details ready. Lastly, you can register in person at any National Register of Electors office. Make sure you bring along a valid form of photo ID and proof of address.

① 선거 결과를 알리려고
② 선거 참여를 독려하려고
③ 선거 후보에 대해 소개하려고
④ 선거인 명부 등록 방법을 안내하려고
⑤ 선거인 명부 미등록자에 대한 벌금을 통보하려고

3

Job Posting: Peach Farm Laborer에 관한 다음 안내문의 내용과 일치하지 <u>않는</u> 것은?

Job Posting: Peach Farm Laborer

Responsibilities
Your duties will vary according to the time of year, but can include:
• watering peach trees every week or every two weeks
• trimming peach trees to ensure a large crop and fruit size
• harvesting peaches for sale at local supermarkets

Hours
Laborers usually work 39 hours a week; however, you will be expected to work paid overtime during busy seasons. Working early mornings, evenings, and weekends are all common.

Starting salary
$30,000 a year: Laborers with over six months' experience
Between $32,000 to $42,000 a year: Laborers with two to five years' experience

Skills, interests, and qualities
As a peach farm laborer, you should be able to:
• climb ladders and carry heavy boxes
• pick fruit carefully from the trees
• follow health and safety regulations

---

① 매주 또는 격주로 복숭아 나무에 물주는 일을 한다.
② 지역 슈퍼마켓에서 복숭아를 직접 판매할 수 있다.
③ 성수기에 추가 업무를 할 수 있다.
④ 경력에 따라 급여가 다르게 적용된다.
⑤ 보건 안전 규정을 준수해야 한다.

다음 글의 요지로 가장 적절한 것은? 고난도   Time Limit 1분 50초

Many companies purchase ad space in video games as part of modern marketing campaigns. For instance, video game manufacturers charge companies to have their logos show up on billboards or other props that appear in the game's virtual universe. New data suggests, however, that advertisers should be aware of what kinds of video games they are paying to be a part of. In a study, game players were exposed to two different games in which real-world advertisements appeared. One game included violent content, such as characters shooting guns and blood splattered on walls, while the other game did not. Afterwards, the players were questioned about the brands they had seen in the game. Those who had played the violent game had significantly higher negative brand impressions than the other group; this difference was especially evident among female players.

① 비디오 게임을 통한 광고로 마케팅 비용을 절감할 수 있다.
② 폭력적인 비디오 게임을 통한 광고는 윤리적 문제를 야기한다.
③ 폭력적인 비디오 게임을 통한 마케팅은 역효과를 낳을 수 있다.
④ 비디오 게임을 통한 광고는 남성 이용자들에게 더 큰 영향을 미친다.
⑤ 여성 이용자들은 남성 이용자들만큼 폭력적인 게임을 즐기지 않는다.

다음 글의 제목으로 가장 적절한 것은?   Time Limit 1분 30초

In the 1960s, Victor Papanek, a designer, learned that many people in Bali, Indonesia had died in a volcanic eruption because they were unable to hear the evacuation warnings over the radio. He resolved to create an affordable radio that even the poorest people could buy. Made from recycled tin cans, the designer's radio could be fueled by burning any material, such as manure or wood. The entire unit fits inside a can and sells for less than 9 cents. As Papanek paid little notice to its exterior, some people disapproved of the unappealing appearance of his tin-can radio. Despite its looks, the radio was used by many of the poor in Indonesia and India, and the designer was given an award from UNESCO for his innovative work. Papanek, who defended sustainable design, believed that meeting the real needs of people should be at the forefront of any design.

① A New Kind of Evacuation Signal
② An Operating Principle of Papanek's Radio
③ Why Style Is More Important than Function
④ An Old-Fashioned Radio for Use in Emergencies
⑤ An Economical Radio Designed to Help Save Lives

6

Up until 1972, it was necessary for coffee plants to be grown in the shade of tall trees because they were intolerant of direct sunlight. In 1972, with the development of a sun-tolerant coffee plant, coffee farming changed considerably. Using this new type of coffee plant, farmers could produce two to three times more coffee beans than previously and could thus make higher returns.

Subsequently, the years following this development saw 60% of the world's coffee plantations cleared of shade trees. This reduction in shade trees has had a negative impact on migratory birds—specifically those who make the journey south in the winter from North America to Central America and the Caribbean. Not only did the shade trees provide protection for the coffee plants below, their canopies were where the birds would spend their winters. With the loss of these shade trees, an important habitat has been lost for migratory birds, leading their population to dwindle over the last twenty-five years.

In response to this, a project created by the Smithsonian Migratory Bird Center aims to encourage consumers to purchase coffee from shade-grown coffee plantations. Such plantations provide migratory birds with food, water, and shelter. The Smithsonian Migratory Bird Center has designed a Bird Friendly logo which is put on coffee packaging, allowing consumers to easily identify coffee that has been produced from a shade tree plantation. To help migratory birds and support the biodiversity of bird species, consumers just need to look for coffee with the special logo on it.

① the best ways to protect migratory birds
② the benefits of sun-tolerant coffee plants
③ the reasons why coffee production is increasing
④ how coffee production has affected migratory birds
⑤ the influence of migratory birds on coffee production

1

다음 글의 주제로 가장 적절한 것은? 고난도   Time Limit 1분 50초

The term "mid-century modern" refers to a design style that was popularized in the West between the mid-1930s and the mid-1960s. It was primarily seen in architecture and interior products such as furniture. Scandinavian design was a major influence, and unifying features included an emphasis on simplicity and flowing, organic lines. Mid-century modern architecture can be considered a continuation of the vision of Frank Lloyd Wright—large windows and open floor plans dominated. This helped create the illusion that the outdoor world was being incorporated with the indoor. Furniture design also centered around simplicity of form, as well as function. The typical mid-century modern couch or chair, for example, did not feature anything other than a simple frame and cushion. Instead, the elegance of its style came from the curving lines of the frame itself.

① characteristics of mid-century modern design
② the rise and fall of mid-century modern design
③ changes in furniture design during the 20th century
④ Frank Lloyd Wright's influence on Scandinavian design
⑤ reasons mid-century modern design focused on simplicity

2

다음 글의 제목으로 가장 적절한 것은?   Time Limit 1분 30초

From 1892 to 1954, Ellis Island in New York Bay was the busiest immigrant inspection station in the US. About 5,000 immigrants got off ships and were "processed" on the island on a daily basis. Ellis Island processed so many people that as many as 40 percent of Americans had a relative who passed through Ellis Island. The process there was not simple. As soon as they arrived, immigrants moved from one line to another, getting questioned about paperwork or medically examined along the way. For the newcomers, most agonizing were the times when a family member was denied entrance to the US due to a contagious disease, a criminal record, or insanity. If this happened, the families were faced with a terrible decision—either to leave the person behind or to have the entire family return to the old country. This gave Ellis Island the nickname of "The Island of Tears."

① How Immigrants Entered the US in the Past
② The Inspection Process of Immigrants in the US
③ Why Ellis Island Was Called "The Island of Tears"
④ The Problems Most Immigrants Faced on Ellis Island
⑤ The Aftermath of Immigrants Being Refused Entry into the US

3 다음 글의 요지로 가장 적절한 것은?   Time Limit 1분 30초

The so-called nature vs. nurture debate regarding human behavior is a common one among social scientists. The question is whether our habits and actions are inherited as natural instincts or learned from the people and environment that surround us after we are born. Mating rituals, the formation of kinship bonds, and qualities like *altruism are frequently discussed within this context. Some scientists argue that each of these serves a survival purpose and thus must have evolved as part of human instinct. Others point to cultural differences as evidence that these behaviors are socially acquired. However, most believe the truth lies somewhere in the middle. Indeed, the majority of human behavior is so complex that there must be multiple factors at play. It may be impossible to separate nature from nurture.

*altruism 이타주의

① 인간 행동에 관한 천성 대 교육 논쟁은 오래된 이슈이다.
② 인간 행동에 있어서 천성과 교육을 구분하는 것은 어려운 일이다.
③ 과거에는 인간 행동이 자연적 본능에 의한 것이라는 의견이 지배적이었다.
④ 현대 과학자들 대다수는 인간 행동이 사회적으로 습득된 것이라고 주장한다.
⑤ 인간 행동이 사회적으로 습득된 것이라는 생각은 문화적 차이에서 기인한다.

4 다음 글의 목적으로 가장 적절한 것은?

Time Limit 1분 30초

Some locations are more prone to earthquakes, so many architects and builders have been developing buildings that can withstand the shocks. Although no structure can be entirely "earthquake proof," some specific measures can be taken to reduce damage. For example, the selection of building materials is important. Using lighter materials like plywood and timber helps lessen the sideways load that earthquakes exert on buildings. Binding a building's roofs, floors, and walls to a dense box of steel for support can be another building strategy. Designing rooms with both horizontal and vertical concrete panels is also helpful for tall buildings to keep their form and stability. The horizontal panels resist both gravity and *seismic loads while the vertical ones endure the forces trying to tear the building apart in different directions.

*seismic 지진의, 지진에 의한

① 좋은 건축 자재를 선택하는 요령을 알려주기 위해
② 지진이 발생하는 여러 가지 원인을 살펴보기 위해
③ 지진에 잘 견디는 건축 자재와 설계에 대해 설명하기 위해
④ 지진이 어떻게 건물에 피해를 입히는지 알려주기 위해
⑤ 어떤 장소에서 지진이 가장 많이 일어나는지 보여주기 위해

5 Iditarod Trail Sled Dog Race에 관한 다음 글의 내용과 일치하지 <u>않는</u> 것은?

Time Limit 1분 30초

Sometimes called "the last great race on Earth," the Iditarod Trail Sled Dog Race has been held annually since 1973. The race starts in Anchorage, Alaska, on the first Saturday of March, and it can take over two weeks to complete. Participants sled across more than 1,000 miles of wilderness to the finish line in Nome, Alaska. Each racing team is made up of one person and twelve to sixteen dogs. Along the course of the race, teams must sign in at multiple checkpoints: twenty-six on the northern route and twenty-seven on the southern route. The teams must overcome not only the harsh, freezing weather, but also icy rivers and steep terrain. Owing to their speed, power, and stamina, Siberian Huskies and Alaskan Malamutes are the most commonly chosen breeds for the race. While some dogs pull the sled, others help set the pace and guide the team.

① 매년 알래스카에서 개최된다.
② 참가자들은 썰매를 타고 천 마일이 넘는 거리를 달려야 한다.
③ 각 팀은 보통 사람 한 명과 열 둘에서 열 여섯 마리의 개로 구성된다.
④ 참가자들은 검문소를 지나칠 때마다 참관인의 서명을 받아야 한다.
⑤ 시베리안 허스키와 알래스카 맬러뮤트가 주로 선택되는 경주견 품종이다.

(A) In 1972, the village of Trang Bang had been bombed during the Vietnam War. A few days later, a photograph from the bombing appeared in a newspaper. The photo showed a nine-year-old girl running down a village road. Her arms are high in the air and she is screaming in pain because her back was burnt by the bombs dropped on the village. John Plummer, a US pilot who believed he was responsible for the bombing, was deeply shocked and full of guilt.

(B) She introduced herself as Kim Phuc, the girl from the photograph. John was overwhelmed. He had wanted to meet her for so long. The woman continued, "I'm not bitter, though the burns I got still cause me pain. I long ago forgave the men who bombed our village." John quickly wrote on a scrap of paper that he was one of them and passed it up to her. Minutes later the former pilot was hugging Phuc, sobbing that he was sorry. "I forgive you," responded Phuc.

(C) But in 1996, on Veteran's Day, something astonishing happened. John was at the Vietnam War Memorial in Washington, DC, with some other former pilots from the war. They were there to honor those killed in the war. However, each man also hoped to find some relief from their guilt. They stood together with the rest of the crowd waiting for a speech to start. A small woman walked onto the stage.

(D) He spent the next twenty-four years looking for the girl in the photograph. However, he was never able to find her. His desire to say sorry was tearing him apart. His friends tried to help by reminding him that he had tried to help innocent people get out of the village before the attack. However, this didn't reduce his feeling of guilt.

6

주어진 글 (A)에 이어질 내용을 순서에 맞게 배열하시오.

7

John Plummer에 관한 위 글의 내용과 일치하지 <u>않는</u> 것은?

① Trang Bang 마을 폭격 당시 베트남 전쟁에 참전했다.
② 사진 속 소녀의 모습을 본 뒤로 죄책감에 시달렸다.
③ Kim Phuc는 오래 전에 그를 용서했다.
④ 참전 용사들을 기리는 자리에 참석했다.
⑤ 사진 속 소녀를 찾아 헤맸으나 끝내 그녀를 만나지 못했다.

지은이

능률영어교육연구소

능률영어교육연구소는 혁신적이며 효율적인 영어 교재를 개발하고 영어
학습의 질을 한 단계 높이고자 노력하는 능률교육의 연구 조직입니다.

특별한 1등급 커리타기
특급 대의파악·내용일치

펴 낸 이	황도순
펴 낸 곳	서울 마포구 월드컵북로 21 풍성빌딩
	(주)능률교육 (우편번호 04001)
펴 낸 날	2016년 1월 5일 초판 제1쇄 발행
전 화	02 2014 7114
팩 스	02 3142 0357
홈페이지	www.neungyule.com
등록번호	제 1-68호
I S B N	979-11-253-1094-5 53740
정 가	13,000원

NE 능률

고객센터

교재 내용 문의 (02-2014-7114)
제품 구매, 교환, 불량, 반품 문의 (02-2014-7177)
☎ 전화 문의 응답은 본사의 근무 시간(월-금 / 오전 9시 30분 ~ 오후 6시) 중에만 가능합니다.
이외의 시간에는 www.nebooks.co.kr의 〈고객센터 → 1:1 문의〉에 올려주시면 신속히 답변해 드리도록 하겠습니다.

NE 능률 교재 MAP

아래 교재 MAP을 참고하여 본인의 현재 혹은 목표 수준에 따라 교재를 선택하세요.
NE 능률 교재들과 함께 영어실력을 쑥쑥~ 올려보세요!
MP3 등 교재 부가 학습 서비스 및 자세한 교재 정보는 www.nebooks.co.kr 에서 확인하세요.

초2 이하	초3	초3-4	초4-5	초5-6

초6-예비중	중1	중1-2	중2-3	중3

예비고-고1	고1	고1-2	고2-3, 수능 실전	고3 이상, 수능 고난도
기강잡고 독해 잡는 문법	빠바 기초세우기	빠바 구문독해	빠바 유형독해	
기강잡고 구문 잡는 유형독해	능률기본영어	The 상승 수능유형편	빠바 종합실전편	
수능만만 Start 영어듣기 모의고사	The 상승 기본편	맞수 수능듣기 실전편	수능만만 어법어휘 모의고사 345제	
	The 상승 직독직해편	맞수 수능문법 실전편	수능만만 영어듣기 모의고사 20회	
	The 상승 구문편	맞수 구문독해 실전편	수능만만 영어듣기 모의고사 35회	
	수능만만 BASIC 영어듣기 모의고사	맞수 수능유형 실전편	수능만만 영어독해 모의고사 20회	
	수능만만 BASIC 문법 · 어법 · 어휘 모의고사	맞수 빈칸추론	수능만만 영어독해 모의고사 15회	
	수능만만 BASIC 영어독해 모의고사	잡아라! 유형 독해	맞수 수능듣기 심화편	
	맞수 수능듣기 기본편	잡아라! 유형 듣기	맞수 수능문법어법 심화편	
	맞수 수능문법 기본편	특급 독해 유형별 모의고사	맞수 구문독해 심화편	
	맞수 구문독해 기본편	수능 구문 빅데이터 수능빈출편	맞수 수능유형 심화편	
	맞수 수능유형 기본편		특급 듣기 잘 틀리는 유형	
	잡아라! 유형 Basic 독해		특급 대의파악 + 내용일치	
	잡아라! 유형 Basic 듣기		특급 빈칸추론	
	수능 구문 빅데이터 기본편		특급 어법	
			특급 어휘 + 글의 흐름 · 요약문	
			특급 듣기 실전 모의고사	
			특급 수능 · EBS 기출 VOCA	
			수능 D-3 파이널 모의고사	

수능 이상/ 토플 80-89 · 텝스 600-699점	수능 이상/ 토플 90-99 · 텝스 700-799점	수능 이상/ 토플 100 · 텝스 800점 이상		

특급

특별한 1등급 커리타기

대의파악＋내용일치

정답 및 해설

NE 능률

위윙윙 투르르…… 늘뺨훓 하응 큰 다시라기

특급

특별한 1등급 커리타기

대의파악+내용일치

정답 및 해설

INTRO

이것만은 알고 시작하자!

본문 pp.8~13

연습문제 1   1. ②   2. ①   3. ①
연습문제 2   1. ②   2. ②   3. ⓐ

예시1

해석 체내의 모든 기관은 물에 의존한다. 그것은 우리의 체온과 신진대사를 조절한다. 물은 또한 우리의 장기로부터 독소를 제거하고, 세포에 영양분을 공급하며, 우리의 귀, 코, 목의 세포조직을 건강하게 유지해준다. 또한 기운을 떨어뜨리고 우리를 피곤하게 만드는 탈수증을 피하기 위해서도 물은 필요하다.

어휘 regulate 규제[통제/단속]하다; *조절[조정]하다   metabolism 신진대사   toxin 독소   organ 장기, 기관   nutrient 영양소, 영양분   dehydration 탈수, 건조; *탈수증

연습문제1

해석 1.제자의 신념에 이의를 제기하는 질문을 던지는 것이 소크라테스의 교수법이었다.
2. 아이들의 정서장애 치료를 돕기 위해 돌고래를 활용하는 것은 놀랄만한 결과를 가져다 주었다.
3. 지난 이십 년간 한국은 양궁 종목에서 세계 최고의 경쟁국 중 하나로 인식되어왔다.

어휘 approach 접근법   remarkable 놀랄 만한, 놀라운, 주목할 만한   recognize 알(아보)다; *인정[인식]하다   archery 궁도, 활쏘기

연습문제2

해석 [1-3] 바다뱀은 태평양과 인도양에 서식하는 대단히 흥미로운 동물이다. 바다거북과는 달리 바다뱀은 땅이 아닌 수면 아래에 새끼를 낳는다. 바다뱀은 한 개로 된 자신의 허파를 공기로 채워야 할 필요가 있을 때에만 물 밖으로 나온다. 그들은 한 번 들이마신 공기로 몇 시간 동안을 수중에서 보낼 수 있다. 그들은 아름다운 만큼 위험하기도 하다. 그들의 독 한 방울이면 다른 생명체를 빠르게 죽일 수 있다.
1. ① 바다 동물 ② 바다뱀 ③ 바다뱀의 허파
2. ① 바다거북과 바다뱀은 서로 꽤 다르다.
② 바다뱀은 몇몇 대양에서 발견되는 흥미로운 생명체이다.
③ 바다뱀은 아름답지만 그들의 독은 다른 동물들에게 매우 유독하다.

어휘 fascinating 대단히 흥미로운, 매력적인   surface 표면, 표층   venom 독(액)

예시2

해석 옛날에 두 명의 사냥꾼이 있었는데, 각각은 자신의 활을 다르게 다루었다. 한 명은 사냥 후에 활시위를 팽팽하게 해놓았고, 다른 한 명은 활이 똑바르게 되도록 그것을 항상 풀어놓았다. 어느 날, 사냥 중에 첫 번째 사냥꾼의 활은 두 쪽으로 부러졌다. 그러나 다른 사냥꾼의 활은 여전히 새것처럼 상태가 좋았고, 그래서 그는 가족을 위해서 많은 사슴을 죽였다.

어휘 take care of ~을 돌보다   bow 활   bowstring (활)시위   untie 풀다   straighten 똑바르게 되다[하다]   snap 딱 (하고) 부러뜨리다; *딱 (하고) 부러지다

예시3

해석 팬케이크 만들기는 간단하다. 커다란 그릇에 한 컵의 밀가루와 반 컵의 설탕을 섞어 넣어라. 다음에 우유 조금과 달걀한 개를 추가하라. 그 후 그것이 부드러워 질 때까지 섞어라. 다음에는 프라이팬에 약간의 기름을 두르고 뜨겁게 달구어라. 그 후 팬케이크 한 개에 해당하는 혼합물 한 숟갈 만큼씩을 팬에 부어라. 양면이 갈색이 될 때까지 조리하라. 마지막으로 먹고 즐겨라!

어휘 bowl 그릇   flour (곡물의) 가루, 밀가루   pour 붓다   mixture 혼합물   spoonful 한 숟가락[스푼]

예시4

해석 많은 사람들은 추운 날씨 때문에 병에 걸린다고 생각한다. 하지만 병은 온도 때문에 생기는 것이 아니다. 그것은 세균 때문에 발생한다. 추운 데에 있는 것이 당신의 면역 체계를 강화시키지는 않겠지만, 당신은 실내에서 병에 걸리기가 더 쉽다. 실내에 있을 때 당신은 세균에 훨씬 많이 노출된다.

어휘 illness 병, 아픔   germ 세균, 미생물   strengthen 강화되다; *강화하다   immune system 면역 체계   indoors 실내에서, 실내로   exposure 노출

예시5

해석 크로스컨트리, 투어링, 사이클로크로스 자전거는 가장 인기 있는 자전거들이다. 크로스컨트리 자전거는 자전거 뼈대가 가벼워서 들고 다니기 쉬운 산악자전거이다. 그것은 도로가 아닌 곳에서 사용할 수 있게 설계되었다. 투어링 자전거는 장거리 여행을 위해 설계되었다. 그것은 편안하고 짐을 실을 수도 있다. 사이클로크로스 자전거는 혼합된 지면을 위해 설계되었다. 사이클로크로스 자전거는 통근이나 통학 시 매일 사용할 수 있게 설계되었다. 그것은 튼튼하고 믿을만하다.

어휘 mountain bike 산악자전거   frame 틀; *뼈대   journey 여행, 여정, 이동   transport 수송하다   baggage 수하물   reliable 믿을

[신뢰할] 수 있는

해석 일반적으로 두 종류의 하드 드라이브가 존재하는데, 그 것은 하드 디스크 드라이브와 솔리드 스테이트 드라이브다. 하드 디스크 드라이브는 한 개나 그 이상의 회전 원판을 사용하고, 데이터를 마그네트에 저장한다. 반면에 솔리드 스테이트 드라이브는 움직이는 기계 부품이 없고, USB 저장장치와 유사한 기억 장치를 사용한다. 보통의 데스크탑 컴퓨터가 일반적으로 하드 디스크 드라이브를 가지고 있는 반면, 솔리드 스테이트 드라이브는 비싼 노트북 컴퓨터에서 찾을 수 있다.

어휘 in general 보통, 대개   solid-state 반도체를 이용한   store 저장[보관]하다   mechanical 기계로 작동되는   regular 규칙적인, 정기적인   laptop 휴대용[노트북] 컴퓨터

해석 그 집은 매우 크다. 그것은 짙은 갈색 나무로 만들어졌고, 2층 건물이며, 여러 개의 창문이 있다. 지붕은 삼각형이고, 2개의 굴뚝이 있다. 그것은 아늑한 거실과, 커다란 부엌, 세 개의 침실과 작은 식당 방을 가지고 있다. 정문까지 가는 길은 석조로 되어 있다. 마당에는 두 그루의 큰 나무가 있다.

어휘 triangular 삼각형의   chimney 굴뚝   cozy 아늑한   dining room 식당(방)   path 길

해석 그는 두 개의 강철 조각 같은 커다란 회색 눈을 가지고 있다. 그의 비단 같고 곧은 갈색 머리카락은 길이가 길고 그의 관자놀이 부근에서부터 뒤로 빗질이 되어 있는데, 그것이 그의 넓은 이마를 강조해준다. 그는 키가 작고, 체구는 여성스럽고, 피부는 짙은 갈색으로 그을려 있다. 그에게는 약간 특이한 점이 있지만, 그게 무엇인지를 말하기는 어렵다.

어휘 steel 강철   silky 비단 같은   straight 곧은, 똑바른   temple 신전; *관자놀이   highlight 강조하다   forehead 이마   build (사람의) 체구   slightly 약간, 조금   odd 이상한, 특이한

해석 애리조나와 로드 아일랜드는 둘 다 미국의 주(州)이지만, 여러 면에서 매우 다르다. 예를 들어, 각 주의 물리적인 크기가 다르다. 애리조나는 로드 아일랜드보다 약 10배가 크다. 그들은 기온도 다르다. 애리조나는 겨울에 따뜻하고 여름에 극도로 덥지만, 로드 아일랜드는 여름에는 따뜻하고 비가 많이 오며, 겨울에는 쌀쌀하다.

어휘 physical 육체[신체]의; *물리[물질]적인   chilly 쌀쌀한, 추운

Unit 1 주제

유형 Analysis ━━━━━━━━━━ 본문 p.17

정답 ⑤

해석 관광은 그저 휴가를 보내는 것 이상으로 중요하다. 관광은 다른 장소와 문화로부터 온 사람들이 함께 모일 수 있도록 해 주고, 그리하여 관광객과 관광지의 지역사회가 서로의 차이점과 유사점에 대해 배우게 된다. 그들은 또한 새로운 취향과 사고방식을 배우는데, 이것은 관광지에 사는 사람들과 관광객들 사이의 보다 나은 이해로 이어질 수도 있다. 관광의 또 다른 긍정적인 효과는 그것이 한 사회의 문화, 특히 그 문화의 예술 형태의 생존을 위해 제공하는 도움이다. 관광객들에게 고유의 미술품을 팔거나 그들을 위해 민속춤을 공연할 기회는 지역 예술가들에게 전통적인 예술 형태를 지키도록 장려할 수 있다. 예를 들어, 피지 제도에 사는 사람들은 그들의 야자수 깔개와 조개껍질로 만든 장신구를 수익성이 있는 관광 사업으로 발전시켰다. 그들은 또한 민속춤과 불 속 걷기 공연을 함으로써 부수입을 얻는다.

구문 4행 They also learn new tastes and ways of thinking, **which** may lead to a better understanding between hosts and tourists.
→ which는 앞 문장 전체를 선행사로 하는 계속적 용법의 주격 관계대명사이다.

8행 The opportunity [**to sell** native artworks to tourists or **perform** folk dances for them] may encourage ....
→ to sell과 (to) perform은 등위접속사 or로 병렬연결되었으며, 형용사적 용법으로 쓰인 to부정사구 [ ]는 주어 the opportunity를 수식한다.

문제해설 관광은 서로 다른 문화를 가진 사람들이 서로의 차이점과 유사점을 알게 해 주며, 한 사회의 문화가 생존할 기회를 제공하는 이점을 가지고 있다는 내용이므로 ⑤ '관광의 문화적 이점'이 글의 주제로 적절하다.
① 현지인과 관광객 사이의 오해
② 관광 상품을 만드는 다양한 방법
③ 문화적 교류의 부정적인 영향
④ 전통 문화의 소실

어휘 tourism 관광(업) similarity 유사성; *유사점 native 태어난 곳의; *원주민의 artwork 도판, 삽화; *미술품 folk dance 민속 무용 preserve 지키다 palm mat 야자수로 만든 깔개 shell jewelry 조개껍질로 만든 장신구 craft (수)공예 profitable 수익성이 있는 fire walking 불 속 걷기

EBS변형 Practice ━━━━━━━━━━ 본문 p.18

1. ⓐ 2. ⓒ 3. ⓐ

1 ━━━━━━━━━━━━━━━━ 정답 ⓐ

해석 여러분이 상상하는 것들이 긍정적이면 그것은 여러분에게 좋은 영향을 줄 수 있다. 여러분은 여러 분야에서 이 사례들을 쉽게 찾아볼 수 있다. 정상급 운동선수들은 스스로에게 더욱 동기를 부여하기 위해 종종 그들의 상상력을 이용한다. 그들은 우승컵을 차지하거나 세계기록을 경신하는 상상을 한다. 일부 사업가들 또한 그들의 사업에 더 많은 수익을 창출하기 위해 그들의 상상력을 이용한다. 또한 의사들은 이러한 접근법을 사용함으로써 환자들의 아픈 증상을 완화시키거나 병을 이겨내도록 돕는다. 때때로 심리치료사들은 그들의 고객이 공포나 약점을 직면하도록 돕기 위해 이 방법을 이용한다.

문제해설 긍정적인 상상이 좋은 영향을 줄 수 있다는 첫 번째 문장이 주제문이고 그 이후의 문장들은 구체적인 사례로 주제문을 뒷받침하고 있다.

어휘 have an effect on ~에 영향을 미치다 motivated 자극 받은, 동기가 부여된 win a trophy 우승컵을 차지하다 break a world record 세계 기록을 깨다 ease 편해지다; *덜어주다 symptom 증상 approach 다가가다; *접근법 psychotherapist 심리치료사

2 ━━━━━━━━━━━━━━━━ 정답 ⓒ

해석 인간은 엄청난 창조력을 가지고 있다. 우리는 수년간 우리의 생존을 보장하기 위해 놀랍고도 기지 있는 생각들과 발명들을 많이 개발해 왔다. 그러나 이러한 획기적인 생존 방법 중 대다수에 실질적인 자극을 제공한 것은 자연 관찰이었다. 예를 들어, 이누이트 족은 북극곰처럼 물개의 숨구멍 옆의 북극 얼음 위에서 기다려서 물개들을 사냥한다. 호주 원주민들은 부메랑을 설계하기 위해 새의 날개를 연구했다. 폴리네시아인들은 꼬투리를 닮은 배를 고안했다.

문제해설 인간은 자연을 관찰하고 모방함으로써 생존해 왔다는 내용의 글이므로 ⓒ가 글의 주제문으로 가장 적절하다.

어휘 human being 인간 capacity 용량; *능력 creativity 창조

성; 독창력 **remarkable** 놀랄 만한, 주목할 만한 **resourceful** 기지 있는 **over the years** 수년간 **stimulus** 자극(제) **innovative** 획기적인 **seal** 직인; *바다표범, 물개 **Arctic** 북극의 **seed pod** (콩 등의) 꼬투리

3
정답 ⓐ

해석 기술의 발전은 예술가들과 연기자들이 이야기하는 방식을 바꾸었다. 그 결과 주요 예술단에서 연극을 연출하는 새롭고도 흥미로운 방식을 시험 중이다. 예를 들어, Royal de Luxe라는 프랑스 극단은 이야기를 잘 전달하기 위해 기술을 활용한다. 2006년 이들의 공연 '임금님의 코끼리'가 영국의 예술단인 Artichoke에 의해 런던의 거리에서 상연되었다. 그 공연은 기계로 작동되는 거대한 코끼리와 6미터 높이의 인형으로 모든 이를 감탄시켰는데, 그것은 겉보기에 로켓에서 발사된 것 같았다.

문제해설 기술의 발전으로 예술 공연의 방식이 바뀌었다는 문장인 ⓐ가 주제문이다. 뒤에서는 그에 대한 예시로 Royal de Luxe 극단의 기술을 활용한 공연을 제시하고 있다.

어휘 **advanced** 선진의 **test** 시험하다; *실험하다 **cleverly** 영리하게; *솜씨 좋게 **impress** 깊은 인상을 주다, 감명을 주다 **enormous** 막대한, 거대한 **mechanical** 기계로 작동되는 **seemingly** 외면상으로, 겉보기에는 **fire** 사격[발사]하다

기출 Exercise
본문 p.19

1. ⑤   2. ②

1
정답 ⑤

해석 어떤 사람들은 시간적 압박을 받고 있을 때 스스로에게 벌을 내린다. 그들은 개인용 컴퓨터에 있는 모든 게임을 삭제하고, 산책하러 나가는 것을 그만두며, 친구들과 함께 시간을 보내지 않는다. 그렇게 되면 그들은 삶의 즐거움이 줄어들고 균형감이 적어진다. 그리고 그들의 작업 수행력은 실제로 감소한다. 압박감을 받을 때 휴식에 좀 더 주의를 기울이고 생활에 좀 더 열중함으로써 이러한 방식에서 벗어나도록 하라. 이를 위해 산책을 위한 30분, 개인용 컴퓨터로 게임하기 위한 10분, 기타 등등과 같이 명확한 시한을 정하라. 휴식 시간 동안 여러분의 정신은 보다 창의적이게 될 것이고 여러분은 정신적으로 보다 건강해질 것이다. 죄책감을 느끼지 않는 자유로운 시간은 여러분에게 남아 있는 시간에 양질의 작업을 해내는 힘을 제공할 것이다. 뿐만 아니라 어느 정도의 휴양을 갖는 것은 스트레스와 관련된 질환을 발생시킬 가능성을 줄인다.

구문 4행 Break out of this pattern **by paying** more attention to relaxation and **getting** more involved in living ....
→ 「by v-ing」는 '~함으로써'의 의미를 가진 구문으로 등위접속사 and로 paying과 getting이 병렬연결된다.

문제해설 시간적 압박을 받고 있을 때 휴식을 통해 창의성과 작업 수행력을 향상시킬 수 있고, 또한 스트레스 관련 질환의 발생 가능성을 줄일 수 있다는 내용의 글이므로 ⑤가 글의 주제로 가장 적절하다.

어휘 **punish** 처벌하다, 벌주다 **work performance** 근무 실적 **decline** 줄어들다 **break out of** ~에서 탈피하다 **relaxation** 휴식 **get involved in** ~에 관여하다 **define** 정의하다; *규정하다 **mentally** 정신적으로 **fit** 건강한 **guilt** 죄책감 **high-quality** 고급의 **remaining** 남아 있는, 남은 **disorder** 엉망; 난동; *장애, 이상

2
정답 ②

해석 또래와 긍정적인 관계를 갖는 것은 학생들의 학습을 돕는 자원과 정보로 직접 이어질 수 있다. 학생들이 사회적으로 받아들여진다는 사실 때문에, 자신의 또래와 잘 지내는 학생들이 사회적, 학문적 능력의 발전을 촉진할 수 있는 또래 자원에 또한 접근할 수 있다고 가정하는 것은 타당하다. 이런 자원들은 학습을 촉진하는 정보와 충고, 본보기가 되는 행동 또는 구체적 경험의 형태를 띨 수 있다. 교사들은 학문적 주제 분야에서 지식을 전달하고 학생들을 훈련시키는 가장 중요한 교육적 기능을 한다. 그러나 학생들은 서로에게 학문적인 과제를 완수하는 데 필요한 귀중한 자원을 제공한다. 학생들은 흔히 그들이 무엇을 하고 있어야 하며 어떻게 그것을 해야 하는가에 관한 교사의 지시를 분명히 하고 해석해서, 실질적인 정보를 자진하여 제공하고 질문에 대답하는 형태로 상호간의 도움을 제공하며, 연필과 종이와 같은 다양한 학용품을 공유하기도 한다.

구문 2행 By virtue of the fact [that they are socially accepted], **it** is reasonable **to assume** *that* students {who get along with their peers} will also have access to peer resources ....
→ [ ]는 명사 the fact를 보충 설명하는 동격의 that절이다. 주절에서 it은 가주어, to assume 이하가 진주어이며, that은 동사 assume의 목적어 역할을 하는 명사절을 이끄는 접속사이다. { }는 students를 선행사로 하는 주격 관계대명사절이다.

9행 Students frequently **clarify and interpret** their teacher's instructions [concerning {what they should be doing and how they should do it}], **provide** mutual assistance in the form of *volunteering* substantive information and *answering* questions, **and share** ....
→ clarify and interpret, provide, share가 등위 접속사 and로 병렬연결되었다. [ ]은 their teacher's instructions를 수식하는 현재분사구이다. { }의 what they should be doing과 how they should do it은 concern의 목적어가 되는 간접의문문으로 「의문사 + 주어 + 동사」의 어순이다. 동명사 volunteering과 answering은 등위접속사 and로 병렬연결되어 전치사 of의 목적어 역할을 하고 있다.

문제해설 또래와 긍정적인 관계를 갖는 것이 학생들의 학습에 도움을 준다는 첫 번째 문장이 주제문이며, 이후에 이를 뒷받침하는 여러 가지 근거를 제시하고 있으므로 ② '학습에 있어서 긍정적인 또래 관계의 이점'이 글의 주제로 가장 적절하다.

① 또래 사이의 갈등을 예방하는 방법
③ 엄격한 학교 규칙이 학생에게 미치는 부작용
④ 교사의 상세한 설명의 중요성
⑤ 효과적인 교육의 필수 요소

어휘 peer 또래 resource 자원 by virtue of ~ 덕분에[때문에] reasonable 타당한 assume 추정하다 get along with ~와 잘 지내다 competence 능숙함 facilitate 가능하게 하다 pedagogical 교육학의 transmit 전송하다 accomplish 완수[성취]하다 task 일, 과업, 과제 clarify 명확하게 하다 interpret 설명하다; *이해[해석]하다 mutual 상호간의 assistance 도움 substantive 실질적인

Actual Test

본문 pp.20~25

1. ⑤ 2. ③ 3. ② Plus+ (A) motivator (B) success
4. ④ 5. ⑤ 6. ② 7. ④ 8. ③ 9. ①

1

정답 ⑤

해석 겨울에 따뜻하게 지내는 것은 대부분의 동물에게 중요한 문제이다. 꽁꽁 어는 추위를 극복하기 위해 그들은 신체에서 빠져나가는 열의 양을 최소화해야 한다. 동물이 잃게 되는 체열의 양은 그들의 신체 표면이 주변 환경에 얼마나 노출되어 있는지에 의해 직접적으로 영향을 받는다. 즉, 동물들은 신체 표면이 더 많이 노출되어 있으면 더 많은 열을 잃게 될 것이다. 쥐나 새처럼 작은 동물일수록 몸집에 비해 표면의 비율이 높고 신진대사가 더 잘 되기 때문에 더 큰 동물들보다 체온을 유지하는 것이 더 어렵다. 하지만 그들이 무리를 지어 있으면 전체적으로 노출된 표면적을 줄이기 위해 서로 가까이 신체접촉을 하면서 지낼 것이고, 그렇게 함으로써 체온을 보존할 수 있다. 과학자들은 이런 행동을 가리켜 '옹기종기 모이기'라고 한다.

구문 1행 **To overcome** the freezing cold, they must minimize [how much heat their bodies lose].
→ To overcome은 목적을 나타내는 부사적 용법으로 쓰인 to부정사로 '~하기 위해'라는 의미이다. [ ]는 minimize의 목적어 역할을 하는 명사절이다.

4행 In other words, animals [that **have** more of their body surface **exposed**] will lose more heat.
→ [ ]은 animals를 수식하는 주격 관계대명사절이다. 「have + O + 과거분사」는 '~가 …되게 하다'라는 뜻으로 수동의 의미를 나타낸다.

문제해설 체온을 유지하기 위해 몸집이 작은 동물들이 옹송그리며 모이게 되는 행동을 설명한 글로 ⑤ '작은 동물들이 따뜻하게 지내기 위해 이용하는 전략'이 글의 주제로 적절하다.
① 체온에 미치는 신진대사의 영향
② 체온이 어떻게 에너지로 변환되는가
③ 큰 동물들이 추운 날씨를 선호하는 이유
④ 작은 몸집을 가지는 것의 약점

2

정답 ③

해석 런던에 있는 자연사 박물관에는 뒤에서 일하는 특별한 팀이 있다. 바로 육식성의 초시류 집단이다. 연구와 전시를 위한 박물관의 대규모 동물 뼈 수집을 돕기 위해 이 곤충 무리는 세심한 청소에 전념한다. 동물 뼈는 수백 개의 작은 뼈로 구성되어 있는데, 많은 뼈가 너무 부서지기 쉬워 사람 손으로는 다루기가 힘들다. 초시류의 유충은 특히 청소를 잘하는데 일주일에 2~4kg 정도의 살점을 먹어 치우기 때문이다. 뿐만 아니라 이 타고난 청소부들은 뼈를 완벽한 상태로 남겨준다. 과학자들이 뼈에서 살을 떼어내기 위해 화학약품을 쓰곤 했는데, 이 과정은 뼈에 손상을 입혀 중요한 정보를 없애 버렸다. 초시류가 남긴 뼈의 상태는 과학자들에게 동물이 언제 죽었는지, 어디 살았는지, 무엇을 먹었는지 등 동물의 삶에 관해 더 많은 정보를 제공한다.

구문 4행 Animal skeletons are made up of hundreds of tiny bones, [many of which are **too** fragile **to** be handled by human hands].
→ [ ]는 계속적 용법의 관계대명사절로 'and many of them are ~'로 바꿔 쓸 수 있다. 「too + 형용사 + to-v」 구문은 '너무 ~해서 …할 수 없다'라는 의미이다.

7행 Scientists **used to use** chemicals [to take the flesh off the bones], ….
→ 「used to-v」 구문은 '~하곤 했었다'라는 의미로 과거의 습관을 나타낸다. [ ]는 목적을 나타내는 부사적 용법의 to부정사구로 '~하기 위해'의 의미이다.

문제해설 사람 손으로 다루기 힘들었던 동물 뼈의 살점들을 초시류가 직접 먹어서 해결해주고 있다는 내용의 글로 ③ '박물관이 동물 뼈를 청소하기 위해 초시류를 사용하는 이유'가 글의 주제로 적절하다.
① 동물 뼈로 만든 화학약품들
② 박물관이 뼈를 청소하는 새로운 방법이 필요한 이유
④ 과학자들이 뼈에서 살을 떼어 내기 위해 화학약품을 사용하는 방법
⑤ 과학자들이 천연 세제보다 화학약품을 선호하는 이유

3

정답 ②

해석 친구가 어려운 시험에서 A를 받았다고 가정해보라. 행복하기도 하지만 동시에 질투가 나기도 한다. 이런 류의 감정은 지극히 자연스러운 것인데 사람들을 불편하게 만드는 경향이 있다. 감정에 관한 최근 연구에서 질투 및 그와 유사한 감정이 신체 고통을 느끼는 뇌의 부분에 영향을 끼친다는 것을 알아냈다. 결과적으로 사람들은 이런 감정을 피하게 된다. 하지만 질투가 반드시 나쁜 감정은 아니다. 심리학자들은 그것이 긍정적일 수도 있고 부정적일 수도 있다고 주장한다. 부정적인 질투는 쓰라림 및 분함의 형태를 띄는데, 이는 다른 사람을 향해 상처를 주는 행동을 하게 만들 수도 있다. 하지만 긍정적인 질투는 동기를 부여하고 영감을 줄 수도 있다. 그러니 다음에 친구에게 질투를 느끼면 삶을 발전시키는 방향으로 스스로를 독려하기 위해 그 감정을 활용할 수 있다는 것을 기억하라.

구문 2행 ···, but it tends to **make people uncomfortable**.
→ 「make + O + 목적격보어」는 '~을 …하게 만들다'라는 의미이다. 목적격보어 자리에는 형용사 또는 동사구가 온다.

5행 But jealousy is **not necessarily** a bad emotion; psychologists claim [it can be either positive or negative].
→ 「not necessarily ~」은 '반드시 ~은 아닌'의 의미로 부분부정 구문이다. [ ]은 claim의 목적절로 it 앞에 접속사 that이 생략되었다.

문제해설 질투를 자기 계발을 위해 좋은 방향으로 활용할 수 있다는 내용으로 ② '질투의 잠재적인 이점'이 글의 주제로 적절하다.
① 질투의 사회적 영향
③ 질투를 느끼지 않는 것의 중요성
④ 질투는 왜 신체적인 고통을 가져오는가
⑤ 기쁨과 질투의 관계

Plus+ (A) motivator (B) success

문제해설 질투를 긍정적으로 활용할 수 있다는 내용이므로, '질투는 당신이 성공(success)을 달성하는 것을 돕는 잠재적인 동기요인(motivator)이 될 수 있다'로 요약하는 것이 적절하다.

4 정답 ④

해석 현대 기술의 중요한 특징 중 하나는 그 성장이 상당히 빠르게 가속화되고 있다는 점이다. 이로 인해 시중에 나와 있는 최신 제품을 위해 그들이 가진 비교적 새 전자제품을 판매해버리는 고객의 수가 늘어나고 있다. 이 변화로 리커머스, 즉 역거래라고 불리는 새로운 산업이 등장했다. 온라인과 오프라인 서비스를 통해 리커머스는 버려진 기기들을 재활용하는 데 도움이 되고 있다. 예를 들어 인기 있는 태블릿 제조사가 최신 버전을 출시할 예정이라는 이야기를 듣자마자 리커머스 웹사이트는 한 시간 이내에 이삼천 개의 구형 모델을 구입했다. 고객들은 이러한 구형 장치를 팔고 현금이나 선불 카드를 받았는데, 그 장치들은 후에 전자 제품 상가에 팔렸다. 이곳에서 이런 중고 제품들은 빠듯한 예산 때문에 평소에 그런 제품을 살 여유가 없었던 고객들을 끌어들여 재판매된다. 결론적으로 리커머스는 전자쓰레기의 양을 줄이는 데 도움이 될 뿐 아니라 판매자와 구매자 모두에게 이익을 제공한다.

구문 8행 Customers received cash or gift cards for these older devices, **which** were then sold to electronics stores.
→ which는 these older devices를 선행사로 하는 계속적 용법의 주격 관계대명사로, and they로 바꿔 쓸 수 있다.

9행 These places then resell these pre-owned gadgets to attract **those** on a tight budget [who normally wouldn't be able to afford such items].
→ those는 '~하는 사람들'이라는 뜻이며 [ ]는 주격 관계대명사절로 those를 수식한다.

문제해설 빠르게 변화하는 전자 제품이 중고 시장에서 다시 팔리면서 수익을 창출하고 있다는 내용을 설명하는 글이므로 ④ '중고 전자기기를 위한 새로운 시장과 그것의 이점'이 주제로 가장 적절하다.
① 기술 혁신에 따른 난점
② 중고 전자 제품 재활용의 이점
③ 새로운 시장을 파괴하는 기술 혁신
⑤ 새로운 전자기기의 점점 늘어나는 변화

5 정답 ⑤

해석 하이에나는 특별히 용감한 동물로서의 자격을 갖고 있지 않을지도 모르지만, 그들은 위험을 가늠하고 그 가늠한 것들을 토대로 결정을 내리는 예리한 능력을 소유하고 있다. 아프리카의 점박이 하이에나는 사회적인 동물이다. 최대 90마리로 이루어진 집단에서 살지만 그들은 더 작은 무리들 속에서 자주 사냥하고 이동하며 시간을 보낸다. 서로 다른 집단에서 온 무리들이 만날 때, 지배권을 위한 싸움이 뒤따를 수도 있다. 더 큰 무리가 싸움에 이길 가능성이 더 많은 것으로 밝혀졌다. 하이에나들은 이 사실을 알고 있다. 따라서, 모르는 무리와 마주쳤을 때, 그들은 상대 무리의 구성원 수를 셈으로써 그들의 성공 가능성을 즉시 계산할 것이다. 그들은 그들의 뛰어난 야간 시력과 개개의 하이에나에 의해 만들어지는 소리들을 구별할 수 있는 그들의 청력을 사용해서 이것을 한다. 만약 상대 무리가 그들 자신의 무리보다 더 크면 그들은 공격하기보다는 후퇴하려고 할 것이다.

구문 1행 ···, but they **do** possess a keen ability *to assess* risk and *make* decisions based on those assessments.
→ do는 일반동사 possess의 의미를 강조하는 조동사이다. to assess와 (to) make는 a keen ability를 수식하는 형용사적 용법의 to부정사이다.

5행 **It** has been shown **that** the larger pack is more likely to win the battle.
→ it은 가주어이고 that 이하가 진주어이다.

8행 They do this [using both their excellent night vision and their aural ability to distinguish sounds {made by individual hyenas}].
→ [ ]는 부대상황을 나타내는 분사구문이며, { }는 sounds를 수식하는 과거분사구이다.

문제해설 다른 무리와 세력 다툼을 할 때 위험을 가늠하고 그것을 토대로 결정을 내리는 하이에나의 능력에 대해 설명하고 있으므로, ⑤ '세력 다툼에서 결정을 내리는 하이에나의 능력'이 글의 주제로 적절하다.
① 하이에나의 사냥 기술의 비밀
② 하이에나가 집단 내에서 갈등을 관리하는 방법들
③ 아프리카의 하이에나는 왜 이리저리 이동하는가
④ 하이에나가 낯선 무리와 성공적으로 어울리는 방법

6 정답 ②

해석 반전 정서는 현대적인 현상이 아니다. 사람들은 그들이 싸워온 만큼 오랫동안 전쟁을 반대해 왔다. 제1차 세계대전도 예외는 아니었다. 1914년 유럽의 극심한 민족주의에도 불구하고, 대륙 전역에는 자국을 위해 싸우는 것을 꺼려했던 수천 명의 시민들이 있었다. '양심적 병역 거부자'라고 알려진 어떤 사람들은 전쟁의 폭력에 참여하는 것이 그들의 종교적 신념을 거스른다고 주장했다. 또 다른 사람들은 그것을 국제 사회주의의 대의명분과 반대되는 것으로 여겼는데, 그것은 모든 국가의 노동자 계급이 연합해서 더 좋은 세상을 만들도록 장려했던 것이다. 그럼에도 불구하고 이 반대자들은 소수였고 싸우는 것을 거부한다는 이유로 다른 시민들에게 멸시를 받았고 심지어 아주 긴 징역형을 받았다. 그러나 지금 제1차 세계대전 동안에 발생했던 비극적이고 무의미한 인명 손실을 돌아보면 그 반대자들의 편을 들지 않기란 어렵다.

구문 3행 ..., there were thousands of citizens across the continent [unwilling to fight for their countries].
→ [ ]는 thousands of citizens를 수식하는 형용사구이다.

5행 Others **saw** it **as** contrary to the cause of international socialism, *which* encouraged the working classes of all nations to unite ....
→ 「see A as B」는 'A를 B로 여기다'의 의미이다. which는 the cause of international socialism을 선행사로 하는 계속적 용법의 주격 관계대명사이다.

문제해설 과거부터 존재하던 반전 정서에 대한 여러 예를 제시하며, 글의 마지막에서 전쟁이 야기한 비극과 인명 손실을 생각하면 반전 정서에 반대하기 어렵다는 글쓴이의 의견을 드러내고 있으므로 ②가 이 글의 주제로 적절하다.

7
.... 정답 ④

해석 주변의 냄새를 맡기 위해 코 대신 혀를 사용하는 것을 상상할 수 있는가? 이상하게 보이지만 뱀들이 바로 그렇게 하고 있다. 뱀이 재빨리 혀를 내민다면 가까이에 있는 먹이를 위해 자신 주변의 공기를 '맛보는' 것이다. 일단 뱀이 혀로 공기 중의 미세한 냄새 입자를 확인하면, 그 입자들을 야콥슨 기관이 있는 입천장으로 옮겨진다. 제2의 후각기관인 이것은 두 개의 구멍이 있는데 끝이 두 갈래인 뱀의 혀와 완벽하게 평행을 이루고 있다. 이 기관의 수용 분자들은 냄새 분자의 화학적 화합물을 모아 뱀의 뇌로 그 결과를 전달한다.

구문 1행 Could you imagine **using** your tongue instead of your nose *to smell* your environment?
→ using이 이끄는 동명사구는 imagine의 목적어로, imagine은 동명사를 목적어로 취할 수 있다. to smell은 목적을 나타내는 부사적 용법의 to부정사로 '~하기 위해'라는 의미이다.

4행 ..., it then moves them to the roof of its mouth [where the Jacobson's organ is located].
→ [ ]는 관계부사 where가 이끄는 절로 선행사 the roof of its mouth를 수식하고 있다. 「where + 주어 + 동사」는 '~가 …하는 곳'으로 해석한다.

문제해설 독특한 방법으로 냄새를 맡는 뱀의 후각에 관한 내용이므로 ④ '뱀이 냄새를 감지하는 특별한 방법'이 주제로 적절하다.
① 뱀이 냄새가 좋지 않은 이유
② 뱀 속에 있는 장기들의 위치
③ 뱀이 먹이를 죽이기 위해 사용하는 방법
⑤ 뱀이 입을 통해 숨을 쉬는 방법

8
.... 정답 ③

해석 태국에서는 한 주의 각 요일마다 색을 배정하는 전통이 있다. 각 요일의 색은 그날을 보호하는 신의 색에 따라 지정되었다. 일요일은 일요일 신인 Surya를 따라 붉은색이고, 화요일은 화요일 신인 Mangala를 따라 분홍색이다. 과거에는 특정 요일에 관련된 색의 옷을 입는 사람들을 보는 것이 아주 흔한 일이었다. 이러한 요일과 관련된 색은 전통적인 태국의 생일 색으로도 사용된다. 예를 들어 현재 왕이 월요일에 태어났고, 월요일 색은 노란색이기 때문에 그의 생일에는 노란색 장식을 사용한다. 태국 문화에서는 태어난 요일에 중요한 의미를 두고 그날에 지정된 색은 종종 행운으로 여겨진다. 몇몇 가정에서는 두 가지 색으로 된 리본이 묶여 있는 기둥을 볼 수 있는데, 하나는 남편을, 다른 하나는 아내를 상징하는 것이다.

구문 2행 Sunday is red **after** the God of Sunday, Surya, and Tuesday is pink **after** the God of Tuesday, Mangala.
→ 전치사 after는 '~ 후에'라는 의미 외에 '~을 본 뜬, ~을 따른'의 의미로도 사용된다.

4행 In the past, **it** was very common **to see** people wearing the color [associated with a specific day].
→ it은 가주어이고, to see 이하가 진주어이다. [ ]는 the color를 수식하는 과거분사구이다.

문제해설 태국에서는 각 요일에 배정된 색을 중시하는 문화가 있다는 내용의 글이므로 ③ '요일 색에 관한 태국 전통'이 글의 주제로 적절하다.
① 태국 신들과 관련된 색
② 태국 사람들이 스스로에게 행운을 가져오는 방법
④ 태국 문화권에서 노란색을 소중하게 여기는 이유
⑤ 태국 왕이 가장 좋아하는 색이 노란색인 이유

9
.... 정답 ①

해석 눈을 깜박이는 것은 우리가 유해한 것으로부터 우리 눈을 보호하기 위해 무의식적으로 하는 행동이다. 인간의 안구 대부분은 뼈로 이루어진 구멍에 의해 보호된다. 그러나 그것의 일부인 전체 안구의 대략 십 분의 일 가량은 우리의 눈이 떠져 있을 때 노출된다. 이것이 신체에서 가장 예민하고 연약한 기관 중 하나인 눈을 공기 중에 떠다니는 여러 가지 이물질과 티끌에 취약하게 한다. 다행히, 우리 눈은 효율적인 보호 수단인 깜박임을 갖추고 있다. 눈을 깜박이는 것은 우리의 시력을 보호하는 데 도움이 되는 두 가지 기능을 수행한다. 첫 번째로, 그것은 시야가 뚜렷한 상태를 유지하도록 하기 위해 안구의 노출된 부분을 매끄럽게 만든다. 그리고 두 번째로, 그것은 공기 중의 티끌로부터 노출된 표면을 보호하는 얇은 수분 층을 형성한다.

구문 3행 This **leaves the eyes**, [one of the most sensitive and delicate organs in the body], **vulnerable** to a variety of irritants and particles {floating in the air}.
→ the eyes가 leaves의 목적어, vulnerable이 목적격보어인 5형식 문장이며, [ ]는 the eyes와 동격인 삽입어구이다. { }는 a variety

of irritants and particles를 뒤에서 수식하는 현재분사구이다.

8행 ..., **it** deposits a thin layer of fluid on the exposed surface [that protects **it** from particles in the air].
→ 첫 번째 대명사 it은 blinking을 의미하고 두 번째 it은 the exposed surface를 의미한다. [ ]는 a thin layer of fluid를 선행사로 하는 주격 관계대명사절이다.

[문제해설] 눈을 깜박이는 것이 눈을 보호해 주는 역할을 한다는 내용의 글이므로 ① '눈을 깜박이는 것의 목적'이 글의 주제로 적절하다.
② 눈 수술의 부작용
③ 시력을 향상하는 방법
④ 먼지로부터 눈을 보호하는 방법들
⑤ 정기적인 눈 검사의 중요성

Unit 2   제목

[유형] **Analysis**   ②
[EBS변형] **Practice** 1. ⓒ   2. ⓒ   3. ⓒ
[기출] **Exercise** 1. ②   2. ②
Actual Test
1. ⑤ 2. ② 3. ⑤   [Plus+] (A) trend (B) alternative
4. ③ 5. ⑤ 6. ① 7. ① 8. ③ 9. ⑤

[유형] Analysis ══════════ 본문 p.27

정답 ②

[해석] 성공적인 위험 감수의 열쇠는 여러분이 취하고 있는 행동이 자연스러운 다음 단계여야 함을 이해하는 것이다. 우리가 위험 상황에 맞닥뜨릴 때 자주 저지르는 실수 중 하나는 마지막 결과에 초점을 맞추려는 경향이다. 스스로에 대해 확신하지 못하는 스키 타는 사람이 자주 이렇게 한다. 그들은 급경사의 끝으로 가서 밑바닥까지의 모든 경로를 살펴보고는 그 경사가 그들이 시도하기에 너무 가파르다고 결론을 내릴 것이다. 해내기로 마음먹은 사람들은, 언덕 위의 첫 번째 모굴을 통과하는 것 같이, 첫 번째 단계에 숙달하기 위해 해야 할 필요가 있는 것을 분석함으로써 그들의 초점을 바꾼다. 일단 그들이 거기에 도달하면 그들은 다음 번 모굴에 집중하고, 비탈 코스를 가는 동안에 결국 다른 이들은 불가능한 산이라고 생각했던 것의 밑바닥에 이른다.

[구문] 1행 ... is **to understand** [that the actions you're taking should be the natural next step].
→ to understand는 보어로 쓰인 명사적 용법의 to부정사이다. [ ]는 understand의 목적어 역할을 하는 명사절이다.

3행 One of the mistakes we often make [when confronting a risk situation] is ....

→ [ ]는 시간을 나타내는 분사구문으로, 의미를 명확하게 하기 위해 접속사를 생략하지 않았다.

7행 The ones [that decide to make it] change their focus **by analyzing** {what they need to do to master the first step, like getting through ...}.
→ [ ]는 주어 The ones를 선행사로 하는 주격 관계대명사절이다. 「by v-ing」는 '~함으로써'의 의미이고 { }는 동명사 analyzing의 목적어 역할을 하는 명사절이다.

11행 ···, they end up at the bottom of [**what** {others thought} was an impossible mountain].
→ [ ]는 선행사를 포함한 관계대명사 what이 이끄는 명사절로 전치사 of의 목적어로 쓰였다. 명사절 내의 { }는 삽입절로 명사절 전체를 목적어로 취한다.

[문제해설] 스키 타는 사람을 예로 들어, 목표 달성을 위한 단계를 하나씩 차근차근 밟아나가다 보면 처음에는 불가능해 보였던 목표에 도달할 수 있다는 내용의 글이므로 ② '마지막 결과가 아니라 다음 단계에 집중하라'가 제목으로 가장 적절하다.
① 불가능으로부터 가능을 분리하기
③ 궁극적인 목표를 염두에 두고 시작하라!
④ 헌신적인 노력의 경이로움
⑤ 위험 회피를 통한 성공

[어휘] confront ~에 맞닥뜨리다   tendency 성향; *경향   focus on ~에 주력하다   edge 끝, 가장자리   difficult slope 급경사(면)   steep 가파른, 비탈진   make it 이룩하다, 해내다   get through 통과하다   concentrate on ~에 집중하다

[EBS변형] Practice ══════════ 본문 p.28

1. ⓒ   2. ⓒ   3. ⓒ

1
정답 ⓒ

[해석] 온라인 서비스를 제공하고자 하는 상담가들은 몇 가지 난점을 고려해야 한다. 고객과 컴퓨터로 소통하기 위해 화상 회의와 같은 기술을 사용할 줄 아는 것과 더불어, 상담가들은 모든 웹사이트 정보들이 최신의 것이며 정확한 것임을 보장해야 한다. 이는 현재와 미래의 고객들을 도울 것이다. 그리고 편리하긴 하지만, 온라인 상담은 상담가들이 고객들의 몸짓 언어를 정확하게 읽는 것과 고객들이 상담가들을 신뢰하는 것을 어렵게 만들 수 있다. 이는 강한 유대감을 형성하는 그들의 능력을 지연시킬 수 있다.

[문제해설] 온라인 상담 시 발생할 수 있는 여러 난점을 고려해야 한다는 내용의 글이므로, ⓒ '온라인 상담을 제공하기 전에 고려할 것'이 이 글의 제목으로 적절하다.
ⓐ 당신은 왜 당신의 상담가를 신뢰해야 하는가
ⓑ 화상 회의: 소통하는 새로운 방법

[어휘] counselor 상담 전문가   provide 제공하다   consider 사례[고려]하다   disadvantage 불리한 점   along with ~에 덧붙여   video conferencing 화상 회의   electronically 전자적으로, 컴퓨

터로 **guarantee** 보장하다 **up-to-date** 최신(식)의 **accurate** 정확한 **current** 현재의 **convenient** 편리한

2
정답 ⓒ

해석 과학자들이 박물관에서 동물들의 잔해들을 연구하거나 실험실에서 동물들을 면밀히 검사할 때, 실제 동물의 행동에 대한 정보는 거의 얻지 못했다. 놀랍게도, 연구자들이 동물원이 동물 행동에 대해 배울 수 있는 방법으로 사용될 수 있을 것이라고 생각한 것은 한참 후였다. 살아있는 동물들을 대면하여 연구할 수 있게 되자, 연구가들은 늑대들의 얼굴 표정과 같은 많은 행동들을 이제 이해할 수 있게 되었는데, 이것은 야생에서 연구하기에는 매우 도전적인 것이 될 수 있다.

문제해설 동물원에서 동물을 연구하는 것이 동물의 행동을 이해하는 데 많은 도움이 된다는 내용의 글이므로 ⓒ '동물원: 간과되었던 동물 연구의 기회'가 이 글의 제목으로 적절하다.
ⓐ 동물 행동 연구의 도전
ⓑ 동물 권리: 동물원과 연구소는 정말 안전한가?

어휘 remains 《pl.》 남은 것, 나머지; *(죽은 사람·동물의) 유해 **inspect** 점검[검사]하다 **actual** 실제의 **behavior** 행동 **gain** 얻다 **face-to-face** (~와) 서로 얼굴을 맞대고 **expression** 표현; *표정 **challenging** 도전적인 [문제] **overlook** 못 보고 넘어가다, 간과하다

3
정답 ⓒ

해석 때때로 우리가 중요하지 않다고 생각한 것들이 중요한 것으로 밝혀진다. 예를 들어, 미국인 철학자이자 심리학자인 William James는 청각 장애를 가진 열다섯 명의 승객들이 거친 바다 여행 중에 속이 메스껍지 않음을 알게 되었다. 그때 그는 뱃멀미가 어쩌면 내이(內耳) 질환과 관련이 있을 지도 모른다고 생각했는데, 청각 장애인들은 내이 질환에 걸리지 않는다. 몇 가지 실험 후에, James는 이것이 사실임을 보여줄 수 있었다. James의 운 좋은 관찰이 아니었더라면, 이 뱃멀미의 원인은 오랫동안 간과된 채로 남아있었을 수도 있다.

문제해설 William James가 뱃멀미의 원인을 밝혀낸 계기가 된 일화를 소개하며, 사소한 관찰이 중요한 발견으로 이어질 수 있다는 내용의 글이므로 ⓒ '작은 관찰이 흥미로운 정보로 이어질 수 있다'가 이 글의 제목으로 적절하다.
ⓐ 어떻게 내이(內耳)가 뱃멀미를 완화시키는가?
ⓑ 청각 장애인들은 배에서 편하게 여행한다

어휘 turn out 모습을 드러내다; ~인 것으로 드러나다[밝혀지다] **philosopher** 철학자 **psychologist** 심리학자 **deaf** 귀가 먹은, 청각 장애가 있는 **rough** 고르지 않은; *거친 **journey** 여행 **seasickness** 뱃멀미 **inner ear** 내이(內耳) **trouble** 문제; *병, 통증 **confirm** 사실임을 보여주다[확인해 주다] **observation** 관찰 **remain** 계속 ~이다 **unnoticed** 눈에 띄지 않는, 간과되는

> 1. ② 2. ②

1
정답 ②

해석 덩치 큰 동물들은 더 작은 동물들보다 도보 여행자들에게 실제로 덜 위험하다. 상식에 의하면 우리는 호랑이, 곰, 그리고 다른 덩치 큰 위협적인 동물들을 피해야 한다. 하지만 덩치가 더 작은 동물들은 더 큰 동물들보다 실제로 더 위협적이다. 크기의 불리함을 극복하기 위해, 작은 동물들은 야생에서 자신을 보호하려고 독과 같은 유용한 무기를 개발했다. 매년, 소수의 사람들만이 호랑이나 곰의 공격을 받는데, 이러한 사건의 대부분은 사람들 자신에 의해 야기된다. 하지만, 더 많은 사람들이 이런 큰 동물들에 의해서보다 작은 독사에 물려서 죽는다. 심지어 더 많은 사람들이 흔한 벌 쏘임에 대한 알레르기 반응 때문에 생명을 잃는다. 이러한 이유 때문에, 도보 여행자들은 작고 위험한 동물들에 대해서 조심해야 한다.

구문 1행 Common sense tells us **that** we should avoid ....
→ that은 동사 tell의 목적어가 되는 명사절을 이끄는 접속사이다.

3행 **To overcome** disadvantages of their size, small animals have developed ... **to protect** themselves in the wild.
→ To overcome과 to protect는 목적을 나타내는 부사적 용법의 to 부정사이다.

문제해설 덩치가 작은 동물들이 덩치 큰 동물들보다 오히려 도보 여행자들에게 더 위험할 수 있다는 내용의 글이므로 ② '작은 동물들을 조심하라'가 글의 제목으로 적절하다.
① 알레르기에 대처하는 방법
③ 동물: 인간의 진정한 친구
④ 동물들이 인간의 마을을 공격한다!
⑤ 야생 동물들은 왜 멸종 위기에 처해 있는가?

어휘 hiker 도보 여행자 **common sense** 상식 **threatening** 위협적인 **overcome** 극복하다 **incident** 사건 **allergic** 알레르기가 있는 **reaction** 반응

2
정답 ②

해석 인플레이션은 대부분의 사람들에게 삶의 주요한 걱정거리가 될 수 있다. 그것은 가정이 장래의 계획을 세우는 것을 어렵게 만든다. 이는 인플레이션에 관련된 '미래의 문제들'이 종종 우리로 하여금 미래에 대한 우리의 계획을 변경하게 만들기 때문이다. 예를 들어, 신생아의 부모가 아이의 대학 교육비를 내기 위해 얼마나 많이 정기적으로 저축하기 시작해야 하는가? 인플레이션이 평균 2%라면, 물가는 36년마다 대략 두 배가 된다. 그러나 인플레이션이 8%까지 되면, 물가는 9년마다 대략 두 배가 된다. 현재 10만 달러가 드는 하버드 대학교의 교육비는 오늘 태어난 아기에게는 결국 50만 달러가 될지도 모른다. 1960년대와 1970년대에 연금을 받고 퇴직한 수백만

명의 근로자들은 인플레이션이 (생활에 필요한) 비용을 밀어올려 자신들이 예상했던 경비를 훨씬 넘어서게 했다는 것을 알게 되었다. 많은 사람이 그저 겨우 먹고 살 만큼 벌기 위해 노동 인력에 다시 들어가야 했다.

구문 1행 It makes **it** difficult **for households to plan** ahead.
→ it은 가목적어, for households가 의미상의 주어, to plan이 진목적어이다.

2행 This is because 'future problems' [concerning inflation] often **make** us **change** our plans for the future.
→ [ ]는 'future problems'를 수식하는 현재분사구이다. make는 사역동사로 쓰일 때 목적격보어로 동사원형을 취한다.

7행 ... may therefore **end up costing** half a million dollars for an infant ....
→ 「end up v-ing」는 '결국 ~하게 되다'라는 뜻이다.

8행 Millions of workers **who** retired ... found [that inflation pushed up costs far beyond their expected expenses].
→ who는 millions of workers를 선행사로 하는 주격 관계대명사이다. [ ]는 found의 목적절이다.

문제해설 대부분의 사람들에게 있어 삶의 주요한 걱정거리인 인플레이션은 사람들로 하여금 미래에 대한 계획을 변경하게 만든다는 내용의 글이므로, ② '인플레이션은 미래의 계획에 영향을 미친다'가 글의 제목으로 가장 적절하다.
① 무엇이 인플레이션을 초래하는가?
③ 물가상승률을 줄이는 다양한 방법
④ 실제 이익이 예상 경비를 초과한다
⑤ 물가상승률은 얼마나 빨리 오를 수 있는가?

어휘 concern 우려, 걱정 household 가정 plan ahead 장래의 계획을 세우다, 미리 계획하다 newborn 신생아; 갓 태어난 roughly 대략, 거의 infant 유아 pension 연금 expense 돈, 경비 workforce 노동 인구, 노동자 make ends meet 겨우 먹고 살 만큼 벌다

Actual Test 본문 pp.30~35

1. ⑤ 2. ② 3. ⑤ [Plus+] (A) trend (B) alternative 4. ③
5. ⑤ 6. ① 7. ① 8. ③ 9. ⑤

1 .... 정답 ⑤

해석 대부분의 사람들은 Einstein을 그의 상대성 이론 때문에 알고 있다. 하지만 그가 그것으로 노벨상을 수상한 적이 없다는 사실을 아는 사람은 거의 없다. 사실, 그는 수상 없이 11회에 걸쳐 후보로 지명만 되었다. 노벨위원회 위원들의 구시대적 태도가 가장 큰 원인이었다. 그들은 상대성 이론이 지나치게 급진적이라고 생각했다. 한 위원은 심지어 "Einstein은 전 세계가 원해도 노벨상을 절대로 받아서는 안 된다."라고 기록하기도 했다. Einstein은 결코 노벨상을 탈 수 없을 것처럼 보였다. 하지만 1905년의 광전효과에 대한 그의 논문으로

Einstein은 마침내 1921년 노벨물리학상을 받게 되었다. 그의 논문은 빛이 파동의 형태로뿐만 아니라 입자의 형태로도 움직인다는 사실을 밝혀냈다. 노벨위원회는 Einstein에게 시상식에서 상대성 이론에 대한 언급을 하지 않도록 명령했지만 그는 참석조차 하지 않았다.

구문 3행 The old-fashioned attitude of the Nobel committee members was mostly to blame.
→ 주어의 핵은 attitude이고 앞에서 형용사가, 뒤에서 전치사구구(of the Nobel committee members)가 주어를 수식하고 있다.

7행 His paper showed that light behaves **not only** as waves **but also** as particles.
→ 「not only A but (also) B」는 'A뿐만 아니라 B도'의 의미로 A와 B에는 문법상 대등한 요소가 와야 한다. 여기서는 A와 B의 자리에 전치사 as가 이끄는 전치사구구가 왔다.

문제해설 아인슈타인과 노벨상 사이에 얽힌 이야기를 설명하고 있으므로, ⑤ '아인슈타인과 노벨상의 이야기'가 이 글의 제목으로 적절하다.
① 상대성 이론
② 아인슈타인의 불안한 삶
③ 노벨상 선발 과정
④ 노벨물리학상의 역사

2 .... 정답 ②

해석 오늘날 많은 사람들이 소설을 즐겨 읽지만 이 문학 형태는 비교적 새로운 것이다. 13세기 전에는 대부분의 유럽 이야기가 시를 통해 전달되었다. 이러한 전통은 고대 그리스와 시인 호머의 작품들로 거슬러 올라간다. 시는 말하거나 노래하기에 더 쉬웠기 때문에 사용되었다. 그 당시에는 책이 실제로 존재하지 않아서 이야기들이 구전되었기 때문이다. 13세기 이후에 일부 작가들이 시에서 산문으로 옮겨 갔다. 한 예가 Geoffrey Chaucer로 그는 고전인 '켄터베리 이야기'를 썼다. 그러나 이와 같은 작품들은 소설로 여겨질 수 없는데 왜냐하면 그것은 한 가지 이야기를 하고 있지 않기 때문이다. 그보다 그것들은 서로 다른 각각의 이야기들, 또는 '일화들'로 구성되어 있다. 1700년대가 되기 전까지는 상황이 바뀌지 않았다. 그때에는 인쇄 도서를 위한 커다란 시장이 있었고 독자들은 한 가지 생각에 대해 이야기하거나 한 명의 인물을 따르는 이야기를 원했다. 이러한 요구가 문학에서 새로운 장르의 발전을 이끌었다.

구문 5행 One example is Geoffrey Chaucer, [who wrote the classic *Canterbury Tales*].
→ [ ]는 Geoffrey Chaucer를 부연 설명하는 계속적 용법의 주격 관계대명사절이다.

6행 However, works like this cannot be considered novels ....
→ 「consider + O + 목적격보어」 구문의 수동태 형식으로 '~가 …로 여겨지다, 생각되다'라고 해석할 수 있다.

8행 It wasn't until the 1700s that things changed.

→ 「not until ~ that ...」은 '~가 되어서야 비로소 …하다'의 의미이다.

문제해설 소설의 등장 배경을 설명하고 있으므로, ② '소설의 발달'이 이 글의 제목으로 적절하다.
① 왜 사람들은 소설을 읽는가
③ 문학에서의 새로운 유형
④ 소설을 구성하는 요소들
⑤ 고대 그리스 시인의 작품

3 ·········· 정답 ⑤

해석 차를 마시는 것은 수세기 동안 인도 문화의 일부였다. 하지만 최근 몇 년 사이 수가 늘고 있는 커피숍이 인도 젊은 층의 마음을 사로잡고 있다. 인도에서 술의 인기는 아주 많지는 않기 때문에 안전하면서 사람들과 어울릴 수 있는 공간이 부족하다. 커피숍이 이런 점을 이용하면서 젊은 사람들이 걱정 없이 많은 시간을 보낼 수 있는 장소가 되었다. 저녁마다 십대들과 어린 친구들이 커피숍에서 이야기를 나누거나 음악을 연주하는 것은 평범한 광경이다. 이런 커피숍 문화는 젊은 사람들이 이성 친구들을 만나는 방법에도 영향을 끼치고 있다. 인도는 어린 나이에 데이트를 하는 것에 항상 반대 입장을 취해왔다. 하지만 오늘날 인도의 젊은 층들은 부모님의 주시에서 벗어나 데이트를 할 수 있는 장소를 갖게 되었다.

구문 3행 Coffee shops have exploited this, [being places **where** the young can hang out without worry].
→ [ ]는 앞 문장에 대해 부연설명을 해주는 분사구문이고, 관계부사 where가 이끄는 절은 선행사 places를 수식한다.

7행 India is a country [that has always been against the idea of {dating at a young age}].
→ [ ]는 선행사 a country를 수식하는 주격 관계대명사절로 이 경우에 that은 생략할 수 없다. { }는 동명사구로 전치사 of의 목적어이다.

문제해설 최근에 젊은 층으로부터 인기를 얻고 있는 커피숍에 관한 글로 ⑤ '인도 내 젊은이들의 새로운 유행, 커피숍'이 글의 제목으로 적절하다.
① 인도는 어떻게 커피숍 문화를 바꾸고 있는가
② 인도의 구세대와 커피의 확산
③ 인도 사회가 커피숍 문화에 맞서 단합하다
④ 커피숍 문화는 인도의 가치관을 어떻게 파괴하고 있는가

Plus+ ·········· (A) trend (B) alternative

문제해설 인도에서 커피숍이 젊은 층에게 사람들과 어울릴 수 있는 새로운 장소가 되면서 인기를 끌고 있다는 내용이므로, '커피숍이 인도의 십대와 젊은이들에게 안전한 대안이 되는(alternative) 만남의 장소를 제공하면서 새로운 유행(trend)이 되고 있다'로 요약하는 것이 적절하다.

4 ·········· 정답 ③

해석 1911년 3월 25일, 뉴욕시에서 발생한 Triangle Shirtwaist 공장 화재는 미국 역사상 가장 치명적인 제조업체 비극 중 하나였다. 소방서장은 화재의 가장 유력한 원인이 불이 붙은 성냥이나 타고 있는 담배를 휴지통에 버린 것이라고 말했다. 그것은 급속도로 퍼졌는데 나무로 된 휴지통 안에 두

달치 셔츠 조각들이 들어 있었기 때문이었다. 흡연은 공장 내에서 금지됐음에도 불구하고 근로자들은 몰래 담배를 폈던 것으로 알려졌다. 많은 근로자들이 살기 위해 8층, 9층, 10층에서 뛰어 내렸는데 회사 측에서 근로자들이 비공식적으로 쉬거나 물건을 훔치는 것을 방지하기 위해 계단과 비상구 문을 잠가 두곤 했기 때문이다. 화재로 146명의 근로자가 사망했는데 이들 중 123명은 여성, 23명은 남성이었다. 이 화재로 인해 공장 안전기준이 더 강화되는 법이 제정되었고, 노동 조합에서는 더 나은 공장 근로 조건을 위해 투쟁했다.

구문 4행 ... in the wooden bin **were two months' worth of shirt scraps**.
→ 장소를 나타내는 부사구 in the wooden bin이 앞으로 오면서 주어 two months' worth of shirt scarps와 동사 were가 도치되었다.

6행 ... because the company **would** lock the doors to the stairs and the exits [to *prevent workers from taking* unofficial breaks and *stealing*].
→ would는 '~하곤 했었다'의 의미로 과거의 습관을 나타내는 조동사이다. [ ]는 '~하기 위해'라는 뜻의 목적을 나타내는 부사적 용법의 to부정사구이고, 「prevent ~ from v-ing」 구문은 '~가 …하는 것을 막다'라는 의미이다. from의 목적어로 taking과 stealing이 등위접속사 and로 병렬연결되었다.

문제해설 뉴욕에서 발생했던 화재 사건을 계기로 안전 관련법이 강화되고 근로 조건을 개선하려는 노력을 해왔다는 내용이므로 ③ '재해가 어떻게 진보로 이어지는지'가 글의 제목으로 적절하다.
① 작업장 규칙의 발전
② 20세기 초반의 화재 안전
④ 산업 재해의 흔한 원인들
⑤ 미국의 치명적인 산업 재해들

5 ·········· 정답 ⑤

해석 당신이 수업 발표를 준비하는 중이라고 가정해보자. 준비할 기간이 하루밖에 남아 있지 않은데 아직도 해야 할 일이 많이 남아있다. 선생님은 "오리를 줄 맞춰 놓아야 할 거야."라고 말할지도 모른다. 선생님은 무슨 말을 하고 있는 걸까? 이 표현은 누군가에게 일의 세부사항이 다 완성되어 있고 잘 정리되어 있는지 확실히 할 것을 권할 때 사용된다. 이 표현의 출처를 설명하는 몇 가지 다른 이론들이 있다. 가장 많이 알려진 이론 중 하나는 그것이 볼링과 연관되어 있다고 한다. 볼링핀은 오늘날보다 더 짧고 넓었다. 이 모양 때문에 사람들이 핀을 '오리'라고 불렀다. 자동으로 핀을 세워주는 기계가 발명되기 전에 사람들은 직접 핀을 주워서 다시 세워야 했다. 그래서 '오리를 줄 맞춰 놓는 것'이 원래는 알맞은 위치에 다시 모든 '오리' 핀을 조심스럽게 세워두는 것을 의미했던 것이다.

구문 4행 There are a few different theories [explaining the source of this expression].
→ [ ]는 theories를 수식하는 현재분사구이다.

6행 Bowling pins **used to be** shorter and wider than they

are nowadays; this shape **led** people **to** call the pins "ducks."

→ 「used to-v」는 '~하곤 했었다'라는 의미로 과거의 습관을 나타낸다. 「lead + O + to-v」는 '~가 …을 하게 하다'라는 의미이다.

문제해설 '오리를 줄 맞춰 놓아라'는 표현의 유래에 관한 내용이므로 글의 제목으로 ⑤ '"오리를 줄 맞춰 놓아라"는 관용 표현의 기원'이 가장 적절하다.

① 볼링에서 오리의 역사
② 볼링 치는 사람들이 손으로 하는 핀 고정을 멈춘 이유
③ 볼링이 정리하는 기술을 어떻게 개선했는지
④ 초창기 볼링과 현대 볼링의 차이

6 ······ 정답 ①

해석 영국 자동차 제조업체인 Jaguar Land Rover가 고객들을 위해 새로운 종류의 안내책자를 내놓았다. 그것은 아라비아 사막에서 살아남기 위한 기초의 개요를 설명하는 생존 안내서이다. 그 책에는 사람들을 안전하게 안내하기 위한 그 지역의 지형 및 사막에서 마주칠 수 있는 동식물에 관한 정보, 또 살아남기 위해 그것들이 어떻게 사용될 수 있는지에 관해서도 나와 있다. 책은 군에서 사용되는 것과 비슷한 반사되는 포장재로 되어 있는데, 이는 도움을 요청하는 신호로 사용될 수 있고 금속으로 된 나선형의 책등은 요리할 때 꼬치로 쓸 수도 있다. 마지막으로 혹시라도 매우 심각한 상황에 처했을 때, 실제로 책 자체를 먹을 수 있다. 책은 식용 잉크와 종이로 만들어졌고 대략 치즈 버거만큼의 영양분이 들어가 있다.

구문 5행 It has reflective packaging [similar to **that** {used in the military}], *which* could be used to signal for help, ...

→ [ ]는 reflective packaging을 수식하는 형용사구이다. that은 명사 reflective packaging의 반복을 피하기 위해서 쓰인 대명사이다. { }는 대명사 that을 수식하는 과거분사구이고, which는 계속적 용법의 주격 관계대명사로 and it으로 바꿔 쓸 수 있다.

7행 Finally, just in case you find **yourself** in an extremely serious situation, the book *itself* is actually edible.

→ 주어 you와 동일인물이기 때문에 목적어 자리에 재귀대명사 yourself가 쓰였으며, 목적어로 쓰인 재귀대명사는 생략할 수 없다. itself는 주어 the book을 강조하기 위해 쓰인 것으로 이 경우에는 생략할 수 있다.

문제해설 자동차 회사에서 만든 안내 책자에 지도, 사막에서의 생존법 등 다양한 내용이 들어가 있다는 것을 설명해주는 글로 ① '새 생존 책의 다양한 사용법'이 제목으로 적절하다.

② 치즈버거는 어떻게 당신의 생명을 구할 수 있는가
③ 발전된 현대의 자동차 안내서
④ 지형은 자동차 생산 회사에 어떤 영향을 끼치는가
⑤ 사막에서 운전하면서 먹는 행위의 위험성

7 ······ 정답 ①

해석 중세 유럽 시대의 많은 교회에는 사람들이, 보통은 엄마들이, 원하지 않았던 아기들을 두고 가는 특별한 상자가 있었

다. 지난 10년 사이 여러 국가에서 이런 '아기 상자' 서비스의 반환을 보고해 왔다. 보통 병원 밖에 놓여지는 이 아기 상자는 아기가 안에 놓이게 되면 온도가 올라가고 간호사에게 신호를 보내게 된다. 또 상자에는 후에 심경의 변화가 있을 경우에 대비하여 부모가 적어갈 수 있게 비상 연락 정보가 들어가 있다. 이런 프로그램을 옹호하는 사람들은 상자가 희망을 잃은 부모에게 익명으로 아기를 두고 가면 아기가 발견되고 돌봄을 받을 수 있도록 안전한 선택권을 제공하는 것이라고 말한다. 하지만 비판하는 사람들은 아기를 버리는 것을 더 수월하게 만들어 버림으로써 힘들게 사는 부모들이 그런 일을 해도 되는 일로 간주해버리도록 부추기고 있다고 주장하고 있다.

구문 1행 Many churches in medieval Europe had special boxes [**where** people, usually mothers, could leave their unwanted babies.]

→ [ ]는 관계부사 where가 이끄는 절로 선행사인 boxes를 수식하고 있으며, 이때 where는 in which로 바꿔 쓸 수 있다.

8행 ... by **making it easier to abandon** babies, struggling parents *are being encouraged* to consider it an acceptable thing to do.

→ 「make + O + 형용사 + to-v」는 '~하는 것을 …하게 만들다'라는 의미이다. 여기서 it은 가목적어이고 진목적어는 to abandon babies이다. are being encouraged는 「be being + 과거분사」 형태의 진행형 수동태이다.

문제해설 아기 상자에 대해 설명하고 찬반 양측의 입장을 열거하고 있으므로 ① '아기 상자 논쟁'이 글의 제목으로 적절하다.

② 아기 상자의 이점
③ 아기 상자와 현대의 육아
④ 엄마들이 아기 상자를 위해 싸우는 이유
⑤ 아기 상자가 다시 인기를 얻는 이유

8 ······ 정답 ③

해석 피부를 덮고 있는 피지라고 불리는 천연 기름층이 있는데, 물이 스며들지 않도록 만들어 피부를 보호한다. 당신이 비를 맞거나 간단한 샤워를 하거나 저녁 식사 전에 손을 씻을 때, 피지는 당신의 피부가 흠뻑 젖는 것을 막아 준다. 그렇지만 당신이 하루 종일 수영장에서 놀 때처럼 물속에 더 오래 있을 때는 어떨까? 사실 당신의 피부에는 어떤 정해진 시간에 제한된 양의 피지가 있으며 물에 장시간 노출되는 것은 실제로 그것을 다 씻어내 버릴 수 있다. 일단 그것이 없어지고 나면, 물은 자유로이 당신의 피부에 스며든다. 그것이 바로 수영장에서 오랜 시간을 보내는 것이 당신의 손가락과 발가락을 쭈글쭈글하게 할 수 있는 이유이다.

구문 2행 When you **get** caught in the rain, **take** a quick shower, **or wash** your hands before dinner, the sebum *prevents your skin from getting* soaked.

→ 등위접속사 or로 부사절의 동사 get, take, wash가 병렬연결되어있다. 「prevent + O + from v-ing」는 '~가 …하지 못하도록 막다'라는 뜻이다.

3행 But what about the times [when you're in water for longer periods, such as when you spend all day playing in a pool]?
→ [ ]는 선행사 the times를 수식하는 관계부사절이다.

문제해설 피부를 덮고 있는 피지의 작용 원리에 대해 설명하고 있으므로, ③ '우리 피부의 피지는 어떻게 작용하는가'가 이 글의 제목으로 적절하다.
① 우리 피부의 연약함
② 우리는 왜 우리 피부를 보호하는가
④ 천연 피부 기름의 여러 가지 이점
⑤ 피지의 생성을 자연적으로 줄이는 방법

9 .... 정답 ⑤

해석 도움을 필요로 하는 수백만 명의 사람들이 매년 영국의 상당한 자선 산업의 도움을 받고 있다. 하지만 최근 몇 년 사이, 특정 모금 기법이 대중들에게 폐를 끼치고 있는데, 바로 자선 강도이다. '자선 강도'라는 용어는 '자선'과 '강도'의 조합으로 생겼는데, 자선단체 직원들 혹은 '자선 강도들'이 특정 단체에 기부할 것을 요청하기 위해 거리에서 행인들에게 다가가는 행동을 가리킨다. 이런 자선 강도들은 주머니에 있는 여분의 잔돈 이상을 원한다. 즉, 정기적으로 매달 기부할 수 있도록 구체적인 은행 정보를 필요로 한다. 이런 방식의 모금의 윤리적 측면에 대한 의문이 제기되고 있다. 반대하는 사람들은 자선 강도들의 행동은 불쾌하고, 사람들이 기부를 하도록 협박하므로 강압적일 수도 있다고 주장한다. 하지만 지지자들은 자선 단체가 궁핍한 사람들을 계속 도울 수 있으려면 돈이 어떻게 마련되는지는 중요하지 않다고 생각한다.

구문 **6행** These chuggers want more than just spare change in your pocket; they want your bank details [so you can make regular, monthly donations].
→ 앞 문장에 대한 부연설명을 하는 문장이 뒤에 올 때, 마침표로 두 문장을 구분하지 않고 세미콜론(;)으로 연결하기도 한다. [ ]는 접속사 so가 이끄는 절로 '~할 수 있도록'의 의미의 목적을 나타내며, so 뒤에 that이 생략된 형태이다.

9행 But supporters believe [that in order to ensure {charities can continue to help those in need}, **how money is raised** is not important].
→ [ ]는 believe의 목적절이고, '~가 어떻게 …하는지'라는 뜻의 「how + 주어 + 동사」 구문이 절 내에서 주어 역할을 하고 있다. { }는 ensure의 목적절로 접속사 that이 생략되었다.

문제해설 논란이 되고 있는 강압적 모금 방법에 관하여 설명하는 내용으로 ⑤ '자선단체가 공격적인 방법 때문에 대중의 신임을 잃을 수 있을까?'가 글의 제목으로 가장 잘 어울린다.
① 영국의 자선 산업이 번성하는 이유
② 자선단체는 행동보다 돈을 더 소중하게 생각한다
③ 세련된 새로운 모금 기술
④ 자선단체가 그 어떤 때보다 더 많은 기금을 마련하고 있는 방법

Unit 3 요지 · 주장

유형 Analysis ⑤
EBS변형 Practice 1. ⓒ 2. ⓒ 3. ⓒ
기출 Exercise 1. ③ 2. ⑤
Actual Test
1. ② 2. ⑤ 3. ④ **Plus+** (A) beneficial (B) prepare
4. ④ 5. ③ 6. ① 7. ⑤ 8. ① 9. ⑤

유형 Analysis ═══════════ 본문 p.37

정답 ⑤

해석 승자와 패자 사이의 한 가지 차이는 그들이 패배를 어떻게 다루느냐이다. 최고의 기업과 가장 기량이 뛰어난 전문가에게도 장기간의 성공 기록이 작은 실수, 퇴보 그리고 아주 작은 전환에 의해서 중단된다. 경기에서 승리하는 팀조차도 경기의 일부에서 실수를 하고 뒤처질지도 모른다. 그래서 신속히 회복하는 능력이 아주 중요하다. 골칫거리는 어디에나 있다. 놀라운 일이 화산재처럼 하늘에서 떨어질 수도 있고, 모든 것을 바꾸는 것처럼 보일 수도 있다. 그래서 한 저명한 학자가 다음과 같이 말한 것이다. "무엇이든 도중에는 실패처럼 보일 수 있다." 따라서 대성공에서 중요한 요인은 최악의 상태에서 회복하는 것이다.

구문 **4행** Even the team [that wins the game] might make mistakes ….
→ [ ]은 the team을 선행사로 하는 주격 관계대명사절이다.

10행 Thus, a key factor in high achievement is **bouncing** back from the low points.
→ bouncing은 보어로 쓰인 동명사이다.

문제해설 최고의 기업이나 기량이 뛰어난 전문가에게도 어려움은 있기 마련이며, 그로부터 신속히 회복하는 능력이 중요하다는 내용의 글이므로 ⑤가 글의 요지로 가장 적절하다.

어휘 handle 다루다 accomplished 기량이 뛰어난 track record (개인·기관의 모든) 실적, 업적 punctuate 중단시키다, 잠시 그치게 하다 slip (작은) 실수 slide 떨어짐, 하락 turnaround (정책 등의) 변경, 전환 lag behind ~보다 뒤떨어지다 ubiquitous 어디에나 있는 volcanic ash 화산재 prominent 중요한; *유명한 high achievement 대성공 bounce back from ~에서 회복하다 low point 최악의 부분

EBS변형 Practice ═══════════ 본문 p.38

1. ⓒ 2. ⓒ 3. ⓒ

1
정답 ⓒ

해석 놀랍게도, 의료비를 낮추고 우리의 건강을 증진시키는 가장 손쉬운 방법이 의료 개혁을 위한 논의 중에 종종 간과된다. 이러한 비용의 절반 이상은 막을 수 있는데, 건강하게 먹는 것이 우리 자신을 돌보는 최상의 방법이다. 과식과 같이 나쁜 식습관 대신 좋은 식습관을 갖는 것은 더 적정한 비용과 효율적인 의료보험 제도를 마련하는 데 도움이 될 것이다. 더 중요한 것은, 우리가 우리의 복지를 관리하며 의료 전문가에게 덜 의존하게 될 것이라는 점이다.

문제해설 좋은 식습관을 갖는 것이 의료비를 절감하며 건강을 증진시키는 최상의 방법이라는 요지의 글이므로, ⓒ가 적절하다.

어휘 healthcare 건강 관리; *의료 reform 개혁, 개선 preventable 막을 수 있는, 방해[예방]할 수 있는 overeating 과식 reasonably 상당히; *타당[적정]하게 efficient 능률적인; *효율적인 in control of ~을 관리하고 있는 well-being 복지, 안녕 professional 직업[직종]의, 전문적인; *전문직 종사자

2
정답 ⓒ

해석 요즘 여성들은 전 세계적으로 구매 결정에 큰 권한을 갖고, 거대한 비즈니스를 선도하며, 많은 회사 주식을 소유하고 있다. 하지만, 대부분의 회사들은 광고에서 여성들을 계속해서 너무 단순하게 묘사하고 있다. 영국의 한 조사에서, 모든 미디어 광고의 5분의 1이 여성을 대상으로 함에도 불구하고 91퍼센트의 여성이 광고 회사들에게 이해되지 못한다는 느낌을 받는다고 보고했다. 구시대적인 마케팅 기법을 유지하고 있는 회사들은 아마도 실패할 것이다. 남녀가 생각하는 방식의 차이를 연구하는 것이 그들이 더 성공적인 광고를 만들어내는 데 도움을 줄 것이다.

문제해설 여성들의 더 커진 영향력에 비해 광고에서 묘사되는 그들의 모습은 현대의 여성상이나 여성의 사고 방식을 반영하지 못하고 있다는 내용의 글이므로 ⓒ가 이 글의 요지로 적절하다.

어휘 stock 재고품; *주식 (자본) corporation 회사, 기업 portray 그리다, 묘사하다 survey (설문) 조사 advertiser 광고인, 광고 회사 devote to ~에 전념하다 outdated 구식인 likely ~할 것 같은

3
정답 ⓒ

해석 열쇠가 어디 있는지와 같이 단순한 것들을 잊어버리는 게 보다 흔한 일이 되었지만, 이는 우리 뇌가 그 어느 때보다도 더 많은 정보를 처리하게 된 결과이다. 사람들은 스스로 더 많은 일을 하는 동시에 현재 이용 가능한 모든 정보들로부터 허구와 사실을 구분하려고 끊임없이 노력중이다. 수십 년 전에는 항공편을 예약하거나 제품을 찾기 위해 다른 사람들에게 의지했지만, 지금 우리는 이러한 일들을 스스로 수월하게 하고 있다. 점점 더 진보하면서, 우리는 더 많은 업무를 감내해야 했다.

문제해설 정보가 많아짐에 따라 우리 스스로 그 정보를 처리하며 더 많은

일을 수행해야 한다는 내용의 글이므로, ⓒ가 이 글의 요지로 적절하다.

어휘 process 가공하다; *처리하다 constantly 끊임없이 separate 분리하다. 나누다 fiction 소설; *허구 available 구할[이용할] 수 있는 rely on ~에 의지[의존]하다 reserve 예약하다 progress 진전 accept 받아들이다; *감내하다

1. ③ 2. ⑤

1
정답 ③

해석 착한 자녀, 불평하지 않는 직원, 또는 협조적인 환자가 되려고 노력할 때, 우리 대다수는 사람들이 우리가 하기를 바라는 모든 것에 동조함으로써 그들을 기쁘게 하려고 애쓰는 함정에 빠진다. 때때로 우리는 자신의 영역과 욕구를 잊어버리는데, 이러한 것에 대한 대가는 상징적으로, 그리고 말 그대로 우리의 삶이 될 것이다. 건전한 한계를 설정할 수 없을 때, 그것은 우리의 관계에 고통을 야기한다. 하지만 우리가 진정한 자아에게 '예'라고 말하기 위하여 하고 싶지 않은 일에 '아니오'라고 말하는 것을 배우게 된다면, 자신에게 자율권이 있다고 느끼게 되며 다른 사람들과의 관계는 좋아진다. 그러므로 '아니오'라고 말하는 것을 두려워하지 마라. 그 순간에 하던 말을 급히 멈추고 정말 말하고 싶은 것을 말하는 진실한 목소리를 내기 위해 애쓰라.

구문 2행 ..., many of us fall into the trap of trying to please people by going along with [**whatever** they want us to do].
→ whatever는 명사절을 이끄는 복합관계대명사로, anything that으로 바꿔 쓸 수 있다. [ ]는 전치사 with의 목적어로 쓰였다.

5행 But when we learn to say no to **what** we don't feel like doing in order to say yes to our true self, ...
→ what은 선행사를 포함하는 관계대명사로 the thing that으로 바꿔 쓸 수 있다.

문제해설 자신의 영역과 욕구를 잊고 타인을 기쁘게 하려고 애쓰다 보면 자신의 삶과 대인관계에도 문제가 생기므로 하고 싶지 않은 일에 대해 거절하는 법을 배워야 한다는 내용의 글이다. 따라서 ③이 글의 요지로 가장 적절하다.

어휘 cooperative 협력[협동]하는 fall into the trap of ~하는 덫에 빠지다[오류를 범하다] go along with ~에 동조[찬성]하다 lose track of ~을 놓치다 set limits 한계를 짓다 distress (정신적) 고통, 괴로움 empower 권한을 주다; *자율권을 주다 catch oneself 하던 말[일]을 갑자기 멈추다

2
정답 ⑤

해석 사람들은 미래의 교제를 기대하지 않을 때보다 누군가를 다시 만나리라 기대할 때, 그 개인의 행동과는 별개로, 그 사람을 더 매력적이라고 생각할 가능성이 높다. 미래의 교제에 대한 기대는 사람들이 미래의 교제를 두려워하기 보다는 그것

을 고대할 수 있도록 누군가에게서 긍정적인 특성을 찾도록 동기를 부여하며, 사람들이 그 개인이 매력적이라고 여길 기회를 높인다. 반대로 사람들이 다시 만날 거라고 생각하지 않는 누군가와 교제할 때, 그들은 긍정적인 특성을 찾아야 할 이유가 거의 없다. 사실 그들이 미래의 교제에서 그 사람을 더 잘 알게 될 기회를 갖지 못할 것이라는 점을 생각해보면, 그렇게 하는 것은 좀 우울할 수도 있다. 진정 사람들은 때때로 다시 만날 것을 기대하지 않는 사람들에게서 부정적인 특징을 찾으려 하게 된다.

구문 3행 The expectation of future interaction motivates people to look for positive qualities in someone **so that** they will look forward to ....
→ so that은 목적을 나타내는 접속사로 '~하기 위해서'라는 의미이며, in order that으로 바꿔 쓸 수 있다.

6행 Conversely, when people interact with someone **whom** they do not foresee meeting again, ...
→ whom은 someone을 선행사로 하는 목적격 관계대명사이다.

7행 In fact, doing so may be depressing, **given that** they may not have the opportunity ....
→ given은 '~을 고려해 볼 때'라는 의미이며, that은 명사절을 이끄는 접속사이다.

문제해설 누군가를 다시 만날 가능성이 있을 경우, 사람들은 그 사람에 대해 긍정적인 태도를 갖게 되는 반면에, 그럴 가능성이 없을 경우에는 부정적인 태도를 갖게 된다는 내용의 글이다. 따라서 ⑤가 이 글의 요지로 가장 적절하다.

어휘 regardless of ~에 상관없이 interaction 상호작용 dread (~을) 몹시 무서워하다; *(안 좋은 일이 생길까봐) 두려워하다 conversely 정반대로, 역으로 foresee ~일 것이라고 생각하다; *예견하다 depressing 우울하게 만드는, 우울한

Actual Test
본문 pp.40~45

1. ② 2. ⑤ 3. ④ **Plus+** (A) beneficial (B) prepare
4. ④ 5. ③ 6. ① 7. ⑤ 8. ① 9. ⑤

1
정답 ②

해석 그 어떤 대형 신문 가판대에서든, 당신은 선택할 수 있는 다양한 종류의 잡지를 볼 수 있다. 어떤 것들은 과학 기술이나 요리와 같은 특정 주제를 전문적으로 다룬다. 하지만 많은 잡지들은 유명인에 관한 내용을 특집으로 다루고, 상당수는 그 밖의 것은 다루지 않는다. 분명, 편집자들은 유명인에 대한 정보와 종종 그들의 생활을 둘러싼 논란거리들을 담고 있는 기사가 시사 문제나 다른 뉴스들을 다루는 기사보다 더 잘 팔린다는 것을 알게 되었다. 이것은 나를 괴롭게 하는데, 왜냐하면 나는 유명인에 대한 소문이 얼마나 나쁜지 간에 그들의 세계에서 일어나고 있는 일들에 대해 읽는 것에는 전혀 관심이 없기 때문이다. 내가 잡지를 집어 들 때 기대하는 것은 나

에게 의미가 있는 정치적 동향이나 과학적 발견에 관한 뉴스이며, 나는 내가 (그런 생각을 가진) 소수에 속한 것은 아니라고 확신한다.

구문 3행 Apparently, editors have found that articles [containing information ... their lives] sell better than **those** {that discuss ...}.
→ [ ]는 that절의 주어 articles를 수식하는 현재분사구이다. those는 articles를 대신하여 쓰였으며, { }는 those를 선행사로 하는 주격 관계대명사절이다.

7행 **What** I am expecting when I pick up magazines **is** news about ....
→ 관계대명사 What이 이끄는 명사절이 주어이며, 동사는 is이다.

문제해설 많은 잡지들이 유명인사에 대한 기사만을 주로 다루고 있으며, 그런 기사에 관심이 없는 필자는 괴롭다고 했으므로 ②가 이 글의 요지로 적절하다.

2
정답 ⑤

해석 1993년에 텍사스 대학의 심리학부 연구원인 Robert Young은 어떤 사람에 대한 우리의 인식이 그들의 이름에 의해 영향을 받는다는 것을 발견했다. 대학생 연령의 피실험자들에게 행해진 몇 가지 실험의 결과들은 지금보다 과거에 더 흔했던 이름을 가진 사람들은 과거보다 지금 더 흔한 이름을 가진 사람들에 비해 덜 인기 있고 덜 똑똑하다고 여겨졌음을 보여 주었다. 마찬가지로, 마치 외모와 행동이 일치해야 하는 것마냥, 우리는 사람들의 외모에 근거하여 그들에 대한 기대를 하게 된다. 아마도 이것이 어떤 사람이 그 사람의 외모에 어울리지 않는 행동을 할 때 우리가 놀라는 이유일 것이다. 예를 들어, 우리는 순진하게 생긴 사람이 폭력적으로 행동할 거라고 예상하지 않는다.

구문 2행 The results of several experiments [conducted among college-aged subjects] demonstrated **that** people with names {that were more common in the past than they are now} were assumed ....
→ [ ]는 experiments를 수식하는 과거분사구이다. that이 이끄는 명사절은 동사 demonstrated의 목적어로 쓰였으며, { }는 names를 선행사로 하는 주격 관계대명사절이다.

7행 ..., as though looks and behavior must match.
→ as though는 '마치 ~인 것처럼'이라는 의미의 접속사이다.

문제해설 한 대학의 연구 결과를 통해 어떤 사람에 대한 인식이 그 사람의 이름에 의해 영향을 받고, 또한 사람들의 외모에 근거하여 그들의 행동을 기대하게 된다고 설명하고 있으므로 ⑤가 이 글의 요지로 적절하다.

3
정답 ④

해석 설문조사 결과를 보면 대학생 중 84퍼센트가 자신들에게 기대되는 일 때문에 자주 좌절을 느낀다고 한다. 하지만 정확히 무엇이 이 모든 스트레스를 유발하고 있는 것일까? 문제는 바로 요즘 대학생들이 직면한 모든 학업적인 어려움으로 보인

다. 이 어려움에 있어서 주된 이유 중 하나는 아마 단 한번도 제대로 공부하는 방법을 배워본 적이 없는 것 때문일지도 모른다. 학습하는 방법을 모르는 학생들은 대개 지나치게 당혹감을 느껴 도움을 요청하지 못한다. 그들은 종종 자신들만 이런 상황에 처해 있다고 생각하거나 혼자 이것을 처리할 수 있을 거라 믿는다. 하지만 도움을 받는 것은 이러한 문제를 해결하기 위해 반드시 필요하다. 그래서 모든 대학생들이 공부하는 방법에 관한 강의를 듣도록 해야 하는 것이다. 주제가 무의미해 보일 수도 있지만 이런 강의들은 타 대학 과목과 마찬가지로 정신적으로 고무적이고 학업적인 면에서도 만족감을 줄 수 있다. 결국에는 학생들이 이런 필수적인 기술을 갖추도록 하면 모든 이들에게 이로울 것이다.

구문 **4행** One of the leading reasons for these challenges may be attributed to [having never learned **how to study** properly.]
→ [ ]는 전치사 to의 목적어 역할을 한다. 「how to-v」은 '~하는 방법'이라는 의미로 learned의 목적어 역할을 한다.

6행 They often **think** that they are the only ones [facing this situation] or **imagine** that they can deal with it alone.
→ 등위접속사 or로 동사 think와 imagine이 병렬연결되었다. [ ]는 the only ones를 수식하는 현재분사구이다.

문제해설 글쓴이는 다수의 대학생들이 학업상의 어려움에 직면하고 있으며 이를 해결하기 위해 학습 방법에 대한 강의를 들어야 한다고 이야기하고 있으므로 ④가 필자의 주장으로 적절하다.

Plus+ ························· (A) beneficial (B) prepare

문제해설 대학생들이 공부하는 방법을 알아야 한다고 주장하고 있으므로, '학생들에게 대학에서 공부하는 방법을 준비시키는(prepare) 것은 모두에게 유익하다(beneficial).'로 요약하는 것이 적절하다.

4 ··· 정답 ④

해석 요즘, 대부분 여행자들은 그들의 여행을 기록하기 위해 카메라에 의존하며, 일지를 기록하기 위해 시간과 노력을 들이는 사람은 거의 없다. 그러나 일지에 여행의 기억들을 간직하는 것이 카메라를 가지고 그렇게 하는 것보다 더 나은 여러 면들이 있다. 사진은 때맞추어 한 순간을 포착하는 반면에, 일지는 당신이 그 순간의 이전, 그 순간 동안, 그 순간 이후에 무슨 일이 일어나고 있었는지를 정확히 설명할 수 있도록 해 준다. 따라서 당신은 어떤 일이 발생할 때 당신의 견해를 기록하고 구체적인 세부 사항들을 적어 둠으로써 훨씬 더 많은 정보를 기록할 수 있다. 또한, 만약 당신이 어떤 관습이나 자연적 특성을 공유하는 여러 장소들로 여행을 간다면, 당신의 일지는 당신이 각 여행 동안에 얻은 지식을 축적하고, 당신의 이해를 높일 수 있도록 해 줄 것이다.

구문 **2행** ..., there are many ways [in which preserving travel memories in a journal is **superior to** *doing so* with a camera].

→ 「전치사 + 관계대명사」가 이끄는 관계사절 [ ]이 선행사 many ways를 수식하며, 관계사절의 주어는 동명사구인 preserving ... journal이고 동사는 is이다. superior는 '~보다 더 우수한'의 의미로 뒤에 비교대상을 나타낼 때 than이 아닌 전치사 to를 쓴다. doing so는 preserving travel memories를 의미한다.

8행 ..., your journal will **allow** you **to build** on the knowledge [you gain during each trip] and **increase** your understanding.
→ 「allow + O + to-v」는 '~가 …하게 하다'의 의미로 you가 목적어이며, to build와 (to) increase가 목적격보어로 등위접속사 and에 의해 병렬연결되어있다. [ ]는 knowledge를 선행사로 하는 관계사절로 목적격 관계대명사가 생략되었다.

문제해설 여행을 할 때 카메라보다 일지를 직접 작성하여 여행의 기억을 기록하는 것이 더 나은 이유들을 설명하고 있으므로, ④가 이 글의 요지로 적절하다.

5 ··· 정답 ③

해석 환경 난민은 기후 변화, 해수면 상승, 또는 자연 재해와 같은 환경 문제 때문에 고향을 잃게 된 사람이다. 현재 약 2천 5백만 명의 환경 난민이 있는데, 세계 기후 변화의 결과로서 2020년에는 5천만 명에 이를 것으로 생각되고 있다. 현 시점에 UN은 환경 난민들에게 전쟁이나 정치 불안을 피해 고향을 떠나온 사람들과 같은 권리를 부여하지 않는다. 공식적인 UN 난민 자격이 있으면 환경 난민들은 음식, 임시 거처, 그리고 이동의 자유에 관한 권한을 가질 것이다. 그런 인도적인 결정은 심각한 환경적 상황 때문에 고향에서 내몰린 사람들의 삶을 크게 개선시키고 집이라 부를 수 있는 새로운 곳을 찾을 수 있게 도와줄 것이다.

구문 **1행** An environmental refugee is a person [displaced from their home region] because of ....
→ [ ]는 a person을 수식하는 과거분사구이다.

5행 ..., the UN does not entitle environmental refugees **the same** rights **as** *those* [fleeing war or political unrest in their home regions].
→ 「the same ~ as ...」는 '…와 같은 ~'라는 의미이며, [ ]는 those를 수식하는 현재분사구이다.

문제해설 글쓴이는 환경 난민이 공식적인 UN 난민 지위를 부여 받아 전쟁 및 정치 난민처럼 여러 지원을 받아야 한다고 생각하고 있으므로 ③이 이 글의 요지로 적절하다.

6 ··· 정답 ①

해석 약 1세기 전 합성 청색 색소인 '인단트론 블루' 개발 전에 파란색은 예술 작품 및 장식품에서 상당히 드문 색이었다. 최초로 알려진 염료와 색소는 각각 식물과 광물로 만들어졌는데 제조하기 어려웠다. 더 믿을만하고 융통성 있는 이 파란 색소를 가지고 작업하면서 많은 예술가들은 파란색의 정서적인 힘을 느꼈고, 더 유지되면서 미묘한 차이를 주는 색감을 쓸 수 있게 되었는데, 그것이 그들 작품의 중심이 되었다. 오늘날 기술 발전은 여전히 예술가들에게 더 많은 선택권을 제공하고 있다. 뉴욕 현대미술관에서 열린 2010 증강현실 전시회에서 방문객들은 3D와 동영상으로 제작된 작품들을 보기 위해 스마트폰을 사용해야 했다. 이 작품들은 육안으로 보면 전혀 존재하지 않는 것들이었다. 다시 한 번, 새로운 기술은 예술가들에 의해 예술이 무엇인지, 그리고 예술이 무엇을 할 수 있는지에 대한 한계를 뛰어 넘는 혁신적인 방법으로 사용되고 있는 것이다.

구문 4행 [Working with this more dependable and flexible blue pigment], many artists recognized the emotional strength of blue, ..., [making it a focal point of their paintings].
→ 첫 번째와 두 번째 [ ]는 부대 상황을 나타내는 분사구문이다.

10행 ..., new technology is being used ... to push the boundaries of {what art is and what it is capable of}.
→ { }는 what이 이끄는 두 개의 명사절로 전치사 of의 목적어이다.

문제해설 기술의 발전으로 예술 분야가 한계를 벗어나 작품을 만드는 방식이 다양해 진다는 내용이므로 ①이 이 글의 요지로 적절하다.

7 · · · · · · · · · · · · · · · · 정답 ⑤

해석 하고 싶지 않은 일에서 벗어나기 위해 재빨리 핑계를 생각해내야 한다고 느끼는 경우는 꽤 익숙하다. 어쩌면 당신은 동료의 파티에 초대받았는데 마침 시간이 없을 수도 있다. 혹은 당신이 일할 필요가 없다는 것을 알고 있는 토요일에 상사가 자진하여 일해 줄 수 있는지를 물어온다. 그래서 변명들이 튀어나온다. "안돼요! 가 봐야 할 가족 장례식이 있어서요." 혹은 "그날 이를 뽑을 예정이에요. 죄송해요." 다음 번에 당신이 이런 상황에 처해 있고, 거짓 핑계를 꾸미려고 한다면, 그만두어라. 당신이 왜 그 일을 할 수 없는지를 정당화하거나 다른 사람의 일정에 맞추기 위해 당신의 일정을 조정할 필요는 없다. '예'라고 말할 필요도 없지만, 거짓말을 할 필요 또한 없다.

구문 1행 Situations [in which you feel ... want to do] are quite familiar.
→ [ ]는 주어인 situations를 수식하는 「전치사 + 관계대명사」절이며, 문장의 동사는 are이다.

4행 So out come the excuses.
→ 운동의 방향이나 장소 등을 나타내는 부사(out)가 앞에 와서 주어와 동사가 도치되었다.

7행 There's no need to justify [why you can't make it] or to adjust your schedule to accommodate someone else's.
→ to justify와 to adjust는 명사 need를 수식하는 형용사적 용법의 to부정사로 등위접속사 or로 병렬연결되었다. [ ]는 justify의 목적어로 쓰인 간접의문문으로 「의문사 + 주어 + 동사」의 어순이다. to accommodate는 목적을 나타내는 부사적 용법의 to부정사이다.

문제해설 글의 마지막 부분에서 들어줄 수 없는 부탁에 대해 거짓말로 핑계를 대지 말고, 솔직하게 거절하라는 글쓴이의 주장을 알 수 있다.

8 · · · · · · · · · · · · · · · · 정답 ①

해석 '게이트키핑'이라는 용어는 기관이나 특정 그룹의 사람들에 의해 대중에게 전달되는 정보가 걸러지는 과정을 설명할 때 사용된다. 게이트키퍼는 이 시스템을 통해 어떤 정보를 허용할 것인지를 선택함으로써 대중의 인식을 통제할 수 있는 권력을 가진다. 정치적으로 정부 기관은 지휘권을 가진 자리에 있는 사람들에 누가 접촉할 수 있는지, 또 어떤 정보가 대중들에게 제공되는지를 조절하는 게이트키퍼이다. 정치 외적으로 게이트키핑 권력은 미디어에서도 볼 수 있는데, 어떤 이야기가 전달될지, 또 어떻게 전달될지가 내부적으로 결정된다. 이러한 예를 감안하면 게이트키퍼가 대중의 사상에 지대한 영향을 끼치고 있음을 파악하는 것은 쉽다. 어떤 정보를 공개할 것인지를 선택함으로써 그들은 특정 방향으로 사상을 형성시키고 논쟁이 되는 문제에 관해 어떻게 해서든 유리하게 의견을 밀고 나갈 수 있게 된다.

구문 2행 A gatekeeper has the power to regulate public awareness by choosing what information to allow through the system.
→ to regulate는 the power를 수식하는 형용사적 용법의 to부정사이다. 「what ~ to-v」은 '어떤 ~을 …할지'라는 의미로 choosing의 목적어 역할을 하는 명사구이다.

6행 ..., gatekeeping power can also be seen in the media, [where {what stories are told and how they are told} is decided internally].
→ [ ]은 계속적 용법의 관계부사절로, where의 의미는 and there이다. { }는 의문사 what과 how가 이끄는 명사절로 관계부사절 안의 주어이다.

문제해설 대중은 게이트키퍼에 의해 걸러지는 정보를 얻게 되고, 이는 대중의 사상 형성에도 영향을 끼친다는 내용이므로 ①이 이 글의 요지로 적절하다.

9 · · · · · · · · · · · · · · · · 정답 ⑤

해석 호혜주의에 관한 실험을 위해 참가자들은 몇몇 미술품을 평가할 것이라고 안내 받았다. 각 실험 동안 조교는 참가자를 잠시 혼자 방에 남겨두고 탄산음료 한 캔을 가지고 돌아오거나 가끔은 참가자 것도 가지고 왔다. 참가자가 미술품 평가를 마치면, 같은 조교가 복권 추첨을 하기 위한 표를 몇 장 구입하라고 요청한다. 조교로부터 탄산음료를 받은 참가자들은 그렇지 않은 참가자들보다 표를 두 배나 많이 구입하였다. 그들은 나중에 조교가 얼마나 마음에 들었는지에 대한 질문을 받았다. 참가자들이 조교를 마음에 들어 했는지 안 했는지는 티켓 구입 수에 영향을 끼치지 않은 것으로 나타났다. 비록 그 조교가 마음에 들지 않았더라도 그 조교가 그들에게 음료를 건넨 경우 그들은 더 많은 표를 구입했다.

구문 6행 They were later asked [how much they liked or disliked the assistant].
→ 「how much + 주어 + 동사」 구문으로 '~가 얼마나 많이 …하는지'

라는 의미로 ask의 목적어 역할을 하는 절이다.

8행 Even if participants didn't like the assistant, they still bought more tickets if that assistant **had given** them a drink.
→ 음료를 준 행위(had given)는 표를 구입한 것(bought)보다 더 이전의 일이므로 과거완료 시제를 썼다.

문제해설 조교에 대한 호감보다 조교가 참가자들에게 호의를 베푼 것이 표 구입에 영향을 끼쳤다는 내용이므로 ⑤가 이 글의 요지로 적절하다.

Unit 4 목적

유형 **Analysis** ①
EBS변형 **Practice** 1. ⓒ 2. ⓔ 3. ⓑ
기출 **Exercise** 1. ① 2. ①
Actual Test
1. ② 2. ⑤ 3. ③ 4. ④ 5. ⑤ 6. ③
Plus+ (A) cause (B) problem 7. ③ 8. ⑤ 9. ④

유형 Analysis 본문 p.47

정답 ①

해석 저는 늘 Redbug Cameras의 대단한 팬이었습니다. 하지만 귀사의 가장 최근 모델인 Superimage 2000을 구입했을 때, 저는 이보다 더 실망을 할 수는 없었습니다. 저는 그것을 금년 6월 3일에 구입했는데 그것은 올바르게 작동을 하지 않습니다. 카메라 렌즈가 초점을 제대로 잡지 못해 그 결과로 나온 사진들이 흐릿하고 선명하지 않습니다. 저는 그것을 수리하기 위해 지역 서비스 센터에 갔지만, 제가 거기서 받은 형편없는 서비스는 문제를 악화시키기만 했습니다. 카메라의 전체적인 열등한 품질에 덧붙여 질 낮은 수리가 이루어진 데 대해 저는 극도로 실망하고 있습니다. 저는 전액 환불을 받기를 주장합니다. 원래의 영수증과 수리비 청구서 사본을 동봉합니다.

구문 2행 ..., the Superimage 2000, I [could not have been more disappointed].
→ [ ]는 비교급을 사용하여 최상급을 표현한 것으로 '이보다 더 ∼할 순 없다'의 의미이다.

6행 I went to the local service center to **get it repaired**, ...
→ 「get + O + 과거분사」 구문으로 '∼이 …을 하게 하다'라는 사역의 의미를 나타낸다.

10행 Enclosed **is a copy of the original receipt and the repair bill**.
→ 보어가 문두에 오면서 주어와 동사가 도치되었다.

문제해설 글쓴이는 구입한 카메라에 문제가 있어서 수리를 맡겼지만 형편 없는 서비스로 문제가 더 악화되어 전액 환불을 요청하고 있으므로 ①이 글의 목적으로 적절하다.

어휘 huge 막대한, 엄청난, 거대한 purchase 구입하다 acquire 습득하다; *획득하다 function 기능하다 properly 제대로 blurry 흐릿한 complicate 복잡하게 만들다, 악화시키다 refund 환불 enclosed 에워싸인; *동봉된 receipt 영수증

EBS변형 Practice 본문 p.48

1. ⓒ 2. ⓔ 3. ⓑ

1 정답 ⓒ

해석 친애하는 후원자분들께,
저희는 지난 3년간 금요일 오후에 무료 아동 미술 수업을 열어왔습니다. 우리 지역 사회의 아동들을 알게 된 것은 정말 놀라운 일이었습니다. 확신컨대 몇 명은 훌륭한 예술가가 될 것입니다. 불행하게도, 더는 강사료와 도구를 충당할 여력이 없어 저희가 수업을 중단하게 되었다는 것을 여러분께 알려드리게 되어 유감입니다. 만약 저희가 후원을 얻을 수 있다면 수업을 재개할 수도 있을 것입니다. 저희가 모든 아동에게 무료로 수업을 계속 제공할 수 있기를 바랄 뿐입니다.

문제해설 무료 미술 수업을 중단하게 되었음을 후원자들에게 알리는 글이므로 글을 쓴 의도가 가장 잘 드러난 것은 ⓒ이다.

어휘 community 주민, 지역 사회 inform 알리다 afford ∼을 할 여유가 되다, ∼을 살 형편이 되다 instructor 강사, 교사 obtain 얻다, 구하다 sponsorship (재정적) 후원, 협찬 resume 재개하다, 다시 시작하다 for free 공짜로, 무료로

2 정답 ⓔ

해석 고객들은 전화 서비스의 질로 우리를 평가합니다. 대부분의 고객들은 자신들의 전화가 신속하게 받아지면 만족해합니다. 그러나 어떤 고객들은 그 이상을 원합니다. 고객들은 서비스가 정중하면서도 효율적이기를 바랍니다. 우리 제품을 구매하는 고객들은 이 회사가 운영되게 하며, 이를 이해하는 것은 고객 관리에 있어 대단히 중요합니다. 매우 만족한 고객을 가진 훌륭한 회사가 되기 위해 우리는 모든 전화를 효율적이면서 상냥하게 응대해야 합니다.

문제해설 훌륭한 회사로 거듭나기 위해 고객 전화 응대를 신속하고 효율적이면서도 상냥하게 해야 한다고 촉구하는 의도가 가장 잘 드러난 것은 ⓔ이다.

어휘 judge (∼으로 미루어) 판단하다 quality 질 efficient 능률적인; *효율적인 relation (pl.) 관계 pleasantly 즐겁게; *상냥하게

3 정답 ⓑ

해석 음악 교사가 되는 것은 어려운 일이다. 그것은 많은 시간

을 들여야 하고 많은 노력이 요구된다. 학생들은 당신이 음악에 관한 지식과 열정이 있는지 알고 싶어 한다. 그러나 학생들이 개인이라는 것을 유념해야 한다. 당신이 학생과 쌓은 관계는 매우 중요하다. 이러한 관계가 있다면 당신이 어디에서 가르치는지 또는 당신이 돈을 얼마나 받는지는 중요치 않다. 학생들은 정말로 자신들에게 관심을 기울이는 교사를 원할 뿐이다.

문제해설 음악 교사로서 학생과의 관계 형성이 중요하다는 내용이 언급되어 있는 것으로 보아 음악 지도자가 지녀야 할 태도에 대해 조언하는 글임을 알 수 있다.

어휘 **take up** (시간·공간을) 차지하다[쓰다]   **require** 필요[요구]하다, 필요로 하다   **passion** 격정; *열정   **actually** 실제로, 정말로

기출 Exercise ========================== 본문 p.49

1. ①   2. ①

1 ·· 정답 ①

해석 당신도 잘 아시다시피 지난주 우리 도시에 대형참사가 일어났습니다. 결함 있는 배선으로 인해 불이 났고 결국 교외에 있는 한 블록의 집 전체를 파괴했습니다. 애초부터 강한 바람에 의해 불이 거셌지만, 소방대원들이 현장에 제때 도착할 수 있었더라면 불은 그렇게 멀리 그리고 그렇게 빠르게 퍼지지는 않았을 겁니다. 우리 도시에는 시내에 위치한 소방서 하나밖에 없습니다. 당신은 우리 시의 시장이시니, 우리 지역에 소방서를 하나 신설해 주시겠습니까? 우리에게는 소방서가 시급하게 필요합니다. 당신의 답변을 고대합니다.

구문 3행 ..., but it **would not have spread** so far and so quickly, **if** our firefighters **had been** able to arrive at the scene in time.
→ 과거의 사실과 반대되는 가정을 나타내는 가정법 과거 완료 구문이다.

6행 We are in urgent need of **one**.
→ one은 앞 문장의 a new fire station을 의미한다.

문제해설 글의 후반부의 'Would you please establish a new fire station in our area ...?'로 보아 소방서를 신설해 달라는 요청이므로 ①이 이 글의 목적으로 적절하다.

어휘 **faulty** 흠[결함]이 있는, 불완전한   **electrical wiring** 배선   **break out** 발발[발생]하다   **suburb** 교외   **fan** 부채질을 하다; *(바람을 일으켜 불길을) 거세게 하다   **mayor** 시장   **urgent** 긴급한, 시급한

2 ·· 정답 ①

해석 Johnson 씨께
회사에서 저의 대학 등록금을 지불해 달라는 제 요청을 승인해 주셔서 귀하께 감사드리고 싶습니다. 오늘, 인사 부서에서 저에게 귀하께서 (등록금) 지불에 대한 제 요청에 서명해 주셨다고 알려 주었습니다. 이 재정상의 (부담) 완화가 제 인생에 커

다란 차이를 만들어 줄 것이라고 귀하께 말씀드리고 싶습니다. 이제 저는 제 일에 더 집중할 수 있습니다. 이는 제가 제일을 더 잘할 수 있고, 회사에 더 많이 이바지할 수 있게 할 것입니다. 제 등록금에 대한 귀하의 지원과 저에 대한 귀하의 신뢰에 다시 한 번 감사드립니다.
Warwick Smith 드림

구문 2행 ... my **request** that the company **pay** for my college tuition.
→ request와 같이 요구·주장·제안·명령 등을 나타내는 동사, 명사, 형용사 뒤의 that절에는 「(should) + 동사원형」이 오며, 여기서는 that절에 should가 생략되어 pay만 쓰였다.

3행 Today, Human Resources informed me **that** you had signed my request for payment.
→ that은 informed의 목적절을 끄는 접속사이다.

5행 This will **enable** me **to perform** better at my work and **(to) contribute** ....
→ 「enable + O + to-v」는 '~에게 …할 수 있게 하다'의 의미로 to perform과 (to) contribute가 등위 접속사 and로 병렬연결되었다.

문제해설 회사에 대학 등록금 지불 요청을 했고, 승인을 받게 되어 감사하다는 내용의 글이므로 ①이 글의 목적으로 가장 적절하다.

어휘 **tuition** 등록금, 수업료   **financial** 재정의   **relief** 안도; *완화   **contribute** 기여[공헌]하다   **appreciate** 감사하다

Actual Test ========================== 본문 pp.50~55

1. ②   2. ⑤   3. ③   4. ④   5. ⑤   6. ③
Plus+ (A) cause (B) problem   7. ③   8. ⑤   9. ④

1 ·· 정답 ②

해석 여러분도 아시다시피, 저는 지난 1월에 심각한 사고를 당했습니다. 어느 날 저녁 제가 동네를 산책하고 있을 때, 뒤에서 자동차 한 대가 저를 치어서 다리뼈 몇 개를 부러뜨렸습니다. 의사들은 제가 다시는 걷지 못할 수도 있다고 말했습니다. 6개월간, 저는 귀하의 체육관에서 전문 물리치료사들과 함께 매일 3시간을 운동하면서 보냈습니다. 조금씩, 저는 제 다리가 치유되고 예전의 힘으로 되돌아가는 것을 느꼈습니다. 저는 오늘부로 제가 지팡이의 도움만으로 다시 걸을 수 있게 되었다는 것을 전하게 되어 뿌듯합니다. 체육관 직원들의 열정과 헌신이 제 회복 과정을 재미있고 효과적으로 만들어 주었으며, 그들이 없었다면 저는 이런 진전을 이뤘을 것으로 생각하지 않습니다.

구문 4행 ..., I **spent three hours** at your gym every day **working** with your physical therapy experts.
→ 「spend + 시간/비용 + (in) v-ing」 구문으로 이때 전치사 in은 생략할 수 있다.

8행 ..., and I don't think I **would have achieved** such

progress **without** them.
→ 동사 think의 목적절은 가정법 과거완료 구문으로, without은 but for 또는 if it had not been for로 바꿔 쓸 수 있다.

문제해설 교통사고 후 체육관 물리치료사들에게 재활훈련을 받아 걸을 수 있을 정도로 회복되었음을 밝히면서 재활훈련에 헌신한 체육관 직원들에게 감사를 전하기 위한 글이다.

2 ··········· 정답 ⑤

해석 만약 당신이 노숙자들을 돕고 싶다면, 지역 지하철역 근처에서 붉은 조끼를 입고 있는 사람들을 찾아보라. 그들은 '빅이슈'를 팔고 있는데, 이것은 도시의 길거리에서 잠을 잘 수밖에 없는 사람들의 수를 줄이는 것을 돕기 위해 1991년에 런던에서 출간된 잡지이다. 그것은 기부를 통해서가 아니라 돈을 벌 수 있는 기회를 주는 방식으로써 노숙자들을 돕는다. 버락 오바마라든지 J.K. 롤링 같은 유명인들은 무료로 기사를 기고함으로써 돕는다. 당신도 돕고 싶다면, 당신이 해야 하는 일은 잡지를 사는 것이다. 잡지를 파는 판매자는 당신의 작은 기여로 성취감을 느낄 것이고, 이것이 당신이 생각하는 것보다 장기적으로 더 가치가 있을 수 있다.

구문 2행 They're selling *The Big Issue*, a magazine [that was launched in London in 1991 …].
→ [ ]은 선행사 a magazine을 수식하는 주격 관계대명사절이다.

3행 It assists the homeless **not** [through donations] **but** [by giving them an opportunity to earn money].
→ [ ]는 'A가 아니라 B인'이라는 의미를 나타내는 「not A but B」 구문의 전치사구로 병렬구조를 이루고 있다.

문제해설 노숙자들을 돕기 위해 출간된 잡지 빅이슈에 대해 소개하며 이 잡지의 구매를 장려하는 글이다.

3 ··········· 정답 ③

해석 담당자분께,
저는 귀사 제품의 엄청난 지지자이고 10년 동안 그래 왔습니다. 제품들은 아주 훌륭하고, 몇 번 고객 지원 센터에 연락을 해야 했을 때 서비스는 최상이었습니다. 그래서인지 지난주 8월 15일 수요일에 귀사 직원으로부터 심각하게 형편없는 서비스를 경험했을 때 매우 놀랐습니다. 그 전 주에 저는 온라인으로 예비부품을 주문했습니다. 8월 14일 화요일까지 도착을 보장하기 위해 추가의 돈을 지불했습니다. 하지만 아무것도 도착하지 않았습니다. 수요일에 배송에 관해 문의하려고 센터에 전화를 했습니다. 직원은 저를 도와주는 것에 전혀 관심이 없는 것 같았고, 저에게 이것은 배송 회사의 문제라고 말했습니다. 부품들은 현재 도착한 상태지만, 저는 귀사 직원으로부터 하찮게 여겨진 것이 매우 불쾌했습니다. 저는 진심으로 이 문제에 대해 더 조사해주시길 바랍니다.
안부를 전하며,
Robert Miles

구문 2행 They are great and on the few occasions [I've needed to contact customer support], the service has been **of** the highest **quality**.
→ [ ]은 the few occasions를 수식하며, 「of + 추상명사」는 형용사 역할을 한다.

8행 The staff member **seemed** completely **disinterested** in helping me and ….
→ 「seem + 보어」는 '~해 보인다'라는 의미로 보어 자리에는 형용사 및 to부정사가 올 수 있다.

문제해설 오랫동안 한 회사의 고객이었던 Robert Miles가 불친절한 직원의 응대를 받은 후 이에 불만을 제기하는 글이다.

4 ··········· 정답 ④

해석 다음 주 월요일인 6월 4일을 시작으로, Caldwell 다리가 일시적으로 폐쇄될 것입니다. 지난 몇 년 동안 증가하는 교통량으로 인해, Stark County 도로부는 다리가 중대한 보수를 받을 필요가 있다고 결정했습니다. 작업은 두 개의 추가 차선들을 포함시키기 위해 다리를 가로지르는 기존의 도로를 넓히는 것을 포함할 것입니다. 추가 차선들은 장기적으로 교통량과 다리를 건너는 이동 시간을 크게 줄일 것입니다. 건설팀이 작업을 마치는 데는 6주가 걸릴 것으로 예상됩니다. 작업이 다리에서 진행되는 동안, 운전자들은 Caldwell 항구를 왕복하기 위해 그것을 이용할 수 없을 것입니다. 대신에, Barton 고속도로를 따라서 우회해야 할 것입니다. Stark County 도로부는 이로 인해 발생할 수 있는 어떠한 불편에 대해서도 사과를 드립니다.

구문 3행 The work will involve **widening** the existing road across the bridge *to include* two extra lanes.
→ widening은 involve의 목적어로 쓰인 동명사로 involve는 항상 동명사를 목적어로 취한다. to include는 '~하기 위하여'의 의미로 목적을 나타내는 부사적 용법의 to부정사이다.

4행 The additional lanes **should** greatly reduce traffic ….
→ should는 '(아마) ~일 것이다'의 의미로 추측을 나타낸다.

문제해설 증가하는 교통량으로 인해 다리의 차선을 추가하기 위한 보수 공사가 시작될 것이며, 공사가 진행되는 동안 다리를 이용할 수 없음을 운전자들에게 알리는 글이다.

5 ··········· 정답 ⑤

해석 저희는 귀하가 Goldblade 전기면도기로 인해 겪었던 문제점들에 대해 죄송스럽게 생각하지만, 그것을 무료로 수리해 드릴 수 없다는 점을 알려 드리게 되어 유감입니다. 귀하가 지적하신 것처럼, 그 면도기는 아직 보증 기간 중입니다. 하지만 보증 조건이 위반되었기 때문에, 그것이 더는 적용되지 않습니다. 그 면도기는 110볼트의 콘센트에서 사용되도록 만들어졌습니다. 220볼트의 콘센트에는 변환기가 사용되어야 합니다. 이것은 사용자 설명서에 명확하게 설명되어 있습니다. 또한 면도기 자체에도 경고 스티커가 붙어 있습니다. 귀하께서 면도기를 220볼트의 콘센트에 바로 연결했기 때문에, 그것을 수리하거나 교체하기 위해서는 80달러의 요금이 부과될 것입니다. 이 상황에 대해서 거듭 사과를 드리지만, 저희는 보증 조건을 따라야만 합니다.

1행 ... sorry about the problems [(which[that]) you've had with your Goldblade Electric Razor], I **regret to inform** you that we cannot repair it free of charge.
→ [ ]는 선행사인 the problems를 수식하는 목적격 관계대명사절로, 이때 which[that]은 생략할 수 있다. 「regret to-v」는 '~하게 되어 유감이다'의 의미이다.

보증 기간은 아직 남아 있지만 사용자가 보증 조건을 어기고 잘못 사용한 결과로 인한 제품 고장이므로 무상 수리를 해 줄 수 없다는 내용의 글이다.

6 .... 정답 ③

물질적인 파괴에 더하여, 2012년 동아시아를 강타한 태풍은 환경 문제로도 이어졌다. 강력한 폭풍우는 화물선에 있는 여러 개의 큰 컨테이너들을 바다로 날려 버렸다. 컨테이너에는 제조업에서 쓰이는 아주 작은 플라스틱으로 된 알갱이인 '너들'로 가득 채워져 있었다. 폭풍우 후에 이 알갱이 중 상당수가 홍콩 바닷가로 밀려 들어왔다. 이 알갱이들은 단순히 보기 흉한 것만이 아니라 바닷물의 오염물질을 흡수해서 독성을 띠게 된다. 물고기들은 알갱이들을 먹이로 오인하고 먹는데, 그 물고기를 먹는 어떤 동물이나 인간들에게 그 독소들이 전달된다. 영향을 받은 해변을 청소하기 위해 수백 명이 자원했지만, 물과 모래에서 작은 알갱이들을 분리하는 것은 골치 아픈 일이었다. 정부가 돕기 위해 인부들을 고용하기까지 했지만 힘든 정화 작업은 완료하기까지 여전히 수개월이 걸렸다.

3행 The containers were filled with nurdles, [tiny plastic pellets {used in manufacturing}].
→ [ ]는 명사 nurdles와 동격을 이루며, { }는 pellets를 수식하는 과거분사구이다.

6행 Fish mistake the pellets for food and eat them, [passing the toxins along to any animals and humans that eat the fish].
→ [ ]는 앞 문장 전체에 대해 부연 설명하는 분사구문이다.

바다에 휩쓸려온 작은 플라스틱 알갱이가 그것을 먹는 물고기를 거쳐 동물과 인간에게까지 피해를 줄 수 있다는 내용으로 ③이 글의 목적으로 적절하다.

.... (A) cause (B) problem

글의 문맥에 맞추어 '2012년 동아시아를 강타한 태풍은 물질적인 손해뿐만 아니라 심각한 환경 문제들(problems)도 일으켰다(caused).'라고 요약할 수 있다.

7 .... 정답 ③

2월 22일에 있었던 취업 면접에서 귀하의 사무실로 저를 환대해 주신 것에 대해 감사드리려고 글을 씁니다. 저는 몇 년 동안 (귀사) 잡지 구독자였고 귀사의 심도 있는 기사를 존경해 왔으며, 귀사 잡지의 향후 재정적 목표에 대해 듣는 것이 즐거웠습니다. 그런데 아쉽게도, 사업 관리자 직위에 대한 고려 대상에서 제 이름을 빼야 합니다. 저는 집에서 더 가까운 스포츠 잡지에서 비슷한 자리를 제안받았습니다. 귀사의 요구와 제 능력이 잘 들어맞는다고 생각하지만, 이사를 함으로써 가족들의 생활을 방해하고 싶지는 않습니다. 다시 한 번, 귀사의 채용 과정에 저를 포함해 주셔서 감사드립니다. 귀하와 귀사의 앞날에 성공만이 있기를 바랍니다.

3행 ..., and I **enjoyed hearing** about your magazine's financial goals ....
→ enjoy는 목적어로 동명사를 취한다.

자신의 가족의 생활을 방해하고 싶지 않다는 이유를 들며 구직 신청을 취소하고자 하는 의사를 밝히는 편지 형식의 글이다.

8 .... 정답 ⑤

10월 21일에, 저는 Chesterfield의 American Mall에 있는 귀하의 가게에서 빨간색 모직 스웨터를 하나 구입했습니다. 처음 그 스웨터를 입은 후에, 저는 한쪽 소매에 작게 찢어진 곳이 있는 것을 발견했습니다. 저는 그것을 환불할 수 있기를 바라며 스웨터와 영수증을 가지고 그 가게로 다시 갔지만, 제게 그 스웨터를 판매한 직원과 가게 매니저 모두 제 요청을 거절했습니다. 저는 이것이 받아들이기 어려운 일이라고 생각하며, 이것이 귀하에게 편지를 쓰는 이유입니다. 영수증 사본과 함께 제품의 하자 부분을 찍은 사진을 첨부합니다. 현재, 저는 귀하의 가게에서 받은 응대에 상당히 실망했습니다. 이 상황에 대해 보다 만족할만한 해결책을 제안할 수 있기를 바랍니다.

4행 ..., but **both** the clerk [who *had sold* me the sweater] **and** the manager of the store refused my request.
→ 「both A and B」는 'A와 B 둘 다'의 의미이다. 주격 관계대명사 who가 이끄는 [ ]는 the clerk를 수식한다. 직원이 스웨터를 판매한 것(had sold)이 글쓴이의 요청을 거절한 것(refused)보다 이전에 일어난 일이므로 과거완료 시제를 썼다.

5행 I think this is an unacceptable situation, **which** is why I'm writing to you.
→ which는 앞 문장 전체를 선행사로 하는 계속적 용법의 주격 관계대명사이다.

결함이 있는 제품에 대한 환불을 거부당한 글쓴이가 이에 대해 만족할만한 해결책을 제안해 달라고 요청하는 글이다.

9 .... 정답 ④

최근에 CALBIT사(社)는 CALBIT의 임원들에 의해 작성된 것처럼 보이는 이메일이 회사 내 이메일 주소로 전송되고 있다는 것을 알게 되었습니다. 이러한 이메일들의 정확한 내용은 서로 다르지만, 그것은 주로 재정 또는 해외 결제 부서들의 고용 기회와 관련한 것입니다. 예가 될 만한 이메일 제목으로는 '재택근무 가능'과 '주목: 재정 부서에 공석' 등이 있습니다. 이런 메시지들은 비록 회사 로고와 회사 웹 사이트로의 링크가 있어도, CALBIT 임원들에 의해 작성된 것이 아니며 정확한 정보를 담고 있지 않습니다. 만약 여러분이 이러한 이메일 중 하나를 받았었는지도 모른다고 생각하시면, 즉시 내선 515번으로 전화를 걸어 기술부에 알려 주십시오. 무엇보다 중요한 것은, 그것들이 여러분의 컴퓨터를 바이러스에 노출시킬 수 있으므로 첨부 파일을 열거나 링크들 중 어떤 것도 클릭하지 않도록 하는 것입니다.

구문 1행 ... that emails [appearing **to have been written by CALBIT executives**] are being delivered to email addresses ....
→ [ ]는 that절의 주어인 emails를 수식하는 현재분사구이다. 이메일이 쓰여진 것이 도착한 것(are being delivered)보다 더 이전에 일어난 일이므로 완료부정사(to have been written)를 썼다.

10행 ..., **as** they may expose your computer to a virus.
→ as는 이유를 나타내는 종속접속사로 '~이므로'로 해석할 수 있다.

문제해설 기업 임원을 사칭하여 허위 고용 정보를 보내는 사기성 이메일에 주의를 당부하는 내용의 글이다.

Unit 5   내용일치

유형 Analysis   ③
EBS변형 Practice 1. ⓐ ○ ⓑ ○ ⓒ ×
2. ⓐ × ⓑ ○ ⓒ ×   3. ⓐ ○ ⓑ × ⓒ ○
기출 Exercise   1. ④   2. ⑤
Actual Test
1. ③   2. ④   3. ②   4. ④   5. ④   6. ④   7. ④   8. ④
9. ②

유형 Analysis ══════════ 본문 p.57

정답 ③

해석 18세기는 식물화의 황금기라고 불리고, Georg Dionysius Ehret은 당대의 가장 위대한 식물 화가로 자주 칭송된다. 독일의 하이델베르크에서 태어난 그는 그에게 미술과 자연에 대해서 많은 것을 가르쳐 준 정원사의 아들이었다. 젊은 시절, Ehret은 식물들을 관찰하고 자신의 미술 기법을 발전시키면서 주로 도보로 유럽을 여행했다. 네덜란드에서 그는 스웨덴의 동식물 연구가 Carl Linnaeus를 알게 되었다. Linnaeus를 비롯한 다른 이들과의 공동 작업을 통해서, Ehret은 많은 중요한 원예 출판물에 삽화를 제공했다. 과학적 정확성에 대한 Ehret의 명성은 그가 부유한 후원자, 특히 영

국에 있는 후원자로부터 많은 일을 의뢰받게 했고, 그는 결국 그곳에 정착했다.

구문 5행 ..., Ehret traveled around Europe, largely on foot, [observing plants and developing his artistic skills].
→ [ ]는 부대 상황을 나타내는 분사구문이다.

12행 ..., particularly in England, [where he eventually settled].
→ [ ]는 England를 선행사로 하는 계속적 용법의 관계부사절로 관계부사 where는 and there로 바꿔 쓸 수 있다.

문제해설 Ehret은 젊은 시절에 주로 도보로 유럽을 여행하였다고 했으므로 ③이 글의 내용과 일치하지 않는다.

어휘 botanical 식물의 on foot 걸어서, 도보로 be[become] acquainted with ~을 알다[알게 되다] naturalist 동식물 연구가 collaboration 공동 작업 illustration 삽화 publication 출판 reputation 평판, 명성 accuracy 정확(도) commission 위원회; *(그림 제작 등의) 의뢰, 주문 patron 후원자 settle 해결하다; *정착하다

EBS변형 Practice ══════════ 본문 p.58

1. ⓐ ○ ⓑ ○ ⓒ × **2.** ⓐ × ⓑ ○ ⓒ × **3.** ⓐ ○ ⓑ × ⓒ ○

1 ·········· 정답 ⓐ ○ ⓑ ○ ⓒ ×

해석 랍비인 Abraham은 임신 중인 아내와 두 아이가 있음에도 불구하고 대학에 가기로 결심했다. 처음에 그는 간신히 수업료를 냈으나, 마지막 학년에는 돈이 다 떨어지고 없었다. 그래서 그는 빚을 많이 진 상태였다. 어느 날 그의 아내가 그에게 전화를 걸어 누군가가 그가 대학을 마치도록 돕기 위해 돈을 기부했다고 말했다. 어쩌다 한 남자가 재정적 도움이 필요한 랍비에 대해 알게 된 것이었다. 그 남자는 기독교도였지만, 관대하게도 유대교도를 도왔다.

문제해설 ⓒ 대학이 Abraham에게 수업료를 감면해 준 것이 아니라 한 기독교도가 그에게 돈을 기부한 것이다.

어휘 manage to 간신히 ~하다 tuition 수업; *수업료, 등록금 run out of ~을 다 써버리다 in debt 빚을 진 somehow 왜 그런지 (모르겠지만), 어떻게든 Christian 기독교도 generously 관대하게 Jew 유대인

2 ·········· 정답 ⓐ × ⓑ ○ ⓒ ×

해석 승객 여러분께,
다음 주 목요일과 금요일에 저희 서비스에 변동 사항이 있을 것입니다. 134, 137, 139번 버스는 Waddington Terminal에서 30분마다가 아닌 정시에 출발할 것입니다. 또한 도심 지역 노선인 200번 버스는 10분 간격이 아닌 20분 간격으로 운행될 것입니다. 더불어 312번 버스는 양일 모두 오후 9시에 종착할 것입니다. 최신 업데이트된 시간표를 보시

려면 www.uptownbus.com을 방문해 주십시오. 불편을 끼쳐드리게 되어 대단히 죄송합니다.

문제해설 ⓐ 금요일에는 변경된 시간표가 적용될 것이다.
ⓒ 도심 지역 노선은 20분 간격으로 운행될 것이다.

어휘 disruption 붕괴; *중단 on the hour 정시에 route 길; *노선 interval 간격 terminate 끝나다; *종점에 닿다 fully 완전히 timetable 시간표 sincerely 진심으로 inconvenience 불편, 애로

3 ·········· 정답 ⓐ ○ ⓑ × ⓒ ○

해석 생고기와 생선을 만질 때는 주의해야 한다. 그것들은 종종 수많은 세균을 지니고 있다. 게다가 그것들은 세균의 증식에 완벽한 환경을 제공한다. 세균이 퍼지는 것을 막기 위해 그러한 식품과 닿은 것은 무엇이든 세척하라. 예를 들어, 어떤 그릇에 생고기를 담아 양념했으면 추후에 조리된 고기를 다시 그 그릇에 담지 말아라. 그릇을 재사용하기 전에 그것을 뜨거운 물에 세제를 이용해서 철저하게 세척해야 한다. 그렇지 않으면, 그 생고기에서 온 세균이 조리된 고기를 오염시킬 수 있다.

문제해설 ⓑ 생고기를 뜨거운 물로 씻어내는 것이 아니라 생고기에 닿은 그릇을 뜨거운 물과 세제로 세척하라고 했다.

어휘 handle 다루다 raw 익히지 않은, 날것의 bacteria 박테리아, 세균 setting 환경, 장소 season 양념하다 thoroughly 대단히; *완전히 infect 감염시키다

기출 Exercise ══════ 본문 p.59

1. ④   2. ⑤

1 ·········· 정답 ④

해석 돌선인장은 사막에서 발견되는 가장 독특한 식물 중 하나이다. 연중 대부분의 시간 동안 그것은 Dead Horse 산맥, Mariscal 산, 그리고 Rio Grande 강을 따라 있는 언덕의 바위 투성이 석회암 토양 속으로 섞여 들어간다. 당신은 알아채기도 전에 그것을 밟을 수 있다. 그것은 가시가 없이 바닥에 평평하게 퍼져 있으며, 별 모양 패턴으로 포개진 삼각형의 작은 돌기를 가지고 있다. 매우 건조한 환경에서 돌선인장은 눈에 거의 보이지 않는다. 그것은 말 그대로 주변의 돌투성이 토양 속으로 오그라든다. 수분은 뿌리 속에 저장되고, 가뭄 기간에는 줄기를 땅속으로 끌어 당기면서 뿌리가 오그라든다. 가시 없는 이 식물들은 자신들의 토착 서식지에 섞여 들어감으로써 생존한다. 추가적인 보호 장치로서 그들은 불쾌한 맛이 나고, 독성이 있는 알칼로이드를 체내에 저장한다.

구문 1행 Living rock cactus is one of the most peculiar plants [found in the desert].
→ [ ]는 plants를 수식하는 과거분사구이다.

7행 ... the root shrinks, [dragging the stem underground].

→ [ ]는 부대상황을 나타내는 분사구문이다.

문제해설 가뭄 기간에는 뿌리가 오그라든다고 했으므로 ④는 글의 내용과 일치하지 않는다.

어휘 living rock cactus 돌선인장 peculiar 이상한; *독특한 blend 섞다; *섞이다 rocky 바위로 된, 바위 투성이의 spineless 줏대가 없는; *가시가 없는 overlap 겹치다; *포개지다 invisible 보이지 않는 literally 문자[말] 그대로 shrink 줄어들다, 오그라지다 drought 가뭄 drag 끌다, 끌고 가다 habitat 서식지 foul-tasting 불쾌한 맛이 나는 alkaloid 알칼로이드(식물에 함유된 염기성 물질)

2 ·········· 정답 ⑤

해석 단편 영화제
우리는 9편의 단편 영화를 주최할 예정이며, 이것들은 Pamil 대학교 예술 대학의 학생들이 쓰고, 감독하고, 출연하고, 제작한 것입니다.

• 날짜: 2014년 11월 21일 금요일
• 시간: 오후 7시~오후 10시
• 장소: Pamil 대학교의 Pamil 강당
• 요금: 10달러 (일반 입장권)
     5달러 (유효한 신분증이 있는 모든 대학생 할인)
  – 입장권은 2014년 11월 17일부터 학생회 사무실에서 구입 가능합니다.
  – 모든 입장권은 환불이 불가합니다.
  – '무료' 음료가 입장권 가격에 포함됩니다.
• 더 알고 싶으시면, 학생회 사무실의 (343) 777-8338로 전화 바랍니다.

구문 2행 We will be hosting nine short films, [which were written, directed, acted and produced by ...].
→ [ ]는 nine short films를 선행사로 하는 계속적 용법의 주격 관계대명사절이다.

문제해설 무료 음료가 입장권 가격에 포함된다고 했으므로 ⑤가 안내문의 내용과 일치한다.
① 학생들이 제작한 영화가 상영된다.
② 오후 세 시간 동안 진행된다.
③ 유효한 신분증이 있는 모든 대학생에게 입장료를 할인해 준다.
④ 입장권은 환불이 불가하다.

어휘 film festival 영화제 host 주최하다 direct ~로 향하다; *감독하다 auditorium 객석; *강당 valid 유효한 non-refundable 환불이 안 되는 beverage 음료

Actual Test

1. ③ **2.** ④ **3.** ② **4.** ④ **5.** ④ **6.** ④ **7.** ④ **8.** ④
9. ②

1
정답 ③

해석 Ohio의 Dayton 방문객들은 시인 Paul Laurence Dunbar의 집을 구경할 기회를 가진다. 그가 살던 집은 Dunbar가 1906년에 죽은 이후에도 거의 바뀌지 않았고, 지금은 대중들에게 개방되어 있는 박물관이다. 살아 있는 동안에, Paul Dunbar는 그의 작품을 출판하도록 사람들을 설득하는 데 어려움을 겪었다. 신문사들은 단지 그가 흑인이라는 이유로 그의 작품을 싣는 것을 거절했다. 그래서 Dunbar는 그의 시를 익명으로 제출했고, 그 다음 그것이 출판된 후에 출판업자에게 편지를 써서 그 작품에 대한 권리를 주장하곤 했다. 그가 죽은 후에, 그의 어머니는 그의 방을 예전 모습 그대로 유지했다. 그녀는 심지어 Dunbar의 마지막 시를 그의 책상 위에 두기까지 했다. 그것은 거기에 너무나 오랫동안 놓여 있어서 근처의 창문에서 들어온 햇빛으로 잉크가 바랬고, 그의 시는 영원히 지워졌다. 박물관의 방문객들이 볼 수 있는 것은 오직 빈 페이지뿐이다.

구문 2행 The house [where he lived] **has** *hardly* **changed** *at all* since Dunbar died in 1906, and it's now a museum {open to the public}.
→ [ ]는 The house를 수식하는 관계부사절이며, has changed는 계속을 나타내는 현재완료 시제이다. at all은 부정어 hardly와 함께 쓰여 '조금도 ~ 아닌'이라는 의미를 나타낸다. { }는 a museum을 수식하는 형용사구이다.

8행 It rested there **so** long **that** the sunlight from a nearby window bleached the ink, [erasing the poem forever].
→ 「so ~ that ...」은 '너무 ~해서 …하다'의 의미이다. [ ]는 부대상황을 나타내는 분사구문이다.

문제해설 단지 흑인이라는 이유만으로 신문사들이 Dunbar의 글을 싣는 것을 거절했다는 내용을 통해 그가 작품 게재와 관련해 인종차별을 당했음을 알 수 있다.
① 박물관으로 개조된 연도는 글에 나오지 않았다.
② 살아 있는 동안 출판에 어려움을 겪었다.
④ 책이 출판된 후에 자신의 신분을 밝혔다.
⑤ 어머니는 그의 마지막 시를 책상 위에 그대로 두었다.

2
정답 ④

해석 3인치 길이의 맹그로브 송사리는 플로리다에서 브라질까지 이어진 아메리카 동쪽 해안을 따라 맹그로브 늪지의 진흙이 많은 물에서 서식한다. 매년 많은 맹그로브 늪지는 몇 달 동안 바싹 말라 버리는데, 이럴 때 맹그로브 송사리는 물 밖에서 살아야 한다. 최근에 과학자들은 맹그로브 송사리들이 연속으로 66일까지 물 밖에서 지낼 수 있다는 것을 알아냈다. 늪지가 말라 버리면 송사리는 피부를 통해 공기를 들이마실 수 있고, 보통 쓰러진 나무 안에서 시간을 보낸다. 그것은 나무 안에 곤충들이 만든 구멍에 들어가서 수동적이고 느긋해지게 되는데, 평소의 공격적인 행동에서 변화된 것이다. 물 밖에 있는 기간에 맹그로브 송사리는 피부를 통해 노폐물을 버리고, 수분을 유지하고 영양을 보존할 수 있게 아가미를 변형한다. 다시 물에 들어가면 변화는 뒤바뀌게 된다.

구문 1행 The **three-inch long** mangrove killifish ....
→ 「수사 + 단위명사 + 형용사」로 구성된 단위형용사로 단위명사는 복수가 아니라 단수로 쓴다.

9행 ..., the killifish modifies its gills **so** it **can** hold water and keep nutrients, ...
→ 「so (that) ~ can ...」 구문은 '~가 …할 수 있도록'이라는 의미로 목적을 나타낸다.

문제해설 늪지가 마르면 직접 나무에 구멍을 파서 그 안으로 들어가는 것이 아니라, 곤충들이 이미 뚫어놓은 구멍에 들어가서 산다고 했으므로 ④는 글의 내용과 일치하지 않는다.

3
정답 ②

해석 Littlewood 관광
애틀랜타의 남쪽으로 딱 1시간 거리인, Littlewood의 역사적인 도시를 누비는 관광을 즐기십시오. 이 가이드가 안내하는 관광은 여러분에게 미국의 Deep South에서의 개척자들의 삶이 어떠했는지를 볼 수 있는 아주 멋진 기회를 줍니다. 이 관광의 자리는 오직 20석으로 제한되므로 미리 예약하시기 바랍니다. 관광은 공휴일을 제외하고 평일 날마다 오전 9시에 출발하여 오후 5시에 돌아옵니다.
오전 9시: 버스가 애틀랜타역에서 출발할 것입니다.
오전 10시: 버스가 Littlewood 관광 센터에 도착할 것입니다. 음료와 간식이 제공될 것입니다. 관광 가이드가 지역에 대한 간단한 소개를 할 것입니다.
오전 10시 30분: 가이드가 여러분에게 도시 주변을 안내해 줄 것입니다. 먼저, 여러분은 Lookout Fort의 유적지를 방문할 것입니다. 이후에 Littlewood Saloon에 들를 것인데, 이곳에서 점심이 제공될 것입니다.
오후 1시 30분: 여러분은 Littlewood 박물관을 방문할 것입니다. 박물관의 전시물을 즐긴 후, 여러분은 'The Making of Littlewood'라고 불리는 다큐멘터리를 관람할 것입니다.
오후 3시 30분: Old Jailhouse 관광이 있을 것입니다. 이후 티셔츠와 엽서를 사러 Littlewood Town Shop을 방문할 것입니다.
오후 4시: 버스가 관광 센터에서 출발할 것입니다.
오후 5시: 버스가 애틀랜타역에 도착할 것입니다.

구문 3행 This guided tour gives you a wonderful opportunity **to see** [what life was like for pioneers in America's Deep South].
→ to see는 a wonderful opportunity를 수식하는 형용사적 용법

의 to부정사이다. [ ]는 간접의문문으로 「의문사 + 주어 + 동사」의 순서이다.

11행 This will be followed by a stop at the Littlewood Saloon, [where lunch will be served].
→ [ ]는 the Littlewood Saloon을 선행사로 하는 관계부사절이다.

문제해설 식사는 박물관 구내식당이 아닌 Littlewood Saloon에서 하기로 되어 있으므로 ②는 여행 일정표에서 언급된 활동이 아니다.

4 .... 정답 ④

해석 루빅 큐브에 대해 전에 들어본 적이 아마 있을 것이다. 3D 퍼즐로 전 세계적으로 가장 인기 있는 장난감 중 하나이다. 이것을 풀기 위해서는 큐브의 각 면이 한가지 색이 될 때까지 색이 칠해진 큐브의 줄을 회전시켜야 한다. 6개의 표준 색인 빨간색, 흰색, 파란색, 주황색, 초록색, 노란색이 있다. 다양한 색감과 더불어 전형적인 3x3x3 형태와 5.7cm 길이의 측면 때문에 매우 가지고 다니기 쉬운 장난감이 되었다. 지금은 많은 사람들이 성공적으로 이것을 풀고 있지만, 1974년에 이 장난감을 발명한 건축학 교수 Erno Rubik은 처음에는 꽤 걱정했다. 그는 죽을 때까지 그 퍼즐을 풀지 못할 것이라고 생각했다. 그것을 가지고 놀면서 Rubik은 특정 움직임의 순서가 퍼즐의 다른 부분을 맞춰주는 것을 알아냈다. 한 달 뒤, Rubik은 마침내 그것을 완벽히 터득했고 특허 신청을 했다. 그는 1975년에 특허를 받았고 루빅 큐브는 1977년부터 상점에서 팔렸다.

구문 6행 ..., Erno Rubik, [the architecture professor **who** invented the toy in 1974], was quite troubled at first.
→ [ ]는 Erno Rubik에 대해 보충 설명해주는 삽입구이다. who는 the architecture professor를 선행사로 하는 주격 관계대명사이다.

8행 [While playing with it], Rubik figured out **that** a certain order of moves would organize different parts of the puzzle.
→ 접속사 while은 분사구문의 의미를 분명히 하기 위해 생략되지 않았으며, 주절과 주어가 같아 he[Rubik] was가 생략되었다. that은 figured out의 목적어 역할을 하는 명사절을 이끄는 접속사이다.

문제해설 Erno Rubik은 처음에 퍼즐을 풀지 못할 것이라고 생각했지만, 일정한 규칙을 발견했고 그로부터 한 달이 지난 시점에 퍼즐을 풀었다고 했으므로 ④는 글의 내용과 일치하지 않는다.

5 .... 정답 ④

해석 '고딕'이라는 말은 흔히 어둡고 신비스러운 것을 나타내는 데 사용된다. 1765년부터 1840년까지, 고딕 소설은 유럽의 대부분에서 선택되는 읽을거리였다. 이 초기 공포 소설들은 Horace Walpole, Ann Radcliffe, 그리고 Monk Lewis와 같은 사람들에 의해 쓰여졌고, 수천 명에게 팔렸으며, 여러 언어들로 번역되었다. 독자들은 유령과 영혼들이 배회하며 신비로운 사건들이 다반사인 불가사의한 세계에 대한 그들의 묘사를 즐겼다. 상류층이 이러한 소설들의 가장 열렬

한 소비자에 속했지만, 출판업자들은 반드시 모든 사람들이, 심지어 사회의 최빈곤층조차도 이 현상에 동참할 수 있도록 고딕 소설의 가격을 책정했다. 1페니의 비용이면, 누구나 공포의 고딕 세계에 들어갈 수 있었고, 그렇게 하기 위해 엄청난 수의 동전들이 지불되었다.

구문 5행 Readers enjoyed their depictions of mystical worlds [where ghosts and spirits roamed ...].
→ [ ]는 mystical worlds를 선행사로 하는 관계부사절이다.

7행 ..., but publishers made sure to price them **so (that)** everyone, [even society's poorest members], **could** participate in the phenomenon.
→ 'so (that) ~ can ....'은 '~가 …할 수 있도록'의 의미로 여기서는 that이 생략되었다. [ ]는 주어와 동사 사이에 위치한 삽입 어구로 everyone을 수식한다.

9행 ..., anyone could enter the Gothic realm of terror, and **an astonishing number of** pennies **were** paid in order to *do so*.
→ 「a number of + 복수명사」가 주어로 올 때, 동사의 수는 복수로 일치시킨다. do so는 enter ... terror를 의미한다.

문제해설 상류층이 가장 열렬한 소비자라고 했으므로, 글의 내용과 일치하는 것은 ④이다.
① 18세기 후반부터 19세기 중반까지 인기가 있었다.
② Ann Radcliffe는 유명 작가 중 한 명이었지만, 여러 언어로 책을 썼다는 언급은 없다.
③ 고딕 소설이 실제로 발생한 사건을 다뤘다는 언급은 없다.
⑤ 고딕 소설의 가격은 매우 싸게 책정돼서 최빈곤층도 책을 읽을 수 있었다.

6 .... 정답 ④

해석 야생 펭귄 퍼레이드
펭귄 공원을 방문해서 야생의 펭귄을 보는 설렘을 경험해 보세요! 펭귄들이 노는 걸 들어보고 맹금류로부터 도망가는 모습을 구경하세요. 넓은 공원 보도를 따라 그들을 집까지 데려다 줄 수도 있습니다.

입장료:
• 어른(16세 이상) 20달러
• 아이(4세~15세) 12달러
• 가족(어른 2명, 아이 2명) 60달러

시간:
• 펭귄 도착 시간은 펭귄 생체 주기, 날씨 및 계절에 따라 다릅니다.
• 웹사이트에서 펭귄 도착 일정표를 확인하세요.
• 펭귄 도착 1시간 전에 오셔서 간식도 드시고 펭귄 센터도 구경해보세요.

주의할 점:
• 웹사이트 www.pitw.com에서 예약하세요.
• 관람시간은 펭귄이 도착한 때부터 1시간입니다.

• 표를 가지고 가서 Bat Cave Park와 Insect Palace에서 할인 입장권을 받으세요.

구문 2행 **Hear** them **play** and **watch** them **escape** from birds of prey.
→ 「지각동사(hear, watch) + O + 목적격보어」 구문으로 목적격보어 자리에는 동사원형이 오거나 진행의 의미를 강조하고자 하는 경우 현재분사가 올 수 있다.

17행 Viewing time is one hour from **when the penguins arrive**.
→ 「when + 주어 + 동사」는 접속사 when이 이끄는 명사절로 '~가 …할 때'로 해석한다.

문제해설 펭귄을 관람할 수 있는 시간은 펭귄이 도착하고 난 뒤부터 한 시간이라고 했으므로 ④는 글의 내용과 일치하지 않는다.

7 ·· 정답 ④

해석 곰과 동류인 미국너구리는 자기보다 덩치가 더 큰 사촌과 매우 흡사해 보인다. 비록 앞발이 다른 모양을 하고 있지만 그것은 동일한 방식으로 뒤꿈치를 땅에 대고 걷는다. 그것의 앞발은 원숭이의 그것들과 더 유사해 보인다. 미국너구리의 가장 두드러진 특징은 아마도 눈을 둘러싸고 있는 검은 털로 된 반점일 것이다. 곰과 또 다른 닮은 점으로, 미국너구리는 산딸기와 견과류 같은 것들과 새, 곤충, 개구리, 달팽이, 가재와 같은 먹이를 섞어 먹는 잡식성을 갖고 있다. 가능하면, 미국너구리는 음식을 먹기 전에 그것을 물에 헹구는 것을 좋아한다. 그것들이 가장 좋아하는 간식거리 중 다수가 시내나 강, 호수 근처에서 발견될 수 있기 때문에, 미국너구리는 그러한 지역에서 인근에 있는 속이 빈 나무에 굴을 만들며 사는 것을 좋아한다.

구문 3행 They look more like **those** of a monkey.
→ those는 앞 문장의 front paws를 의미한다.

7행 **Since** many of …, raccoons like to live in those places, [making dens in nearby hollow trees].
→ Since는 이유를 나타내는 접속사이다. [ ]는 부대상황을 나타내는 분사구문이다.

문제해설 먹이를 물에 헹군다는 내용은 있지만 물기가 많은 음식물을 좋아하지 않는다는 언급은 없으므로 ④는 글의 내용과 일치하지 않는다.

8 ·· 정답 ④

해석 당신은 알래스카와 같은 위도를 공유하는 국가는 춥고 살기에 쾌적하지 않은 곳일 것이라고 예상할지도 모른다. 그리고 노르웨이의 일부 지역이 매우 춥고 겨울 같을 수 있다는 것은 사실이지만, 그 나라의 전반적인 기후는 놀랄 만큼 온화하다. 이것의 주된 이유는 멕시코 만류의 따뜻한 물 때문인데, 그것은 노르웨이의 서해안을 지난다. 이 난류는 북극권 안쪽에 위치한 지역이 겨울에도 온화한 날씨를 누릴 수 있게 해준다. 하지만 모든 사계절이 지나는 동안, 노르웨이의 기온은

꽤 많이 변하기도 한다. 여름에 노르웨이는 섭씨 30도만큼의 높은 기온을 경험할 수 있다. 반면에 겨울에는 춥고 눈이 많이 내리는 경향이 있다.

구문 3행 The main reason for this is the warm water of the Gulf Stream, **which** passes ….
→ which는 the warm water of the Gulf Stream을 선행사로 하는 계속적 용법의 주격 관계대명사이다.

4행 This warm current **allows** regions located inside the Arctic Circle **to enjoy** moderate weather even in winter.
→ allow는 목적격보어로 to부정사를 취한다.

7행 In summer, Norway can experience temperatures **as high as** 30℃.
→ 「as ~ as …」의 원급 비교 구문으로 '…만큼 ~한'이라는 의미이다.

문제해설 사계절이 지나는 동안 노르웨이의 기온은 꽤 많이 변한다고 하였으므로 ④는 글의 내용과 일치하지 않는다.

9 ·· 정답 ②

해석 2016 여름 과학 프로그램
우리의 여름 과학 프로그램에 등록하여 유리하게 학년을 시작하세요. 2주 간의 이 코스를 통해 고등학생들은 캐나다에 있는 자연과학 아카데미에서 실제 경험을 쌓을 수 있습니다. 전문직원의 통솔 하에서, 학생들은 아카데미의 각 주요 전시품을 보게 되고 배운 것을 토대로 과학 실험을 하게 됩니다. 과학의 경이로움을 발견할 수 있는 이 신나는 기회를 놓치지 마세요!
일정: 8월 8일 월요일 ~ 8월 19일 금요일, 오전 8시 ~ 오전 11시
비용: 실험용품비 $10
등록: Oxford 카운티 소재 고등학교 9학년 및 10학년에 입학하는 학생 누구나
학생들은 늦어도 7월 15일 금요일까지는 등록해야 합니다.
추가 정보를 원하시면 (236) 555 1824로 전화 주시거나 웹사이트 cans.org/ssp를 방문해 주세요.

구문 2행 Get a head start on the school year **by enrolling** in our summer science program.
→ 「by v-ing」는 '~함으로써'라는 뜻으로 수단이나 방법을 나타낸다.

4행 [Guided by our expert staff], students will **explore** each of the academy's main exhibits and **perform** science experiments based on *what they've learned*.
→ [ ]은 분사구문으로 'As they are guided ~'로 바꿔 쓸 수 있다. 문장의 동사 explore와 perform이 등위접속사 and로 병렬연결되었으며, 「what + 주어 + 동사」는 전치사 on의 목적어 역할을 하는 명사절이다.

문제해설 과학자가 실험하는 것을 보는 것이 아니라 학생들이 직접 실험을 한다고 했으므로 ②는 글의 내용과 일치하지 않는다.

Special Unit　장문

Type1 유형 **Analysis** ②
Type2 유형 **Analysis** 1. (B)-(D)-(C)　2. ④
기출 **Exercise** 　　　1. ⑤　2. (D)-(B)-(C)　3. ⑤
Actual Test
1. (C)-(B)-(D)　2. ③　3. ③　4. (B)-(D)-(C)　5. ⑤　6. ①

Type1 유형 Analysis ━━━━━ 본문 p.66

정답 ②

해석 말로 표현하기에는 너무나 불분명한 듯한 생각의 암시들을 가지고 있을 때 작가들은 무엇을 해야 하는가? Edgar Allan Poe의 충고는 간단하다. 그들은(작가들은) 그들의 펜을 들어야 한다 (혹은 그는 오늘날에는 그들의 노트북 컴퓨터를 켜라고 덧붙일 것이다). Poe는 어떤 생각이 매우 심오하거나 가벼워서 말로 쓰여질 수 없다는 주장을 거부한다.

그는 1846년 'Graham's Magazine'에 실린 글에서 "나로서는, 생각을 품었을 때의 명확함보다 훨씬 더 명확함을 가지고, 글로 적을 수 없는 생각을 가져본 적이 없다."라고 말했다. Poe는 글 쓰는 일은 작가가 자신의 생각을 더 명확하게 할 뿐만 아니라 더 논리적으로 만들도록 도와준다고 믿었다. 그의 관용구를 이용하면, 집필의 과정은 '사고의 논리화'에 기여한다.

분명하지 않은 '뇌의 생각'으로 불만족을 느낄 때마다 Poe는 "나는 펜의 도움으로, 필요한 형식, 결과 그리고 정확성을 얻을 목적으로 펜에 의존한다."고 말했다.

오늘날의 자유 작문 지지자들은 아마도 이러한 점에서 Poe에게 동의할 것이다. 때때로, 작문의 문제이든 사고의 문제이든 간에, 문제를 해결하는 최선의 방법은 단순히 글쓰기를 시작하는 것이다.

구문 1행 … when they have hints of thoughts [that seem **too** unclear **to** be expressed in words]?
→ [ ]는 thoughts를 선행사로 하는 주격 관계대명사절이다. 「too ~ to …」는 '너무 ~하여 …할 수 없다'는 의미이다.

5행 Poe rejects the argument [that any ideas are **so** deep or slight **that** they're not able to be stated using words].
→ [ ]는 명사 the argument를 보충 설명하는 동격절이다. 「so ~ that …」은 '너무 ~해서 …하다'의 의미이다.

9행 I have never had a thought [which I could not put into words, with even **more** clarity **than** *that* with which I imagined it].
→ [ ]는 a thought를 선행사로 하는 목적격 관계대명사절이다. 「more ~ than」의 비교 구문에서 비교급을 강조하기 위해 even이 쓰였으며, that은 명사 clarity의 반복을 피하기 위해 대신 쓰였다.

문제해설 Edgar Allan Poe의 말을 인용해 글쓴이는 작가들에게 말

로 표현하기 불분명한 것이 있으면 글 쓰는 일을 시작하라고 충고하고 있으므로 이 글의 제목으로 가장 적절한 것은 ② '당신의 펜으로 생각하라'이다.
① 끝에서 시작하라
③ 자유 작문의 즐거움
④ 실현되기에는 너무 심오한 생각들
⑤ 명료하게 만들고, 논리적으로 만들어라

어휘 reject (주장·생각·계획 등을) 거부[거절]하다　slight 약간의, 조금의, 경미한; *가벼운　for one's own part 자기로서는, 자기에 관한 한　clarity (표현의) 명료성　logical 타당한, 사리에 맞는　dissatisfied 불만을 느끼는　rely on ~에 의지[의존]하다　obtain 얻다　aid 원조; *도움　consequence 결과　precision 정확성　freewriting 자유 글쓰기　resolve 해결하다

Type2 유형 Analysis ━━━━━ 본문 p.68

정답 1. (B)-(D)-(C)　2. ④

1-2

해석 (A) Zach은 14세의 소년이었으며, 훌륭한 수영선수였다. 그는 100미터 자유형 결승전에 진출했다. 많은 경쟁자가 있었지만, Zach은 자신과 Tony 사이에서 우승자가 나올 것임을 알고 있었다. 그들은 절친한 친구였지만, Zach은 그를 자신의 가장 큰 경쟁자로 여겼다. 그들은 둘 다 훌륭한 수영선수였으며 똑같은 수의 대회에서 우승했다.

(B) 그 대회에 대비하기 위해서, Zach과 Tony는 둘 다 물의 저항을 최소화하여 그들이 더 빠른 속도로 수영하는 데 도움을 줄 수 있는 특수 제작된 수영복을 샀다. 하지만 그들은 이러한 유형의 특수 수영복이 이전 대회에서는 허용되지 않았다는 것을 알게 되었다. Zach과 Tony는 둘 다 그것을 입을 수 있는지 수영 코치에게 물어 보았다. 그는 대회가 시작되기 전에 그들에게 알려주겠다고 말했다.

(D) 그날 오전 중에는 아무것도 결정되지 않았으나, 대회 직전에 코치는 Zach에게 그와 Tony가 그 수영복을 입을 수 있다고 말해 주었다. 그는 Zach에게 그것에 대해 Tony에게 말해 줄 것을 부탁했다. 코치가 한 말을 듣고 나서, Zach은 어려운 선택의 문제에 직면했다. 처음에 그는 그 소식에 대해 자신의 친구에게 말하기를 주저했다. Tony에게 그것에 대해 말해주지 않으면, 자신이 틀림없이 그 대회에서 우승할 거라는 생각이 들었다.

(C) 반면에, Zach의 양심은 진정한 승리는 공정한 경쟁으로부터 오는 것이라고 속삭였다. 오랫동안 갈등한 후에, 그는 마침내 정직한 쪽을 택하기로 결정했다. 그는 Tony에게 수영복에 관해서 말해 주었고, 그들은 둘 다 그 수영복을 입고 대회에 참가했다. Tony가 대회에서 우승했고, Zach은 그를 축하해 주었다. 이것은 Zach이 차지했던 것 중에서 가장 달콤한 준우승이었다.

구문 4행 They were best friends, but Zach **considered** him **as** his biggest competitor.
→ 「consider A as B」는 'A를 B로 간주하다'의 의미이다. A와 B에 해당하는 him과 his biggest competitor는 동격 취급한다.

10행 Both Zach and Tony **asked** the swimming coach **if** they could wear it.
→ 「ask + 간접목적어 + 직접목적어」는 '~에게 …을 묻다'의 의미이며, if는 ask의 목적어가 되는 명사절을 이끈다.

11행 He said that he would **let** them **know** before the race.
→ 사역동사 let은 목적격보어로 동사원형을 취한다.

1 ···················· 정답 (B)-(D)-(C)

문제해설 수영 라이벌 친구 사이인 Zach과 Tony를 소개한 (A)에 이어서, 특수 수영복을 대회에서 입을 수 있는지 코치에게 물어보았다는 내용의 (B)가 온 다음, 특수 수영복을 입고 출전할 수 있다는 코치의 말을 듣고 그 소식을 Tony에게 말해줄 것인지에 대해 Zach이 갈등했다는 내용의 (D)가 오고, Zach이 결국 정직한 행동을 하기로 결정했고, 수영 대회에서 Tony가 우승하자 그를 축하해 주었다는 내용의 (C)가 마지막에 오는 것이 가장 자연스럽다.

2 ···················· 정답 ④

문제해설 Tony의 우승을 Zach이 축하해 주었고 준우승을 한 것은 Zach이었으므로, ④는 글의 내용과 일치하지 않는다.

어휘 advance 다가가다, 진격하다 minimize 최소화하다 resistance 저항 conscience 양심 conflict 갈등 hesitate 망설이다, 주저하다 definitely 분명히, 틀림없이

기출 Exercise ═══════════ 본문 p.70

1. ⑤ **2.** (D)-(B)-(C) **3.** ⑤

1 ···················· 정답 ⑤

해석 태초부터 꿈의 신비한 본성은 사람들로 하여금 꿈이 다른 세계로부터 오는 메시지라고 믿게 했다. 꿈은 적절히 해석될 때에 우리가 미래를 예측할 수 있게 하는 예언적인 의사소통수단으로 여겨져 왔다. 그러나 이 이론에는 절대적으로 과학적인 근거는 없다. 몸이 아픈 사랑하는 사람을 잃는 것에 대한 위협과 같이 대단히 충격적인 일에 대해 걱정하는 개인이 그렇지 않은 경우 보다 그 사랑하는 사람의 꿈을 더 많이 꾸게 되는 것은 당연하다. 만약 그 꿈꾼 사람이 그 후에 전화를 하여 그 사랑하는 사람이 죽었다는 것을 알게 되어 그 꿈이 죽음의 전조였다고 추정하는 것은 이해가 될 만하다. 그러나 이것은 실수이다. 그것은 어떤 사람이 몹시 걱정하고 있는 상황과 그 사람이 두려워하는 사건의 발생 사이의 단순한 우연의 일치이다.
예지몽의 존재를 증명하기 위해서는, 과학적인 증거가 획득되어야 한다. 우리는 사람들의 꿈 생활에 관해서 표본 조사가

되고 이들 꿈속의 사건들과 현실생활에서 일어난 사건들과의 일치성에 대한 판단이 요구되는 그러한 연구를 할 필요가 있을 것이다. 여기에서 일어날 수 있는 문제는 예지의 꿈을 믿는 사람들은 한 두개의 놀라운 꿈이 '적중한' 예를 제시할 수 있겠지만 얼마나 많은 예지의 꿈이 '빗나갔는지'에 대해서는 말하지 않을 것이라는 점이다. 꿈의 예언을 과학적으로 연구하기 위해서는, 꿈과 깨어있는 현실 사이에서 우연의 일치가 얼마나 흔하게 발생하는 지에 대한 어떤 토대를 확립할 필요가 있을 것이다. 그 증거를 갖게 될 때까지, 그 가정은 잘못되었다고 믿는 것이 더 낫다.

구문 1행 ..., the mysterious nature of dreaming has **led** people **to believe** [that dreams were messages from the other world].
→ 동사 lead는 to부정사를 목적어로 취하므로 to believe가 쓰였다. [ ]는 believe의 목적절이다.

4행 It is certainly true **that** individuals [who are concerned about a traumatic event, such as the threat of the loss of a loved one {who is sick},] will dream about ....
→ It은 가주어이고, that절이 진주어 역할을 하는 문장이다. [ ]과 { }은 각각 individuals와 a loved one을 선행사로 하는 주격 관계대명사절이고, 주어 individuals에 호응하는 동사는 will dream이다.

13행 We would need to do studies [in which individuals are sampled ... and judges are asked to make correspondences **between** these dream events **and** events {that occurred in real life}].
→ [ ]는 studies를 선행사로 하는 「전치사 + 관계대명사」 형태의 관계사절이다. 「between A and B」는 'A와 B 사이에서'라는 의미이고, { }는 events를 선행사로 하는 주격 관계대명사절이다.

문제해설 미래에 일어날 일을 예언하는 꿈에 대한 과학적인 증거가 없음을 주장하는 글이다. 따라서 이 글의 제목으로 가장 적절한 것은 ⑤ '꿈이 미래를 예언할 수 있는가?'이다.
① 사람들은 왜 꿈을 꾸는가?
② 꿈을 해석하는 방법
③ 꿈 예언의 기원
④ 꿈에 대한 과학적인 역사

어휘 prophetic 예언의, 예언적인 (n. prophecy) decode (암호를) 해독하다 foretell 예언하다 traumatic 정신적 외상을 초래할 정도의, 대단히 충격적인 threat 위협 loss 분실; *죽음 assume 추정하다 (n. assumption) coincidental 우연의 일치인, 우연의 correspondence 서신; *관련성, 유사성 intense 극심한, 강렬한 occurrence 발생하는 것; *발생, 존재, 나타남 (v. occur) existence 존재, 실재 obtain 얻다 sample 맛보다, 시식[시음]하다; *표본 조사를 하다 in terms of ~면에서[에 관하여] arise 생기다, 발생하다 striking 눈에 띄는, 두드러진 establish 설립[설정]하다; *확립하다

2-3

해석 (A) 엄마는 예전에 할머니가 열여덟 살에 가난하고 교육받지 못한 그리스 이민자로서 미국에 왔다고 말한 적이 있다.

할머니는 학교에 다니고 싶어 했지만, 혹독한 이주민의 삶이 그녀로 하여금 가족을 부양하도록 내몰았다. 비록 학교에서 글을 읽는 것을 배운 적은 없었지만, 그녀는 많은 고국의 전통 이야기를 알고 있었다.

(D) 할머니는 밤에 이러한 재미있는 이야기를 내게 해주는 것을 좋아했다. 나는 아직도 신들이 인간과 같이 서로서로 약속을 했다는 몇몇 이야기들을 기억한다. 약속을 어긴 신들은 벌을 받았다. 그러한 이야기를 들으면서, 나는 그 어떤 약속도 어기지 않으리라 마음먹었다. 그녀가 해준 이야기의 교훈들은 내가 어떻게 살아가야 할지를 가르쳐 주었다.

(B) 어느 날, 우연히 거리에서 할머니를 보았을 때, 나는 그녀가 영어로 된 표지판을 읽는 데 어려움을 겪고 있음을 알아차렸다. 바로 그 순간, 그녀가 내게 가르쳐 주셨던 모든 것들에 대한 답례로 그녀가 영어를 읽을 수 있도록 가르쳐 줘야겠다는 생각이 문득 떠올랐다. 나는 그것에 관해 어머니에게 말했고, 그녀는 나의 계획에 반색했다. 그래서 할머니와 나는 초보자들을 위한 책을 이용해서 함께 열심히 공부했다.

(C) 나의 노력은 단 한 달 뒤인 내 열여덟 번째 생일날 아침에 보상받았다. 할머니가 "Betty의 생일을 축하합니다."라는 문구로 케이크를 장식한 것이다. 나는 그녀에게 읽기의 기본을 가르쳤을 뿐이었지만, 그녀는 이 문구를 전적으로 혼자서 쓴 것이다. 이 간단한 메시지에 감동받아서, "할머니, 오늘은 단지 내 생일만은 아니에요. 할머니께서는 열여덟 살에 이 나라에 발을 내디디셨잖아요. 이제, 할머니께서도 또 다른 새로운 세계에 발을 내디디셨어요. 그러니까 오늘은 할머니의 생신이기도 해요."라고 나는 말했다.

구문 18행 While listening to the stories, I decided [that I would not break any promises].
→ 접속사 while 뒤에 「주어 + be동사」인 I was가 생략된 형태이다. [ ]는 decided의 목적절이다.

19행 The morals of her stories taught me [how I should live my life].
→ [ ]는 taught의 목적어 역할을 하는 명사절로 「의문사 + 주어 + 동사」의 어순이다.

2
정답 (D)-(B)-(C)

문제해설 (A)의 traditional stories를 (D)에서 these interesting stories로 받으면서 내용이 연결되고, 필자가 할머니에게 이야기를 통해 인생의 교훈을 배운 것에 대한 답례로 영어를 가르쳐 드리기로 결정한 내용의 (B)로 이어지고 있다. 글쓴이가 할머니와 함께 공부한 성과가 (C)에 나타나므로 (A)에 이어 (D)-(B)-(C)가 오는 것이 적절하다.

3
정답 ⑤

문제해설 (D)에서 할머니는 밤에 필자에게 재미있는 이야기를 해주는 것을 좋아했다고 하였으므로, ⑤는 글의 내용과 일치하지 않는다.

어휘 uneducated 교육을 받지 못한 immigrant (타국에서의) 이주민, 이민자 harsh 모진, 혹독한 support 지지하다; *부양하다

by chance 우연히, 공교롭게 in return for ~의 답례로 reward 보답[보상]하다 by oneself 혼자 punish 처벌하다, 벌주다 moral 교훈, 도덕

Actual Test
본문 pp.72~75

1. (C)-(B)-(D) 2. ③ 3. ③ 4. (B)-(D)-(C) 5. ⑤ 6. ①

1-2

해석 (A) 어느 날, Mary의 이웃 중 한 명이 그녀에게 길을 잃은 개를 잠시 돌봐 줄 수 있느냐고 물었다. 그 이웃은 그 개가 건물의 주차장을 헤매고 있는 것을 발견했었다. Mary는 승낙했으나, 이웃에게 자신이 그것을 며칠 동안만 할 수 있다고 말했다. 두 여자는 개의 사진을 찍어서 지역 공동체 웹사이트의 '실종된 애완동물' 구역에 올렸다. 그들은 또한 전단지를 인쇄해서 동네 주변에 그것을 붙였다.

(C) 그들이 전단지를 모두 붙인 후, Mary는 자신의 딸 Becky와 함께 애완동물 용품을 사러 갔는데, 그 아이는 심각한 심장 질환을 앓고 있었다. Mary는 Becky에게 단지 며칠 동안만이라는 것을 상기시키면서, 개를 갖게 되는 것에 대해 너무 들떠있지 말라고 주의를 주었다. 며칠이 지났고, 개의 주인으로부터는 연락이 없었다. 그러던 어느 날 아침, Mary는 개가 격하게 짖으며 자신의 침실 문을 긁어대는 소리에 깼다.

(B) 침대 밖으로 나오자, 그녀는 개가 문밖에 서 있는 것을 발견했다. 그녀를 보자마자, 개는 Becky의 방으로 뛰어갔는데, 그곳에서 Becky는 바닥에 의식을 잃고 쓰러져 있었다. Mary가 자신의 딸을 돌보기 위해 몸을 굽히자 개는 짖는 것을 멈추었다. Mary는 Becky를 급히 병원으로 데려갔고, 거기에서 Becky는 필수적인 의학적 치료를 받았다. 의사들은 그녀가 Becky를 몇 분만 늦게 데려왔더라면 그녀는 죽었을 거라고 말했다. 개가 그 아이의 생명을 살린 것이다!

(D) Becky가 병원에서 퇴원을 한 후, Mary의 가족들은 그 개를 Berry라고 이름 짓고 새로운 가족의 일원으로 맞이했다. 며칠 후, Mary는 개의 주인에게서 한 통의 전화를 받았다. 그는 그녀에게 전단지를 보았으며, 자신의 개를 돌려받기를 원한다고 말했다. 그는 그들의 아파트로 왔는데, 거기서 소녀가 통곡하고 있고 그녀의 엄마가 그녀를 꼭 안아주고 있는 것을 보고 놀랐다. Mary는 그 개가 딸의 생명을 구했다고 설명했다. 잠시 생각한 후에, 개의 주인은 "아마 그는 당신들을 찾기로 되어 있었나 봅니다. 당신들이 데리고 있는 게 좋겠어요."라고 말했다.

구문 2행 The neighbor **had** **found** it wandering around the building's parking lot.
→ 이웃이 개를 발견한 것이 Mary에게 개를 보살펴 달라고 부탁한 것보다 이전에 일어난 일이므로 과거완료시제(had found)가 쓰였다. 「find + O + 목적격보어」의 5형식 문장에서 목적어와 목적격보어가

능동 관계이므로 목적격보어로 현재분사가 쓰인 형용사이다.

6행 Upon seeing her, it ran to Becky's room, **where** the girl was lying *unconscious* on the floor.
→ where는 Becky's room을 선행사로 하는 계속적용법의 관계부사이다. unconscious는 주격보어에 상당하는 어구로, 보어가 없어도 문장이 성립되지만 주어의 상태를 설명하기 위해 쓰였다.

21행 "Maybe he **was supposed to find** you guys. …"
→ 「be supposed to-v」는 '~하기로 되어 있다'의 의미이다.

1
·· 정답 (C)-(B)-(D)

문제해설 Mary가 길 잃은 개를 잠시 맡게 되어 주인을 찾으려고 노력했다는 (A) 이후에, 며칠이 지나도록 개의 주인에게서 연락이 없던 어느 날 갑자기 개가 Mary를 깨우는 내용의 (C)가 오고, 개를 따라가자 자신의 딸 Becky가 쓰러져 있는 것을 발견하여 병원으로 데려가 치료를 받게 했다는 (B)가 이어지며, 생명의 은인인 개를 가족으로 맞이한 후 얼마 지나지 않아 개의 주인이 개를 찾으러 왔다가, Mary의 말을 듣고 Mary의 가족에게 개를 계속 돌봐 달라고 말하는 (D)의 순서로 이어지는 것이 가장 자연스럽다.

2
·· 정답 ③

문제해설 ③ 개는 Mary가 아닌 Mary의 딸 Becky의 목숨을 구했다.

3
·· 정답 ③

해석 당신은 유명한 작가들이 어떻게 아이디어를 생각해내는지 궁금해한 적이 있는가? Erika Nordstrom과 같은 어떤 작가들은 그들의 삶의 풍성함을 자신의 책들에 대한 소재의 원천으로 이용한다. 최근 한 인터뷰에서, Nordstrom은 그녀가 어렸을 때 가족들이 길 잃은 강아지를 입양한 후에 자신이 일기를 쓰기 시작했다고 설명했다. 날마다 그녀는 자신의 새로운 애완동물이 한 모든 재미있는 일들과 그 애완동물을 훈련시키려는 자신의 노력에 대해 쓰곤 했다.

얼마 후, 그녀는 자신이 일기에 다른 일들에 대해서도 글을 쓰고 있음을 알았다. 처음에 그녀는 이웃 농장을 방문한 경험에 대해 썼는데, 거기서 그녀는 처음으로 말을 타볼 기회를 가졌다. 나중에 그녀는 그 해 여름에 자신의 집을 방문한 많은 흥미로운 사람들에 대해서 썼다. 결국, 이러한 기억들 중 다수가 Nordstrom이 어른이 되어 집필한 십대들에게 인기 있는 책들의 시발점이 되었다. 그 책들을 쓸 때, 그녀는 종종 어리다는 것이 어땠는지를 기억하기 위해, 그리고 책에 포함시킬 흥미로운 인물들과 사건들에 대한 영감을 얻기 위해 어린 시절의 일기를 되돌아보곤 했다.

오늘날, Nordstrom의 이야기들은 전 세계 젊은이들에게 사랑을 받는다. 그러나 새 강아지와 어릴 때 쓰기로 결심했던 일기가 없었다면, 우리는 그녀의 놀라운 이야기들을 읽을 기회를 결코 갖지 못했을 것이다.

구문 **11행** … to her childhood journals **in order to remember** [what *it* was like *to be young*], and **to find** inspiration for interesting characters and events {to

---

include in her books}.
→ 「in order to-v」는 '~하기 위해'의 의미이며, to remember와 to find 이하의 to부정사구가 and로 병렬연결되었다. 동사 remember의 목적절 [ ]에서 it은 가주어이고 to be young이 진주어이다. { }는 interesting characters and events를 수식하는 형용사적 용법의 to부정사구이다.

14행 However, *if it **hadn't been** for* her new puppy and the journal [she decided to keep as a child], we **might** never **have had** the chance to read her wonderful stories.
→ 가정법 과거완료 구문으로 조건절에는 과거완료시제가 오고 주절에는 「조동사 과거형 + have + 과거분사」가 온다. 「if it hadn't been for」는 '~이 없었다면'의 의미로 without이나 but for로 바꿔 쓸 수 있다. [ ]는 the journal을 선행사로 하는 목적격 관계대명사절이다.

문제해설 Erika Nordstrom이 어린 시절에 쓴 일기가 나중에 전세계 젊은이들의 사랑을 받는 책을 쓰는 데 원천이 되었다는 내용이므로, ③ 'Erika Nordstrom의 이야기의 원천'이 이 글의 제목으로 가장 적절하다.
① Erika Nordstrom이 가장 사랑하는 것
② 일기 작성의 이점
④ Erika Nordstrom의 어린 시절의 기억
⑤ Erika Nordstrom의 가족 배경

4-5
해석 (A) 한 현명한 노인은 어느 소도시에서 주유소를 소유하고 있었다. 어느 날, 그의 손녀딸이 찾아왔다. 그 아이는 그와 함께 흔들의자에 앉아 운전자들이 오가는 것을 지켜보았다. 얼마 후에, 차 한 대가 멈춰 섰고 그들이 알지 못하는 한 남자가 내렸다. 그는 기지개를 켜고는 도시를 둘러보았다.

(B) 그러더니 그 낯선 사람은 노인에게 다가와 인사를 했다. "저는 이 근처 사람이 아닙니다."라고 그는 말했다. "이 도시는 어떤가요?" "글쎄요, 당신이 살던 곳은 어떻소?"라고 노인은 대답했다. "오, 그곳은 끔찍해요."라고 그 남자가 말했다. "모두가 무례하고 정직하지 못하죠." 노인은 그의 흔들의자에서 고개를 끄덕이며 "이 도시도 똑같소."라고 말했다.

(D) 그 낯선 사람이 떠나고 잠시 후에, 또 다른 낯선 차가 주유소에 들어왔다. 한 남자가 내렸고 그 노인과 손녀딸에게로 걸어왔다. "안녕하세요."라고 그가 말했다. "저는 이 도시가 살기 좋은 곳인지 궁금합니다." 노인은 그것에 대해 생각하다가 그의 도시는 어떠한지 그에게 물었다. 그 남자는 그에게 미소를 지으며, "좋은 곳이죠. 모두가 따뜻하고 친절해요."라고 말했다. 노인은 그에게 고개를 끄덕이면서 "이 도시도 똑같소."라고 말했다.

(C) 그 남자가 차를 몰고 가버린 후에, 그 어린 소녀는 얼굴에 호기심을 띠고 할아버지를 쳐다보았다. 손녀는 "할아버지, 첫 번째 남자가 물었을 때, 할아버지께서는 그에게 우리 도시가 살기에 끔찍한 곳이라고 말씀하셨어요. 그런데 두 번째 남자에게는 좋은 곳이라고 말씀하셨어요. 왜죠?"라고 말했다. "음, 사람들은 그들이 어디에 가든지 항상 똑같은 것을 발견한

단다. 그것은 네가 어디에 가든지 네가 너의 태도를 가지고 가기 때문이란다."라고 노인은 말했다.

구문 2행 She **sat** with him in his rocking chair and **watched** the drivers *come and go*.
→ 동사 sat과 watched가 접속사 and로 연결된 병렬구조이며, 지각동사 watched의 목적격보어로 동사원형 come and go가 사용되었다.

14행 Soon after the stranger **had left**, another unfamiliar car pulled into the gas station.
→ 첫 번째 낯선 사람이 떠난 것은 또 다른 낯선 차가 주유소에 멈춘 것보다 더 이전의 일이므로 과거완료시제(had left)로 표현하고 있다.

16행 The old man thought about it and asked him [what his town was like].
→ [ ]는 동사 asked의 목적어 역할을 하는 간접의문문으로 「의문사 + 주어 + 동사」의 어순이다.

4 ·· 정답 (B)-(D)-(C)

문제해설 주유소 주인인 노인과 그의 손녀가 주유소에 앉아 있을 때, 한 남자가 차에서 내렸다는 (A) 다음에, 그가 노인에게 질문을 하고 떠난다는 내용의 (B)가 이어지고, 또 다른 낯선 남자가 주유소로 찾아와 같은 질문을 하는 (D) 이후에, 손녀딸이 노인에게 두 남자의 같은 질문에 다르게 답한 이유를 묻고 노인의 대답을 통해 이 글의 교훈이 드러나는 (C)로 이어지는 것이 가장 자연스럽다.

5 ·· 정답 ⑤

문제해설 노인은 두 번째 방문자의 질문에 고개를 끄덕이며 이 도시도 그들이 사는 곳과 같다고 대답하였으므로 ⑤는 글의 내용과 일치하지 않는다.

6 ·· 정답 ①

해석 심리학자들은 보상과 아이들의 행동 간의 관계를 알아내기 위해 실험을 진행했다. 그들은 그림 그리기에 관심이 있는 3세에서 5세 사이의 아동 집단을 선발했다. 그다음 그들은 아이들을 세 개의 집단으로 나누었다. A집단의 아이들은 그림을 그리며 자유 시간을 보낸다면 상으로 상장을 받게 될 것이라는 약속을 받았다. B집단에서는, 아이들은 상장에 대해서는 듣지 못했지만 그림을 그리기로 선택했을 경우 어쨌건 상장을 받았다. 마지막으로, C집단에 있는 아이들은 상장을 받지도, 그에 관해 듣지도 못했다.

그 후 아이들은 자유 시간 동안 관찰되었는데, A와 B집단에 있는 아이들 중 그림을 그리는 데 시간을 보내기로 한 아이들은 상장을 받았다. 실험을 끝내고 나서 2주 후, 심리학자들이 돌아왔다. 그들이 발견한 것은 A집단에 있는 아이들은 그림 그리기 활동에 대한 흥미를 많이 잃어버린 반면 다른 두 집단의 아이들은 계속 열정적으로 그림을 그리고 있었다는 것이다.

이 현상은 현재 '과잉 정당화 효과'라고 알려져 있다. 그것은 물질적 보상의 제공이 실제로는 일을 수행하고자 하는 사람의 내적 동기를 감소시킬 때 발생한다. 심리학자들의 실험은 상장이나 상으로 아이들을 격려하고자 했던 시도가 아이들이 자연스럽게 즐기는 활동에 관해서라면 역효과를 불러올 수 있다는 것을 보여주었다. 문제는, 그렇게 하는 것이 아이들의 동기를 내적 만족에서 외적 요소들로 바꾸도록 한다는 것이다. 일단 이러한 외적 요소들이 제거되고 나면, 아이들의 내적 동기는 다시 돌아오지 않고 그들은 결국 그 활동에 흥미를 잃게 된다.

구문 2행 They selected a group of children [from the ages of three to five] [who were interested in drawing].
→ 두 개의 [ ]는 모두 a group of children을 수식하는 전치사구와 주격 관계대명사절이다.

4행 ... if they spent their free time drawing.
→ 「spend + 시간 + (in) v-ing」는 '~하는 데 시간을 보내다'의 의미로 여기서는 전치사 in이 생략되었다.

6행 Finally, the children in group C were **neither** given **nor** told about the certificates.
→ 「neither A nor B」는 상관 접속사 구문으로 'A도 B도 아닌'의 의미를 나타낸다.

15행 The psychologists' experiment showed that [attempting to encourage children with certificates or prizes] can have an adverse effect when it comes to activities {the children naturally enjoy}.
→ [ ]는 that절의 주어로 쓰인 동명사구이며, { }는 activities를 선행사로 하는 목적격 관계대명사절로 앞에 관계대명사가 생략되어 있다.

17행 The problem is [that **doing so** causes the children's motivation to shift from internal satisfaction to external factors].
→ [ ]는 문장의 주격보어 역할을 하는 명사절이며, that절의 주어로 쓰인 doing so는 앞 문장의 attempting to encourage children with certificates or prizes를 의미한다.

문제해설 물질적 보상이 내적 동기를 잃게 한다는 '과잉 정당화 효과'에 대해 설명하는 글이므로, ① '사라진 동기의 놀라운 원인'이 글의 제목으로 가장 적절하다.
② 아이들이 칭찬을 바라는 진짜 이유
③ 보상: 아이들에게 효과적인 동기 부여 요소
④ 아이들과 함께 할 수 있는 창의적 활동들
⑤ 선행에 대한 최고의 보상을 제공하기

Mini Test 1회
본문 pp.78~81

1. ③ 2. ④ 3. ⑤ 4. ⑤ 5. ② 6. ④

1
.... 정답 ③

해석 진흙 도자기는 물을 밖에 보관할 때 시원하게 유지하기 위해 사용된다. 도자기가 뜨거운 태양에 노출되어 있음에도 불구하고, 도자기 안의 물은 항상 상쾌하게 차가운 상태이다. 하지만 어떻게 이것이 가능한가? 그 답은 도자기를 만든 진흙에 작고 눈에 보이지 않는 구멍들이 가득하다는 사실에 있다. 이 작은 구멍들이 증발이라는 과정을 통해 물이 도자기를 빠져나갈 수 있도록 해 준다. 물을 증발시키는 데에 열이 필요하므로, 작은 물 분자가 도자기 안의 열을 흡수하고, 수증기로 변하여 그 구멍들을 통해 빠져나가면서 그들과 함께 열을 가지고 간다. 이런 식으로, 열은 도자기 밖으로 이동되어 도자기 안의 액체 상태의 물을 시원하게 유지시켜 준다.

구문 1행 **Despite** the fact [that the pots are exposed to the hot sun], the water within them ....
→ 전치사 Despite는 the fact를 목적어로 취하며 that이 이끄는 명사절 [ ]이 the fact와 동격을 이룬다.

6행 ..., so *the tiny water molecules* **absorb** heat from within the pots **and take** it with them [as *they* turn to vapor and exit through the holes].
→ 주절의 동사 absorb와 take가 등위접속사 and로 병렬연결되었다. as가 이끄는 시간을 나타내는 부사절 [ ]에서 주어 they는 the tiny water molecules를 가리키며, 동사는 turn과 exit이다.

문제해설 햇볕에 노출된 진흙 도자기 안의 물이 증발 과정을 통해 시원하게 유지되는 과정을 설명하고 있으므로, ③ '진흙 도자기 속 물이 차갑게 유지되는 이유'가 이 글의 주제로 적절하다.
① 수분 증발의 과정
② 액체와 기체의 차이점
④ 진흙 도자기를 만드는 데 사용되는 여러 재료들
⑤ 진흙 도자기와 물 사이의 관계

어휘 clay 점토, 찰흙 pot 냄비; *병, 항아리, 통 despite ~에도 불구하고 expose 드러내다; *노출시키다 remain 계속[여전히] ~이다 refreshingly 상쾌하게 chilled 냉각한 tiny 아주 작은 invisible 보이지 않는 opening 구멍, 틈 evaporation 증발 (v. evaporate) molecule 분자 absorb 흡수하다 vapor 증기 transfer 옮기다, 이동하다 liquid 액체 형태의, 액체의 [문제] material 재료

2
.... 정답 ④

해석 유방암은 무수한 요인들에 의해서 발생하므로 과학이 각 경우의 정확한 원인을 결코 확실하게 찾아낼 수 없을 만도 하다. 그와 동시에, 특정 물질이나 환경에의 노출은 여성이 암에 걸릴 위험을 상당히 증가시킨다는 것을 보여줄 가능성도 있다. 야간에 인공조명에 노출되는 것이 그러한 하나의 위험 요소라는 이론이 제시되었다. 그 자극과 질병 사이의 연결 고리는 우리의 수면 각성 주기를 통제하는 호르몬인 멜라토닌이다. 인공 야간 조명에의 노출은 멜라토닌 수치를 감소시킨다고 알려져 있다. 동시에 낮은 멜라토닌 수치는 유방암 환자들에게서 종종 발견된다. 이 상관관계에 대한 증거는 인공 야간 조명이 덜 흔한 개발 도상국의 여성들이 산업 국가에 사는 여성들보다 유방암에 걸리는 비율이 더 낮다는 사실에 의해 강화된다.

구문 2행 ..., it is possible **to show** that exposure to certain substances or conditions *does* significantly increase ....
→ it은 가주어이고 to show 이하가 진주어이다. does는 동사 increase를 강조하는 조동사이다.

4행 [Being exposed to artificial light during the night] **is** theorized to be one such risk factor.
→ [ ]는 주어 역할을 하는 동명사구이므로 단수 취급하여 동사 is가 쓰였다.

5행 The connection between the stimuli and the disease is **melatonin, a hormone** [that governs our sleep-wake cycle].
→ melatonin과 a hormone 이하는 콤마(,)로 연결된 동격 관계이다. [ ]는 a hormone을 선행사로 하는 주격 관계대명사절이다.

8행 ... is strengthened by the fact [that women in developing countries, {where artificial nighttime light is less common}, have ...].
→ [ ]는 the fact와 동격을 이루는 절이다. { }는 developing countries를 선행사로 하는 관계부사절이다.

문제해설 유방암의 모든 원인이 정확히 밝혀지진 않았지만 인공조명에 노출되는 것이 하나의 위험 요소일 수도 있다는 내용의 글이므로, ④ '유방암의 또 다른 위험 요소: 인공조명에의 노출'이 이 글의 제목으로 적절하다.
① 유방암을 이겨 내는 방법
② 유방암의 선진 치료법
③ 유방암을 위한 실질적인 치료 지침
⑤ 개발 도상국에서의 유방암과 여성 사이의 관계

어휘 breast cancer 유방암 a myriad of 무수한 factor 요인 probable 있을 것 같은 pinpoint 정확히 찾아내다 exposure 노출 (v. expose) substance 물질 significantly 상당히, 크게 (a. significant) contract 줄어들다, 수축하다; *(병에) 걸리다 artificial 인공[인조]의 theorize 이론을 제시하다 connection 관련성 stimulus 자극 (pl. stimuli) govern 통치하다; *통제하다 sleep-wake cycle 수면 각성 주기 simultaneously 동시에 correlation 상관관계 strengthen 강화하다 industrialized nation 선진국

3

정답 ⑤

해석 Glacier Lake 수상 안전 자격증 코스

새로운 규정:

카약, 카누, 래프팅을 하는 모든 사람들은 수상 안전에 관한 자격증을 가져야 하는 새 안전 규정으로 인해 2015년 1월 1일부터 Glacier Lake 국립 공원은 자체 수상 안전 자격증 코스를 개설할 것입니다. 지금 방문하시려는 분들은 전국 수상 안전 자격증 코스 목록을 웹사이트에서 확인하시기 바랍니다.

나이 제한:

- 10세에서 16세 사이의 아이들은 부모님 또는 보호자와 코스에 동반해야 합니다.
- 16세 이상인 분은 동반자 없이 코스를 들을 수 있습니다.

정보:

Glacier Lake 수상 안전 코스는 항해, 자연의 법칙, 호수 안전 예방책, 그리고 국립공원의 응급 상황 절차에 관한 지식과 이해를 여러분께 제공해줄 것입니다.

비용:

2일 코스: $100 (하루 4시간)

1일 코스: $120 (6시간)

구문 3행 Due to new safety regulations [**requiring** all kayakers, canoers, and rafters **to be certified** in water safety], from Jan 1, 2015, Glacier Lake National Park will begin ....

→ [ ]은 safety regulations를 수식하는 현재분사구이다. 「require ~ to-v」 구문은 '~에게 …할 것을 요구하다'라는 의미이다.

10행 **Those** [*over* 16 years of age] are welcome on the course without accompaniment.

→ those 뒤에 수식어가 오면 '~한 사람들'이란 뜻의 대명사로 쓰이는데, 여기서는 전치사구 [ ]의 수식을 받았다.

문제해설 이틀 코스는 하루에 4시간씩, 총 8시간 강의를 듣는 것으로 ⑤는 글의 내용과 일치하지 않는다.

어휘 glacier lake 빙하호 certification 증명 (v. certify) course 강의; *과정 regulation 규정 require 필요[요구]하다, ~을 필요로 하다 kayaker 카약 타는 사람 canoer 카누 타는 사람 rafter 뗏목 타는 사람 restriction 제한, 규제 accompany 동반[동행]하다 (n. accompaniment) guardian 수호자; *보호자 provide 제공하다 navigation 항해, 운항, 조종 precaution 예방책, 예방 조치 procedure 절차

4

정답 ⑤

해석 부모는 아이들을 직접 위로해 줄 수 없을 때 종종 죄책감을 느낀다. 그들의 시각에서 보면, 전화 통화는 똑같은 효과를 갖지 못한다. 이 통념을 실험해 보기 위해서, 연구자들은 몇몇의 어린 소녀들을 대상으로 실험을 실시했다. 7세에서 12세 사이의 소녀들은 많은 낯선 사람들 앞에서 발표를 하도록 요구 받았는데, 이 상황은 스트레스를 야기하도록 의도된 것이었다. 그 뒤에, 그들은 세 그룹으로 나뉘었다. 첫 번째 그룹은 어머니에게 직접 위로를 받았고, 두 번째 그룹은 전화로 위로를 받았고, 세 번째 그룹은 어떤 위로도 받지 못했다. 그리고 나서 연구자들은 옥시토신이라 불리는 진정 작용을 하는 호르몬 수치를 검사했다. 예상과는 달리, 직접적으로든 전화를 통해서든 자신의 어머니에게 위로를 받은 소녀들은 모두 거의 같은 수준의 옥시토신 수치를 보였다.

구문 3행 The girls, [whose ages were between 7 and 12], were asked to make a presentation in front of many strangers, **a situation** {designed to cause stress}.

→ [ ]는 계속적 용법의 소유격 관계대명사절로 선행사 the girls에 보충적인 설명을 덧붙이고 있다. 과거분사구 { }의 수식을 받는 a situation은 to make ... strangers와 동격을 이룬다.

8행 ..., all of the girls [who were comforted by their mothers], **whether** in person **or** over the phone, showed ....

→ [ ]는 주격 관계대명사절로 all of the girls를 선행사로 한다. 「whether ~ or ...」는 양보의 부사절을 이끌어 '~이든지 …이든지'의 의미를 나타낸다.

문제해설 어머니에게 직접 위로를 받는 것과 전화를 통해 위로를 받는 것의 효과가 거의 같다는 내용이므로 ⑤가 글의 요지로 적절하다.

어휘 guilty 죄책감이 드는, 가책을 느끼는 comfort 위로[위안]하다 in person 직접 conduct (특정한 활동을) 하다 presentation 제출, 제시; *발표 calming 진정시키는 expectation 예상 approximately 거의

5

정답 ②

해석 Paolo 씨께

귀하께서 자선 단체를 위해서 만들어주신 새 웹사이트를 보고 기뻤습니다. (지금도) 보기 좋지만, 저는 그것이 개선될 수 있다고 생각합니다. 주된 문제는 화면 배치와 연관되어 있습니다. 현재의 화면 배치 상태로는 사이트 방문자가 우리 단체에 실제로 어떻게 돈을 기부할 수 있는지가 약간 불분명합니다. 아마도 이 정보를 첫 화면에 배치해서 지불 방법을 더 강조함으로써, 사람들이 기부하기 더 편리하게 할 수 있을 것입니다. 가서 귀하와 만나 그것을 어떻게 해야 할지에 대한 저의 생각을 더 자세히 설명 드리고 싶습니다. 상당히 많은 시간과 노력을 들여주셔서 다시 한 번 감사 드립니다. 저희 단체는 귀하와 같은 자원봉사자들의 성원에 의존하고 있습니다.

Kelly Green 드림

Children's First Charity 총무

구문 2행 I was delighted **to see** the new website ....

→ to see는 원인을 나타내는 부사적 용법의 to부정사이다.

5행 **By** better **highlighting** payment options ... we will make *it* more convenient *for people to make* a donation.

→ 「by v-ing」는 '~함으로써'의 의미이다. it은 가목적어, to make 이하는 진목적어, for people은 의미상의 주어이다.

7행 ... explain in more detail [how **I think** it should work].

→ [ ]는「의문사＋주어＋동사」의 간접의문문이고 I think는 삽입구이다.

문제해설 더 편리하게 기부할 수 있도록 새 웹페이지 화면 배치를 개선할 것을 제안하고 있다.

어휘 charity 자선[구호] 단체　issue 주제; *문제　layout 레이아웃, 배치　current 현재의　donate 기부[기증]하다　organization 조직, 단체　highlight 강조하다　payment 지불　make a donation 기부하다　goodwill 친선, 호의　volunteer 자원봉사자　secretary 비서; *(협회의) 총무

6 ·· 정답 ④

해석 미국 사회에서 신용 카드의 보급은 현대의 발달이지만, 제품을 외상으로 구입하는 개념은 그렇지 않다. 이 개념은 가게 주인이 자신의 고객 개개인을 사적으로 알고 있던 시대인 수세기 전으로 거슬러 올라간다. 그들은 누가 안정적인 직업을 가지고 있고 누가 빌린 돈을 갚을 것으로 믿어질 수 있는지를 알고 있었다. 믿을 만한 고객들은 가게에서 신용 한도를 제공받았다. 그들은 물건을 가져가고 그것에 대한 값을 훗날에 지불할 수 있는 선택권을 가졌다.

놀랄 것 없이, 신용 카드의 초기 버전은 이 모델에서 나왔다. 1920년대와 1930년대에 그것들은 개개의 기업들에 의해 단골 고객들에 대한 특전으로 제공되었다. 과거와 진정으로 유일하게 다른 것은 구매를 추적하는 물리적인 카드의 도입이었다. 카드는 종이나 금속으로 만들어졌고 종종 고객이 아니라 상인에 의해 보관되었는데, 그것은 오직 그 특정한 회사를 통해서만 사용될 수 있었기 때문이다.

다음 단계는 1940년대에 이루어졌는데, 이때 항공사들이 고객을 유치하기 위한 방법으로 신용 카드를 제공하기 시작했다. 이것이 새로웠던 점은 한 항공사에서 발행된 카드가 다른 모든 항공사에서도 또한 받아들여졌다는 것이다. 그리고는 1950년에, 최초의 진정한 '일반적 목적'의 카드가 Diners Club에 의해 만들어졌다. 상인들의 세계적인 조직망 덕분에 이 하나의 카드는 전 세계 상점과 회사로부터 제품을 외상으로 구매하는 데 사용될 수 있었다.

구문 2행 The idea goes back **centuries**, to **a time** [when store owners knew each of their customers personally].
→ a time 이하는 centuries를 구체적으로 설명하는 동격어구이다. [ ]는 시간을 나타내는 관계부사절로 a time을 선행사로 한다.

5행 ... they had the option **to take** items and (**to**) **pay** for them at some future date.
→ to take와 (to) pay는 the option을 수식하는 형용사적 용법의 to부정사이다.

13행 The next step came in the 1940s, [when airlines started offering credit cards as a way **to lure** customers].
→ [ ]는 the 1940s를 선행사로 하는 시간을 나타내는 관계부사절이다. to lure는 a way를 수식하는 형용사적 용법의 to부정사이다.

14행: **What** was novel about these was [that a card {issued by one airline} was accepted by all others as well].

→ what은 전체 문장의 주어 역할을 하는 명사절을 이끄는 관계대명사이다. [ ]는 be동사 was의 보어로 쓰인 명사절이고 { }는 a card를 수식하는 과거분사구이다.

문제해설 과거 외상으로부터 시작된 신용카드의 개념과 보급 및 발전에 대해서 설명하고 있는 글이므로, ④ '신용카드의 발명과 그것의 역사'가 이 글의 제목으로 적절하다.
① 신용 카드 채무 면제
② 단골 고객의 중요성
③ 미국 경제와 사회 제도
⑤ 소기업에 미치는 신용카드의 영향

어휘 prevalence 보급　credit card 신용 카드　on credit 외상으로　personally 직접, 개인적으로　steady 꾸준한; *안정된　loan 빌려주다, 대출하다　reliable 믿을 수 있는　line of credit 신용 한도　option 선택(할 수 있는 것)　version -판[형태]　emerge 나오다　perk 특전　loyal 충실한　departure 떠남, 출발; *벗어남　physical 육체의; *물질[물리]적인　merchant 상인　as opposed to ～와는 대조적으로; *～이 아니라　specific 구체적인; *특정의　lure 꾀다, 유혹하다　novel 새로운　issue 발표[공표]하다; *발행하다　general-purpose 다목적의, 범용의

Mini Test 2회　본문 pp.82~85

1. ④　2. ①　3. ④　4. ⑤　5. ④　6. (D)-(B)-(C)　7. ④

1 ·· 정답 ④

해석 자연 환경과 비슷한 피부색을 가진 동물들이 많이 있는데, 이것은 그들이 자연 환경에 섞여 숨어 있도록 하는 데 도움이 된다. 그러나 다른 동물들은 진한 노랑, 주황, 분홍색이 온몸을 뒤덮은 화려한 색의 피부를 가지고 있다. 이렇게 뚜렷한 천연색은 이 동물들이 독성이 있다고 포식자들에게 경고하는 것이다. 포식자들이 이 생물들을 잡아 먹으려 하면 그들은 입안에서 아주 끔찍한 맛을 보거나 심지어 병에 걸려 죽게 될 것이다. 흥미롭게도, 자신은 독이 없으면서도 독을 가진 동물들의 색을 매우 유사하게 모방하면서 피부색을 진화시킨 어떤 종들이 있다. 이러한 전략은 잠재적인 공격자들을 속이는 데 효과적이라는 것을 입증했다. 포식자들이 밝은 색의 동물들은 독이 있다고 생각해서 그것들을 먹으려 하지 않기 때문에, 그 모방자들은 죽임을 당하는 것을 피할 수 있다.

구문 1행 There are many animals whose skin is similar in color to their natural surroundings, **which** *helps* them *blend* in and *remain* ....
→ 관계대명사 which는 앞의 절에 언급된 '자연환경과 비슷한 동물의 피부색'을 가리키는 계속적 용법으로 쓰였다.「help + O + 목적격보어」는 '～가 …하는 것을 돕다'라는 의미로 목적격보어로는 동사원형이나 to부정사를 취한다. 여기서는 help의 목적격보어로 동사원형인 blend와 remain이 쓰였다.

3행 This noticeable coloration is a warning to predators [that these animals are poisonous].
→ [ ]는 명사 a warning과 동격을 이루는 명사절로 a warning에 대

해 부연 설명하고 있다.

8행 **Since** predators avoid eating ..., [assuming they are poisonous], ...
→ Since는 이유·원인을 나타내는 접속사로 '~때문에'라는 의미이다. [ ]는 이유를 나타내는 분사구문이다.

문제해설 어떤 동물들은 독이 있는 것처럼 보이기 위해 밝은 피부색을 가진 동물들을 모방하고, 포식자들은 그 동물들이 독성을 가졌을 것이라고 생각하여 그런 먹잇감을 피한다는 내용의 글이므로, ④ '단지 독이 있는 것처럼 보이는 것이 어떻게 동물을 보호하는가'가 글의 주제로 적절하다.
① 자연에서 발견되는 가장 다채로운 동물
② 다채로운 색의 동물을 먹는 것이 포식자에게 끼치는 영향
③ 포식자들이 독성이 있는 동물들을 구분하는 방법
⑤ 독성이 있는 동물들이 스스로를 보호하는 다양한 방법

어휘 surroundings 《pl.》 환경 blend 섞다 brilliantly 찬란히, 번쩍번쩍하게 noticeable 뚜렷한 coloration (생물의) 천연색 predator 포식자 poisonous 유독한 species 종(種) evolve 발달하다; *진화하다 imitate 모방하다 toxic 유독성의 strategy 계획, 전략 prove 입증하다 potential 가능성이 있는, 잠재적인

2
━━━━━━━━━━━━━━━━━━━━━━━━ 정답 ①

해석 인도의 지폐는 5루피부터 1,000루피까지 여러 가지 액면가로 발행된다. 그런데 이제는 사용 가능한 새로운 지폐가 있는데, 그것은 제로 루피 지폐이다. 비록 그것이 법정 화폐는 아니지만, 이 지폐는 2007년에 부패 척결을 위해 비영리 단체에 의해 만들어졌다. 인도에서는 뇌물 수수가 만연한 문제로 인식되고 있다. 정부 관리들은 먼저 돈을 받지 않으면 무상 서비스를 제공하기를 종종 거부한다. 그리하여, 이 지폐는 뇌물을 달라고 요구 받은 사람들에 의해 사용되도록 만들어졌다. 제로 루피 지폐에는 "모든 지위에서 부패를 척결하라."와 같은 다양한 문구가 쓰여 있다. 그것의 목적은 뇌물을 받는 정부 관리들에게 수치심을 주고 이러한 정직하지 못한 행위에 맞서 싸우는 단체들이 있다는 것을 그들에게 알게 해 주는 것이다.

구문 3행 ..., this bill was created in 2007 by a nonprofit organization **to help** *fight* corruption.
→ to help는 목적을 나타내는 to부정사이다. help의 목적어로 동사원형 fight가 왔으며, to fight로도 쓸 수 있다.

8행 The goal is [to shame government officials {who accept bribes}] and [to **let** them **know** that there are groups {who are fighting this type of dishonest behavior}].
→ 두 개의 [ ]는 주격보어로 쓰인 명사적 용법의 to부정사구로 등위접속사 and로 병렬연결되어 있다. 두 개의 { }는 각각 government officials와 groups를 수식하는 주격 관계대명사절이다. 사역동사 let의 목적격보어로 동사원형 know가 쓰였다.

문제해설 뇌물을 요구하는 인도의 정부 관리들에게 경각심을 주어 부패를 척결하기 위해 만들어진 제로 루피 지폐에 대한 글로, ① '뇌물 수수를 끝내도록 돕는 특수 지폐'가 제목으로 적절하다.
② 노동자들에게 위조 지폐를 지급하는 것
③ 지폐는 과거의 유물인가?

④ 벌금 납부를 강요당하는 부정직한 관리들
⑤ 인도가 새로운 형태의 부패와 투쟁하다

어휘 value (경제적인) 가치; *액면 금액 rupee 루피(인도의 화폐) note 메모; *지폐 legal 법률과 관련된; *합법적인 currency 통화 nonprofit 비영리적인 organization 조직 corruption 부패, 타락 bribery 뇌물 수수 pervasive 만연하는 official (고위) 공무원[관리], 임원 bribe 뇌물 phrase 구절; *문구 eliminate 없애다, 제거하다 shame 창피스럽게[부끄럽게] 하다 dishonest 정직하지 못한 [문제] fake 가짜의 fine 벌금 struggle 투쟁하다

3
━━━━━━━━━━━━━━━━━━━━━━━━ 정답 ④

해석 미국인들이 미국 독립 전쟁을 회고할 때, 그들은 종종 미국 군대가 프랑스인들로부터 받았던 상당한 도움을 간과한다. 100년 이상 동안 영국인들과 프랑스인들은 북미 장악을 위해 싸워 왔다. 그래서 미국 식민지 주민들이 1776년에 영국으로부터의 독립을 선언했을 때 프랑스인들은 기꺼이 그들을 지원했다. 그 전쟁에서 프랑스인들에 의해 행해진 중추적인 역할은 1781년 체서피크 전투에 잘 나타난다. 미국 육군은 버지니아주 요크타운을 포위했었는데, 이곳에는 영국 최고 사령관과 그의 군대가 위치해 있었다. 영국 군함이 포위망을 뚫는 것을 돕기 위해 뉴욕으로부터 항해했으나 그들은 24대의 프랑스 군함에 의해 체서피크 만(灣)으로 들어가는 것이 저지되었다. 프랑스 해군은 요크타운의 영국 장군이 어쩔 수 없이 식민지 주민들에게 항복하게 할 만큼 충분히 오랫동안 만(灣)을 지키는 데 성공하였다.

구문 1행 ..., they often overlook the substantial help [that American forces received from the French].
→ [ ]는 the substantial help를 선행사로 하는 목적격 관계대명사절이다.

5행: The pivotal role [played by the French in the war] is well represented ....
→ [ ]는 the pivotal role을 수식하는 과거분사구이다.

6행: American ground forces had laid siege to Yorktown, Virginia, [where the top British commander and his army were located].
→ [ ]는 Yorktown, Virginia를 선행사로 하는 장소를 나타내는 계속적 용법의 관계부사절이다.

문제해설 1781년 체서피크 전투를 예로 들어 프랑스인들이 미국의 독립 전쟁 때 큰 역할을 했음을 설명하고 있으므로 ④가 이 글의 요지로 적절하다.

어휘 look back on ~을 뒤돌아보다 overlook 못 보고 넘어가다, 간과하다 substantial 상당한 colonist 식민지 주민 declare 선언하다 pivotal 중심이 되는 lay siege to ~을 포위 공격하다 commander 지휘관, 사령관 locate ~의 정확한 위치를 찾아내다; *(특정 위치에) 두다 siege 포위 작전 succeed in ~에 성공하다 general 장군 surrender 항복하다

4 ··· 정답 ⑤

[해석] 매우 많은 사람들이 크로스컨트리 경주팀에 관심을 두는 것을 보게 되어 참으로 기쁩니다. 그렇지만, 저는 당신이 결정을 내리기 전에 몇 가지 사항들을 확인해 보고 싶습니다. 이 운동은 당신이 필요로 하는 지구력과 체력을 얻기 위해 몇 달간의 훈련을 요구하며, 그래서 토요일을 포함하여 매일 세 시간씩 힘든 연습이 있을 것입니다. 일요일은 쉬지만, 저는 신체가 활동적인 상태를 유지하도록 한 시간 정도는 역기를 드는 데 쓰시기를 권합니다. 경주는 토요일마다 있을 것이고, 종종 우리는 경기 장소에 가기 위해 전날 밤 장거리 이동을 해야 할 것입니다. 이것은 또한 우리가 종종 토요일 밤늦게 돌아올 수 있다는 것을 의미합니다. 만약 당신이 운동에 대한 전념보다 주말의 사회생활에 더 가치를 둔다면, 이 팀은 당신에게 적합하지 않습니다.

[구문] 1행 **It**'s great **to see** so many people ....
→ It은 가주어이며, to see 이하의 to부정사구가 진주어이다.

5행 ... I'm going to **recommend** that you (should) *spend* an hour or so *lifting* weights so that your body remains active.
→ recommend와 같이 추천·권유·조언·명령·요구의 뜻을 나타내는 동사 다음의 that절에서 should는 생략 가능하다. 「spend + 시간 + (in) v-ing」은 '~하는 데 (시간)을 보내다'라는 의미로 전치사 in은 생략할 수 있다.

[문제해설] 글의 앞부분에서 사람들이 크로스컨트리 경주팀에 관심을 갖는 것은 기쁜 일이지만, 가입 결정을 내리기 전에 몇 가지 사항을 확인해 보라고 했으므로 클럽 가입과 관련한 유의 사항을 알리고 있음을 유추할 수 있다.

[어휘] make one's decision 결정하다 go over ~을 점검[검토]하다 achieve 달성[성취]하다 stamina 체력, 스태미나 strength 힘, 기운 demanding 부담이 큰, 힘든 workout 운동 off 멀리; 취소된; *(근무·일 등을) 쉬는 or so ~쯤[정도] weight 무게; *(pl.) 역기 commitment 약속; *전념, 헌신

5 ··· 정답 ④

[해석] 족제비는 밍크와 동족이지만, 더 작고 오직 육지에서만 서식한다. 그것은 먹잇감으로뿐만 아니라 재미로 먹이를 죽이기도 해서 잔인한 사냥꾼으로 악명이 높다. 예를 들어, 족제비는 닭장에 있는 모든 닭들을 죽이지만 그것들 중 고작 몇 마리만 먹는 것으로 알려져 왔다. 야생에서, 족제비의 먹이는 쥐, 토끼, 다람쥐, 새에서부터 메뚜기와 개구리, 그리고 심지어 지렁이까지 다양한 동물들을 포함한다. 하지만 그것의 짝과 새끼에 대한 족제비의 행동은 다른 사나운 본성과 크게 대비된다. 일단 짝짓기를 하고 나면, 족제비들은 평생 짝을 지어 살며, 매년 봄에 태어나는 네 마리에서 여덟 마리에 이르는 새끼들은 극진하게 돌보아진다.

[구문] 2행 ..., [killing prey for pleasure as well as for food].
→ [ ]는 이유를 나타내는 분사구문으로 as, since 또는 because와 같

이 이유를 나타내는 접속사로 시작되는 부사절로 바꾸어 쓸 수 있다.

7행: Once (they are) mated, weasels remain paired ..., and **their litters**, [(being) born each spring and numbering from four to eight young], are carefully looked after.
→ 「once + S + V」는 '일단 ~가 …하면'의 의미이고, 시간 또는 조건의 부사절에서의 주어가 주절의 주어와 동일하면 「주어 + be동사」는 생략할 수 있다. [ ]는 their litters를 수식하는 삽입구이다.

[문제해설] 짝짓기 후에 평생 같이 살고 새끼들을 세심하게 보살핀다고는 했으나 온순해진다는 언급은 없으므로 ④는 글의 내용과 일치하지 않는다.

[어휘] weasel 족제비 related 관련된; *(생물·언어 등이) 동족[동류]의 notorious 악명 높은 reputation 평판, 명성 fierce 사나운 prey 먹이 henhouse 닭장 diet (어떤 사람이 일상적으로 취하는) 식사[음식] squirrel 다람쥐 grasshopper 메뚜기 earthworm 지렁이 mate 친구; *짝; 짝짓기를 하다 contrast with ~와 대조를 이루다 pair 짝을 짓다 number 번호를 매기다; *(숫자가) 총 ~이 되다

6-7

[해석] (A) 내가 어린 소년이었을 때부터 아버지는 항상 부모님 침실에 있는 옷장 옆에 커다란 피클 병을 두셨다. 매일 일이 끝나면 아버지는 병에 가서 주머니에 있는 모든 동전을 거기에다 비웠다. 병으로 떨어지는 그 동전 소리를 듣는 것은 아이일 때 내가 가장 좋아하던 소리였다. 나는 햇빛에 반짝거렸던 동전들을 가만히 앉아서 바라봤었던 오후를 기억하고 있다.
(D) 아버지가 돈이 얼마 없었던 것과 상관없이 병에 넣을 동전은 항상 있었다. 심지어 어느 겨울 직업을 잃은 뒤에도 아버지는 결코 동전 한 닢 빼지 않으셨다. 병이 꽉 차 있을 때마다 아버지와 나는 은행에 갔다. 병에는 항상 꽤 많은 돈이 있었다! 아버지는 나를 향해 돌아보며 "너는 나처럼 공장에서 일하지 않을 거야. 네 미래는 더 밝을 거란다."라고 말씀하셨다.
(B) 몇 해가 지나고 나는 대학에 가게 됐다. 마침내 나는 그 동전들의 가치를 깨닫게 되었다. 그것으로 내 등록금 전체를 낼 수 있었던 것이다. 하지만 졸업하고 취직을 하면서 나는 오래된 병에 대해 잊어버렸다. 어느 날 집에 방문했을 때 나는 병이 없어진 것을 알아차렸다. 그게 놓여 있던 그 자리를 보자 슬픔이 내 가슴을 가득 채웠다. 그건 의지와 성실함을 나타내는 아주 중요한 상징이었다.
(C) 결혼을 하고 나는 Brian이라는 아들이 생겼다. 아들의 첫 성탄절을 부모님 댁에서 보냈다. 후식을 먹고 나자 아들이 울기 시작해서 기저귀를 갈기 위해 부모님 침실에 갔다. 그때, 나는 그것을 보았다. 피클 병이 같은 자리에 있었고 절반이 채워져 있었다. 거기에 내 동전들을 좀 넣으면서 나는 격한 감정에 휩싸였다. 바로 그때, 아버지가 방으로 들어오셨다. 비록 아무 말씀도 없으셨지만 나는 우리가 같은 감정을 느끼고 있다는 걸 알았다.

[구문] 4행 I remember afternoons when I **would** sit and gaze

at the coins ....
→ would는 '~하곤 했었다'라는 의미로 과거의 불규칙적인 습관을 나타
내는 조동사이다.

8행 Sadness filled my heart **as** I looked at the spot [where it used to sit].
→ 접속사 as는 '~하자, ~하는 동안'의 의미로 쓰였다. [ ]은 the spot을 수식하는 관계부사절이다.

16행 Regardless of [how little money my father had], there were always coins **to add** to the jar.
→ [ ]는 how가 이끄는 명사절로 '얼마나 ~한지'로 해석할 수 있다. to add는 형용사적 용법의 to부정사로 coins를 수식하고 있다.

6 .... 정답 (D)-(B)-(C)

문제해설 피클 병에 동전을 모으셨던 아버지와 그것을 보는 것을 좋아했던 글쓴이의 어린 시절 이야기인 (A) 다음으로 형편이 어려워도 꾸준히 동전을 모아 저금했다는 내용의 (D)가 오는 것이 적절하다. 이후 그 동전으로 글쓴이의 대학 등록금을 냈다는 내용인 (B)가 이어지며, 글쓴이가 결혼을 한 후에 아버지가 손자를 위해 다시 동전을 모으기 시작했다는 내용인 (C)가 오는 것이 자연스럽다.

7 .... 정답 ④

문제해설 아들이 태어나고 아버지가 손자를 위해 다시 동전을 모으기 시작하신 것을 보고 감동을 받았다는 내용은 있지만 직접 동전을 모으기 시작했다는 언급은 없으므로 ④는 글의 내용과 일치하지 않는다.

어휘 wardrobe 옷장 empty 비우다 gaze 응시하다, 바라보다 gleam 어슴푸레 빛나다; *환하다, 반짝이다 tuition 수업, 교습; *수업료 spot 점; *(특정한) 곳, 장소 willpower 의지력 diligence 근면, 성실 wail 울부짖다, 통곡하다 diaper 기저귀 halfway 가운데쯤[중간]에 overwhelmed 압도된 regardless of ~에 상관없이

Mini Test 3회 본문 pp.86~89

1. ③   2. ③   3. ②   4. ④   5. ③   6. ⑤

1 .... 정답 ③

해석 깃 펜은 오랫동안 사용되었던 필기도구였다. 서기 700년쯤에 도입된 이 펜은 깃털의 깃으로 만들어졌는데, 이것은 새의 왼쪽 날개에서 뽑힌 것이었다. 왼쪽 날개의 깃을 사용하는 것은 중요했는데 왜냐하면 이것은 깃털이 오른손잡이 작가들에 의해 사용될 때 손등 위 바깥쪽으로 구부러진다는 것을 의미했기 때문이다. 대부분의 깃은 거위로부터 뽑았지만 백조의 깃이 희귀하여 비쌌기 때문에 훨씬 더 귀하게 여겨졌다. 그러나 가는 선을 그리는 것이 목적이었다면 까마귀 깃이 최고의 결과물을 제공했고, 다음으로 독수리, 올빼미, 매의 것 순이었다.

구문 2행 [Introduced some time around AD 700], this pen was made from the quill of a feather, **which** was pulled from ....

→ [ ]는 문두에 Being이 생략된 수동태의 분사구문이다. which는 계속적 용법의 관계대명사로 선행사 the quill of a feather에 대해 부연 설명하고 있다.

5행 Most quills were taken from geese, but **those** of the swan were ..., *being* scarce and thus expensive.
→ those는 quills를 대신하여 쓰였다. being 이하는 이유·원인을 나타내는 분사구문으로 'because they(= those of the swan) were scarce and thus expensive'로 바꿔 쓸 수 있다.

문제해설 오래 전부터 필기도구로 사용되었던 깃 펜에 대해 소개하는 내용으로, ③ '깃 펜의 역사와 사용'이 이 글의 주제로 적절하다.
① 깃 펜을 만드는 방법
② 새의 실용적인 혜택
④ 왼손잡이용 필기도구
⑤ 새의 왼쪽과 오른쪽 날개의 차이점

어휘 instrument 기구 introduce 소개하다; *도입하다 curve 곡선으로 나아가다, 곡선을 이루다 outward 표면상의; *밖으로 향하는 highly 크게, 대단히, 매우 prized 소중한 scarce 부족한, 드문 fine 질 높은; *아주 가는

2 .... 정답 ③

해석 '압수법'의 도움으로 미국 정부는 매년 수백만 달러 가치의 불법으로 취득한 자금을 없애나갈 수 있게 되었다. 예를 들어, 만약 도주 차량이 도난 현금이나 불법 약물을 운송하는 데 이용된다면 정부는 이러한 법에 따라 그것을 압수할 권한이 있다. 또한, 정부는 재산 및 부동산을 포함하여 범죄자들이 불법적으로 사들인 물건에 대해 소유권을 가질 수도 있다. 법령에 따르면 정부가 소유한 어떠한 물건이든 일반인을 대상으로 경매에 올려져야 한다. 이런 경매는 수익을 내려는 것이 아니므로 몇몇 사람들은 비싼 제품을 좋은 조건으로 살 수 있게 된다. 이런 경매를 통해 마련된 모든 기금은 곧바로 정부로 들어가게 되는데, 결국 납세자들은 돈을 절약하게 되는 것이다.

구문 1행 ..., the US government has been able to take away criminally acquired assets [worth millions of dollars] each year.
→ worth는 뒤에서 명사를 수식하는 형용사이므로 assets 뒤에 위치한다.

6행 Regulations **require** that any items taken by the government (should) **be** auctioned off to the public.
→ 제안·명령·요구 등을 나타내는 require, suggest, insist, order 등의 동사에 연결되는 종속절에는 「should + 동사원형」이 쓰이며, 이때 조동사 should는 생략할 수 있다.

문제해설 범죄에 사용되는 물품들이 경매를 통해 일반인들에게 저렴하게 거래되고, 그것을 통해 얻어진 수익은 정부로 돌아오기 때문에 ③ '정부는 범죄 행위에 대해 대가를 치르게 한다'가 이 글의 제목으로 가장 적절하다.
① 정부가 범죄자들에게 세금을 부과한다
② 돈을 절약하는 더 나은 방법
④ 세납금을 줄이는 방법
⑤ 주변에서 최고의 경매를 찾아라

어휘 seizure 압수, 몰수 take away 없애주다 acquire 습득하다, 얻다 asset 자산, 재산 getaway 도주 transport 수송하다 illegal 불법적인 authority 지휘권, 권한 seize 와락 붙잡다; *압수[몰수]하다 take ownership 소유권을 가져가다 unlawfully 불법으로 property 재산, 소유물 real estate 부동산 be auctioned off 경매되다 turn a profit 이익을 내다 get a good deal on ~을 좋은 조건에 잘 사다 raise (무엇을 위로) 들어올리다; *(자금·사람 등을) 모으다 taxpayer 납세자

3 ································· 정답 ②

해석 오레곤 삼림 마라톤

제20회 연례 오레곤 삼림 마라톤이 2015년 8월 1일 토요일에 개최됩니다. 아름다운 삼림 지대를 지나가는 경로가 포함된 전 세계에서 가장 인기 있는 도로 경주 중 하나입니다.

범주: 올해는 두 가지 범주의 마라톤이 있습니다.
마라톤 (42.195km)
1/4 마라톤 (10.55km)
중요: 도로에 차들이 다닐 수 있도록 길을 터놓아야 하므로 주자들은 일정 시간까지 코스 내 특정 지점을 통과해야 합니다.

거리	최대 시간
10 km	2시간
25 km	3시간
결승점	6시간

지불:

5월 말 이전 (조기 예약)	$15
일반	$20

등록: 온라인상에서 등록하고 지불해야 합니다. 지불이 되면 자동으로 확인 이메일을 받게 됩니다. 그 영수증을 출력하세요. 경주 전에 주자 부스에서 이 영수증을 보여 주셔야 합니다.

구문 3행 ..., it's **one of the world's most popular road races**.
→ 「one of the + 최상급 + 복수명사」는 '가장 ~한 …중의 하나'라는 의미이다.

8행 [To allow the roads to open for traffic], runners need **to have passed** certain points of the course by a certain time.
→ [ ]는 '~하기 위해서라는 의미로 목적을 나타내는 부사적 용법의 to부정사이다. 일정 시간까지 완료되어야 함을 나타내기 위해, 단순 to부정사가 아니라 「to have + 과거완료」 형태의 완료부정사가 쓰였다.

문제해설 차들이 다닐 수 있도록 일정한 시간 내에 특정 지점을 통과해야 한다고 했으므로 ②는 글의 내용과 일치하지 않는다.

어휘 woodland 삼림 지대, 숲 annual 매년의, 연례의 take place 개최되다, 일어나다 route 길, 경로, 루트 distance 거리 maximum 최고의 registration 등록, 신고 (v. register) automatically 자동적으로 confirmation 확인

4 ································· 정답 ④

해석 수소 기체는 별 형성의 원인이 되는 주된 구성 요소이다. 전 우주의 은하계와 다른 별 형성 지역들을 연구하다가, 천문학자들은 새로운 별을 형성하는 데 이용될 수소가 점점 줄어들고 있다는 것을 알아냈다. 문제의 일부는 우주 안에 원래 존재하는 대부분의 수소가 현재 존재하는 별들 속에 사실상 '갇혀 있다'는 것이다. 별들이 자신의 생애 주기의 마지막에 폭발할 때 그것들의 수소 중 일부가 우주로 다시 방출되지만 이것은 일정한 수소량 수준을 유지할 만큼 충분히 자주 일어나지는 않는다. 게다가 우주가 팽창함에 따라 은하계가 그들의 자연 발생적인 중력을 통해 열린 우주로부터 수소를 끌어당기는 것은 점점 더 어려워지고 있다. 이 연구결과들은 우주의 진화가 점점 더 어둡고 차가운 우주를 초래할 것이라는 현재의 이론을 뒷받침한다.

구문 2행 ..., astronomers have determined that there is **less and less** hydrogen available to create new stars.
→ 「비교급 + and + 비교급」은 '점점 더 ~한'의 의미이다.

3행 Part of the problem is that **the majority of** hydrogen [originally present in the universe] **is** effectively "locked up" in stars {currently in existence}.
→ the majority of는 뒤에 나오는 명사의 수에 동사의 수를 일치시키므로 단수동사(is)가 쓰였다. [ ]는 hydrogen을 수식하는 형용사구이며, { }는 stars를 수식하는 전치사구이다.

7행 In addition, **as** the universe expands, *it* is getting harder and harder *for galaxies to pull* in hydrogen ....
→ as는 점진적인 변화를 나타낼 때 쓰는 종속접속사로 '(시간이 지날수록) ~함에 따라'라는 의미이다. it은 가주어, for galaxies는 to부정사의 의미상 주어, to pull 이하가 진주어이다.

문제해설 별을 형성하는 주된 구성 요소인 수소의 양이 우주에서 점점 줄어들고 있고 우주가 팽창할수록 은하계가 수소를 끌어당기는 것은 점점 더 어려워진다고 하였으므로 ④가 글의 요지로 적절하다.

어휘 hydrogen 수소 primary 주된 building block 구성 요소 responsible for ~에 책임[원인]이 있는 formation 형성 galaxy 은하계 astronomer 천문학자 determine 결정하다; *알아내다 majority 다수 effectively 효과적으로; *사실상 lock up 가두다 in existence 현존하는 explode 폭발하다 constant 끊임없는; *변함없는 expand 팽창하다 gravitational force 중력 finding 결과 theory 이론 cosmological 우주(론)의 evolution 진화

5 ································· 정답 ③

해석 매년 여름, 저희 대학은 고등학교 코치들을 위해 마련된 일주일간의 다양한 농구 세미나를 실시합니다. (참가자들이) 도착하자마자, 저희는 각 참가자에게 그 주의 활동 계획을 담고 있는 클립보드나 폴더와 그들이 정보를 적을 수 있는 메모지를 제공합니다. 저는 귀사의 사무용품 카탈로그에서 포켓형 폴더와 클립보드의 두 가지 기능을 모두 갖춘 Noteboard-X를 보고는 깊은 인상을 받았습니다. 이 물건은 세미나 동안에

저희에게 아주 유용할 것입니다. 저는 각 Noteboard-X가 소매가로 15달러임을 알고 있지만, 대량 주문을 하면 가격이 낮아지는지 혹은 교육 기관에 어느 정도의 특가를 제시해 주는지 궁금합니다. 만약 그렇다면, 저에게 세부사항을 알려주셨으면 합니다. 저는 올해 세미나를 위해 그 제품 200세트를 주문할 용의가 있습니다. 그리고 그것들이 성공적이라면, 저는 앞으로도 추가 주문할 것입니다.

구문 2행 ..., we give each participant a clipboard or folder [that includes schedules of the week's activities] ....
→ 「give + 간접목적어 + 직접목적어」의 형태로 '~에게 …을 주다'의 의미이다. [ ]는 a clipboard or folder를 선행사로 하는 주격 관계대명사절이다.

4행 ... when I saw the Noteboard-X, [which functions as both a pocket folder and a clipboard], ...
→ [ ]는 the Noteboard-X를 선행사로 하는 계속적 용법의 주격 관계대명사절이다.

5행 This item would be **of** great **use** to us during the clinics.
→ 「of + 추상명사」는 형용사처럼 쓰이므로 useful의 의미로 해석할 수 있다.

문제해설 클립보드나 폴더를 제작하는 회사에 대량 주문 시 할인 혜택이 있는지, 교육 기관을 위한 특가 판매가 가능한지를 문의하는 글이다.

어휘 conduct (특정한 활동을) 하다 weeklong 일주일에 걸친 clinic (전문 분야) 병원; *교습, 강습 jot down (급히) 쓰다, 적다 retail 소매; *(특정 가격에) 팔리다 bulk order 대량 주문 institute 기관, 협회 unit 구성 단위; *(상품의) 한 개[단위]

6
정답 ⑤

해석 남부 멕시코, 북중미, 그리고 일부 인근 카리브 해 섬들 지역 중 많은 부분은 흐르는 지하수 조직망을 덮고 있는 얕은 석회석층으로 구성되어 있다. 일부 지역에서는 그 석회석이 붕괴할 정도로 침식되어 지하수를 노출시키는 원형 구덩이를 만들어낸다. 이런 유형의 지질학적 특징은 현지 용어인 '세노테'라고 알려져 있다. 많은 세노테들은 지하 강 터널들의 방대한 망에 의해 연결되어 있고 이 터널들 중 단지 적은 부분만이 탐사되었다.

세노테들은 세계의 이러한 지역을 점유한 서로 다른 사람들에게 서로 다른 기능을 수행해 왔다. Columbia 이전 시대에 그것들은 마야 신화에서 특별한 중요성을 가졌다. 마야인들은 그것들을 내세로의 관문으로 여겨 그 안에 특별한 물건들을 던져 넣곤 했는데, 가끔은 인간 제물을 포함했다. 세노테들 안에 있는 인공 유물들의 발견은 고대 마야 문화에 대해 많은 것을 드러냈다. 나중에, 스페인 정착민들과 그들의 후손들은 빠르게 확장하는 그들의 정착지에 물을 제공하기 위해 세노테에 의존했다.

오늘날 세노테는 주로 관광객을 유인하는 장소로서 역할을 한다. 칸쿤의 인기 있는 리조트 센터 근처에 있는 멕시코의 유카탄 반도 북동쪽에 위치한 것들은 많은 사람들에게 특히 인기

가 있다. 모험 관광 회사들은 지하 터널의 일부에 전등을 갖추어 놓았고 이 지하 강물을 따라 떠다닐 수 있도록 공기가 가득 찬 튜브를 제공한다. 세노테는 그 자체로도 현지인과 방문객에 의해 수영장으로도 쓰이는데, 그들은 멕시코의 더위를 피하기를 기대한다.

구문 2행 ... **is made up of** a shallow layer of limestone [covering a system of flowing groundwater].
→ be made up of는 '~로 구성되다'라는 의미이다. [ ]는 a shallow layer of limestone을 수식하는 현재분사구이다.

3행 ..., the limestone has eroded to the point of collapse, [creating circular pits {that expose the groundwater}].
→ [ ]는 부대상황을 나타내는 분사구문이고, { }는 circular pits를 선행사로 하는 주격 관계대명사절이다.

9행 The Maya considered them gateways to the afterlife and **would** throw special objects ....
→ would는 '~하곤 했다'의 의미로 과거의 불규칙한 습관을 나타내는 조동사이다.

12행 ... relied on the cenotes **to provide** water for their quickly expanding settlements.
→ to provide는 '~하기 위해서'의 의미로 목적을 나타내는 부사적 용법의 to부정사이다.

14행 Those [located in the northeast of Mexico's Yucatan Peninsula], [near the popular resort center of Cancun], are especially popular with many people.
→ Those는 앞문장의 cenotes를 가리키며, 첫 번째와 두 번째 [ ]는 각각 Those를 수식하는 과거분사구와 전치사구이다.

18행 The cenotes **themselves** are also used as swimming holes by both locals and visitors, [who are looking to beat the Mexican heat].
→ themselves는 the cenotes를 강조하기 위해 쓴 재귀대명사로 이 경우에는 생략할 수 있다. [ ]는 both locals and visitors를 선행사로 하는 계속적 용법의 주격 관계대명사절이다.

문제해설 지하수를 덮는 석회석 지형이 부식되어 만들어진 세노테를 각기 다른 사람들이 어떻게 이용해 오고 있는지 설명하는 글이므로 ⑤ '독특한 지질학적 형성물의 다양한 용도'가 이 글의 주제로 가장 적절하다.
① 고대 마야의 기이한 종교적 의식
② 멕시코에서 가장 인기 있는 관광지
③ 많은 지역에서 붕괴하는 세노테의 위험성
④ 남부 멕시코의 초기 스페인 정착지

어휘 terrain 지형, 지역 shallow 얕은 groundwater 지하수 erode 침식[풍화]시키다[되다] collapse 붕괴 circular 원형의 pit (크고 깊은) 구덩이 geologic 지질학의 vast 어마어마한, 방대한 fraction 부분, 일부 mythology 신화 gateway 입구, 관문 afterlife 내세 occasional 가끔의 sacrifice 희생; *제물 artifact 인공물; *인공 유물 settler 정착민 descendant 자손, 후손 settlement 합의; *정착지 draw 추첨; *인기를 끄는 사람[것] peninsula 반도 outfit (특정 목적에 필요한 복장·장비를) 갖추어 주다 subterranean 지하의 light 빛; *(전)등 float 떠가다 beat 이기다; *(더위 등을) 피하다

1. ④ 2. ⑤ 3. ⑤ 4. ③ 5. ② 6. (C)-(B)-(D) 7. ③

1
정답 ④

해석 당신이 잔디밭을 가지고 있다면, 아마도 당신은 자신도 모르게 수많은 환경 문제에 일조하고 있을 것이다. 예를 들어, 당신이 잔디를 푸르게 유지하기 위해 사용하는 비료와 살충제는 토양, 물, 야생동물에게 큰 위협이다. 매년, 미국의 집주인들은 인도 전체가 작물을 재배하는 데 사용하는 것보다 더 많은 비료를 그들의 잔디에 사용한다. 게다가, 그들은 미국의 모든 농부들에 의해 소비되는 양을 모두 합친 것보다 거의 10배 더 많은 양의 살충제를 사용한다. 잔디 깎는 기계는 또 다른 문제이다. 보통의 잔디 깎는 기계는 자동차 한 대가 350마일을 달릴 때 뿜어내는 만큼의 대기 오염 물질을 한 시간에 뿜어낸다. 그리고 마지막으로, 애초에 집과 잔디밭을 만드는 데 필요한 자연환경의 파괴는 많은 동식물들이 모조리 죽게 된다는 것을 의미한다.

구문 1행 ..., **chances are that** you are unknowingly contributing to ....
→ 「chances are that + S + V」는 '아마 ~일 것이다, ~할 가능성이 충분하다'의 의미이며, 접속사 that은 생략할 수 있다.

2행 ..., the fertilizers and pesticides [you use **to keep** your grass green] are a major threat to soil, water, and wildlife.
→ [ ]는 주어 the fertilizers and pesticides를 선행사로 하는 목적격 관계대명사절이며, to keep은 목적을 나타내는 부사적 용법의 to부정사이다.

6행 The average mower emits **as** many air pollutants in an hour **as** a car *does* when driven 350 miles.
→ 「as ~ as ...」는 동급 비교 구문으로 '...만큼 ~한[하게]'의 의미이다. does는 앞에 언급된 동사를 대신하는 대동사로 여기서는 emits를 대신한다.

문제해설 잔디를 가꾸기 위해서 사용되는 비료와 살충제가 토양 및 수질을 오염시키고, 야생동물을 위협하며, 잔디 깎는 기계 또한 대기 오염을 유발한다는 내용이므로, ④ '잔디와 잔디 유지의 환경적 영향'이 이 글의 주제로 적절하다.
① 자동차로 인한 대기 오염
② 집약적인 비료 사용이 잔디에 미치는 영향
③ 인도 농업의 지속 가능한 성장
⑤ 환경 보호에 기여하는 방법

어휘 lawn 잔디밭; (경기용) 잔디 구장 unknowingly 모르고 contribute to ~에 기여하다 fertilizer 비료 pesticide 살충제, 농약 combine 결합하다 mower (잔디) 깎는 기계 emit (빛·열·가스·소리 등을) 내뿜다 pollutant 오염물질 destruction 파괴 require 필요[요구]하다 in the first place 우선, 첫째로 kill off ~을 대대적으로 죽이다 [문제] sustainable 지속 가능한 maintenance 유지

2
정답 ⑤

해석 인류 역사의 대부분 동안 미시 세계는 과학자들에게 알려지지 않은 채로 남아있었다. 17세기 후반에 네덜란드 사상가인 Antonie van Leeuwenhoek 덕분으로 여겨지는 현대식 현미경의 개발은 마침내 과학적 탐구에 이 세계를 열어주었다. 그의 수제 현미경을 가지고 Van Leeuwenhoek은 오늘날 우리가 미생물이라고 부르는 것의 시초를 발견하였다. 그는 연못물과 인간의 땀과 혈액의 표본을 연구하여 박테리아와 원생동물의 아주 작고 무성한 군집들을 발견했다. 처음에 과학계는 이러한 발견에 대해 의혹을 나타냈는데, 왜냐하면 너무 작아서 인간의 눈에 보이지 않는 유기체에 대한 발상은 한 번도 고려된 적이 없었기 때문이다. 그러나 Van Leeuwenhoek의 동시대인들이 현미경을 이용한 자체적인 조사를 하기 시작하면서, 그들은 미생물의 존재를 인정하지 않을 수 없게 되었다. 그의 선구적인 연구로 인해 Van Leeuwenhoek은 이제 '미생물학의 아버지'라고 불린다.

구문 1행 The development of the modern microscope, [attributed to Dutch thinker Antonie van Leeuwenhoek in the latter half of the 17th century], finally opened this world to scientific exploration.
→ [ ]는 삽입구로 주어 the development of the modern microscope에 대한 보충 설명을 하고 있으며 문장의 동사는 opened이다.

4행 ..., Van Leeuwenhoek discovered the first of [**what** we now refer to as microorganisms].
→ 선행사를 포함하는 관계대명사 what이 이끄는 [ ]는 전치사 of의 목적어이다.

10행 ..., they **had no choice but to accept** the existence of microorganisms.
→ 「have no choice but to-v」는 '~하지 않을 수 없다'라는 의미를 나타내는 관용적인 표현이다.

문제해설 현대식 현미경의 개발로 미시 세계 탐구의 길을 열어준 Antonie van Leeuwenhoek에 관한 내용이므로, ⑤ 'Antonie van Leeuwenhoek: 미생물을 처음으로 본 사람'이 이 글의 제목으로 적절하다.
① 살아 있는 유기체의 진화
② 과거의 박테리아 질병
③ 세상을 바꾼 알려지지 않은 과학자
④ 현대 생물학의 새로운 과학적 발견

어휘 microscopic 미세한, 현미경으로 봐야만 하는 microscope 현미경 attribute to ~의 덕분으로 돌리다 exploration 탐사; *탐구 handcrafted 수공예품인 refer to as ~라고 언급하다 microorganism 미생물 thriving 번성하는; *무성한 colony 식민지; *군집 organism 유기체, 생물 contemporary 동시대의; *동년배, 동시대인 conduct (특정한 활동을) 하다 investigation 수사, 조사 pioneering 개척[선구]적인 microbiology 미생물학

3
정답 ⑤

해석 종교적, 문화적 이유로 몇몇 무슬림 여성들은 착용하는 사람을 완전히 덮는 의복의 한 종류인 부르카를 입는다. 많은 유럽 시민들은 공개적인 부르카 착용을 금지할 것을 정부에게 강력히 촉구했는데 가끔 성공적이었다. 부르카를 금지하는 것의 주된 논지는 그것이 보안상 위협을 제기한다는 것이다. 금지를 지지하는 사람들은 공공장소에서, 특히 공항과 기차역, 또는 대중교통을 이용할 때 사람들의 신원이 확인 가능해야 함을 지적하고 있다. 그들의 우려는 사람들이 테러 공격이나 다른 범죄를 저지를 때 자신의 신분을 감추기 위해 그런 옷을 사용할 수도 있다는 두려움 때문에 생기게 된다. 비록 이런 우려들이 타당하다고 해도 부르카를 금지하는 것은 그것을 착용하는 여성들에게는 불합리하고 부당하다. 부르카를 착용하는 것은 주로 종교적인 신념을 반영하는 것이므로 그것을 착용하는 여성들의 선택은 존중되어야 한다. 부르카를 금지하는 것은 이런 여성들에게 강제로 그들의 신념을 어기게 하거나 절대 집에서 나오지 못하게 만들어 버린다.

구문 6행 Their concerns are driven by **the fear** [that people might use such clothing to hide their identity …].
→ [ ]는 명사 the fear를 보충 설명하는 동격의 명사절이다.

9행 **As** the wearing of burkas often reflects religious beliefs, ….
→ As는 이유를 나타내는 종속접속사로 '~이므로'의 의미이다.

10행 Banning burkas **forces** these women *either* **to violate** their beliefs *or* never **leave** their homes.
→ 「force + 목적어 + to-v」 구문으로 '~가 …하도록 강요하다'라는 의미이다. 상관접속사 「either A or B」가 쓰인 구문으로, to violate와 (to) leave가 or로 병렬연결되어 있다.

문제해설 신원 확인이 불가능해 안전을 위협할 수 있다는 주장에 반박하여 종교적인 이유로 부르카를 착용하는 여성들에게 강제로 착용을 금지할 수는 없다는 내용이므로, ⑤가 필자의 주장으로 적절하다.

어휘 religious 종교의 Muslim 이슬람교도 urge 충고하다; *강력히 권고[촉구]하다 ban 금(지)하다 pose (위협·문제 등을) 제기하다 security 보안, 경비, 안보 identifiable 인식 가능한, 알아볼 수 있는 commit 저지르다 valid 유효한; *타당한 unreasonable 불합리한, 부당한 reflect 비추다; *나타내다, 반영하다 violate 위반하다, 어기다

4
정답 ③

해석 왼손으로 필기하는 사람들은 많은 문제에 직면할 수 있다. 그들의 글자는 모양이 엉성해서 읽기가 어렵고, 잉크가 종이에 번져서 그들은 손에 불편을 경험하게 된다. 그것이 바로 그들이 Writeco의 획기적인 새 펜인 Swan을 써 볼 필요가 있는 이유이다. 그것은 왼손잡이들에게 글쓰기를 더 쉽고 편하게 해 주는데, 왜냐하면 그 펜에는 그들이 자신이 쓰고 있는 것을 볼 수 있게 해 주는 특수하게 구부러진 펜 끝이 장착되어 있기 때문이다. 그 펜은 Writeco의 사장인 Diane Navarro에 의해 개발되었는데, 그녀는 왼손잡이인 자신의 두 아이를 도울 방법을 찾고 있던 중이었다. 이제 전 세계의 왼손으로 필기하는 사람들이 그것을 쓸 수 있게 되었다. 오늘 그것을 사서 글을 제대로 써 보는 경험을 해 보라.

구문 4행 ... it is equipped with a specially curved tip [that **allows** them **to see** {what they are writing}].
→ [ ]는 a specially curved tip을 선행사로 하는 주격 관계대명사절이다. 「allow + O + to-v」는 '~가 …하게 해주다'의 의미이다. { }는 선행사를 포함하는 관계대명사 what이 이끄는 명사절로 동사 see의 목적어로 쓰였다.

5행 The pen was developed by Diane Navarro, CEO of Writeco, **who** was looking to find a way to help her two children, [both of whom are left-handed].
→ who 이하는 Diane Navarro를 선행사로 하는 계속적 용법의 주격 관계대명사절이고, [ ]는 her two children을 부연 설명해 주는 계속적 용법의 목적격 관계대명사절이다.

문제해설 왼손잡이들이 편하게 글을 쓸 수 있도록 특수 제작된 신제품 펜을 홍보하는 글이다.

어휘 left-handed 왼손잡이의 discomfort 불편 innovative 획기적인 be equipped with ~을 갖추고 있다 curved 곡선의, 약간 굽은 tip (뾰족한) 끝

5
정답 ②

해석 납화법은 2,000년이 넘는 세월 이전에 비롯된 고대 화법이다. 뜨거운 납화법으로도 알려진 이 기술은 녹은 밀랍에 색소를 추가하여 나무, 캔버스나 다른 표면에 바르는 것을 수반한다. 밀랍은 습기에 영향을 받지 않기 때문에 납화 작품들은 손상에 강하고 밝은 색을 오랫동안 유지할 수 있다. 이 방법은 초기 그리스와 로마 화가들에게 친숙하여 사용되기도 했지만, 납화법은 수 백 년이 지난 1700년대가 되고 나서야 인기를 얻게 되었다. 몇몇 예술가들은 지금도 이 기술을 계속 사용하고 있고 현대 기술은 그들이 그렇게 하는 것을 훨씬 더 수월하게 만들어주고 있다. 램프, 다리미 같은 전기 발열 장치들이 밀랍을 따뜻하고 부드럽게 해줘서 예술가들이 그 밀랍을 고정하고 모양을 만드는 시간을 더 가질 수 있게 해준다.

구문 6행 ..., encaustic painting **didn't** become popular **until** centuries later, in the 1700s.
→ 「not ~ until …」 구문은 '…이 되어서야 비로소 ~하다'라는 의미이다.

7행 Some artists **continue to use** this technique nowadays, and modern technology is [making it even easier for them to do so].
→ continue는 목적어로 to부정사, 동명사를 모두 취할 수 있다. [ ]은 「make it + (for + 의미상의 주어) + to-v」 구문으로 it은 가목적어, to부정사구가 진목적어이다.

문제해설 납화는 습기의 영향을 받지 않아 밝은 색을 오랫동안 유지할 수 있다고 했으므로 ②는 글의 내용과 일치하지 않는다.

어휘 originate 비롯되다, 유래하다 wax 밀랍, 왁스 pigment 색

소 beeswax 밀랍 unaffected 영향을 받지 않은 resist 저항하다; *굴하지 않다, 강하다, 잘 견디다 position (특정한 위치에) 두다[배치하다] shape (어떤) 모양으로 만들다.

6-7

해석 (A) 한 할머니가 눈에 눈물을 글썽이며 법정에 섰다. 그녀는 제과점에서 빵 한 덩어리를 훔친 것으로 체포되었다. 할머니는 자신이 유죄임을 인정했지만, 판사에게 상황을 설명하려고 애썼다. "저는 제 손자들을 위해서 그것을 훔쳤습니다."라고 그녀는 아련한 목소리로 말했다. "제 딸이 너무 아파 일할 수가 없어서 그 아이들이 먹을 게 없습니다."
(C) 판사는 할머니의 말에 가슴이 아팠다. 그는 제과점 주인에게 소송을 취하하여 할머니가 풀려날 수 있게 해달라고 요청했다. 하지만 그 남자는 거절했다. "할머니는 법을 어겼어요!"라고 그가 소리쳤다. "만일 할머니가 벌을 받지 않으면 다른 사람들도 똑같이 할 겁니다."
(B) 판사는 한숨을 쉬었고 잠시 생각했다. "그의 말이 맞습니다."라고 판사가 할머니에게 말했다. "당신은 처벌을 받아야 합니다. 벌금 100달러를 내거나 열흘간 옥살이를 하십시오." 하지만 할머니가 반응을 하기도 전에 판사는 지갑에서 50달러짜리 지폐 두 장을 꺼내 그것을 자신의 모자에 넣었다.
(D) "할머니의 벌금이 지불되었습니다."라고 그가 말했다. "그리고 이제 저는 이곳에 있는 모든 분들에게 아무도 배고픈 아이들을 돌보지 않는 마을에 살고 있는 것에 대해 각각 1달러의 벌금형을 내립니다." 그 제과점 주인은 판사의 모자가 도는 것을 지켜보고 부끄러워서 얼굴이 붉어졌다. 할머니는 그날 밤 150달러 이상을 주머니에 넣고 집으로 돌아갔는데, 한 달 동안 식료품을 살 수 있을 정도로 충분한 것이었다.

구문 1행 An old woman stood in a courtroom, [her eyes filled with tears].
→ [ ]는 부대상황을 나타내는 분사구문으로 filled 앞에 being이 생략되었다. 분사구문의 주어인 her eyes가 주절의 주어(An old woman)와 다르므로 생략하지 않았다.

4행 My daughter is **too** sick **to** work, so they have nothing *to eat.*
→ 「too ~ to-v」는 '너무 ~하여 …할 수 없다'라는 의미이다. to eat은 nothing을 수식하는 형용사적 용법의 to부정사이다.

6행 **Either** pay a $100 fine **or** spend ten days in jail.
→ 「either A or B」는 'A나 B 둘 중 하나'라는 의미의 상관접속사로 pay와 spend가 접속사 or로 병렬연결되어 있다.

13행 … in a town [where no one takes care of hungry children].
→ [ ]는 a town을 수식하는 장소의 관계부사절이다.

6 ·························· 정답 (C)-(B)-(D)

문제해설 손자들을 위해 빵을 훔치다 법정에 서게 된 할머니가 소개된 (A) 뒤에는, 할머니의 이야기에 마음이 아팠던 판사가 제과점 주인에게

선처를 요구하였지만 거부당한 내용인 (C)가 오고, 이에 판사가 할머니에게 100달러 벌금형이나 열흘간의 옥살이를 하라는 판결을 내리고 100달러를 대신 낸 (B)가 이어지고, 굶주린 아이들을 배려하지 않는 마을에 살고 있는 모두에게 1달러씩의 벌금형을 내려 할머니가 그 돈을 갖고 집에 가게 되었다는 내용의 (D)가 마지막에 오는 것이 자연스럽다.

7 ·························· 정답 ③

문제해설 판사는 할머니에게 100달러의 벌금을 내거나 감옥에서 열흘을 보내라는 처벌을 내렸으므로 ③이 글의 내용과 일치한다.

어휘 courtroom 법정 arrest 체포하다 admit 인정[시인]하다 guilty 죄책감이 드는; *유죄의 judge 판사 sigh 한숨을 쉬다 punish 처벌하다 fine 벌금; 벌금을 물리다 jail 교도소, 감옥 react 반응하다 bill 고지서; *지폐 owner 주인 drop the charges 공소를 철회하다 go free 해방[석방]되다 refuse 거절[거부]하다 break the law 법(률)을 위반하다 grocery 《pl.》 식료품류

Mini Test 5회 | 본문 pp.94~97

1. ② 2. ⑤ 3. ④ 4. ④ 5. ② 6. ④

1 ·························· 정답 ②

해석 1900년대 초에 미국의 공원과 역사적 건축물은 여러 다른 정부 기관들에 의해 관리되었다. 이 기관에는 주 정부와 미국 내무부 및 그 외 다른 단체들이 있었다. 유감스럽게도 이 기관들이 실시한 보호의 수준은 서로 아주 달랐다. 이 공유지들에 대한 통일된 관리가 없었기 때문에, 그것은 막강한 회사들에 의해 오용될 수 있었다. 환경 보호 운동가들은 이것을 국립공원관리청(NPS)의 설립을 주장하는 근거로 이용했다. 1916년에 Woodrow Wilson 대통령은 NPS를 실현하는 법안에 서명했다. 그는 미국의 후손들이 그것들을 즐길 수 있도록 새로운 기관에 국가의 특별 자연 구역과 유적지들을 보존하는 임무를 부여하였다. 그의 조치 덕분에 오늘날 미국에 존재하는 대규모의 국립공원제도가 생겨났다.

구문 3행 …, the level of protection [provided by these organizations] varied significantly.
→ [ ]는 protection을 수식하는 과거분사구이다.

7행 He **charged** the new organization **with preserving** the nation's special natural and historic sites *so that* Americans of future generations could enjoy them.
→ 「charge + O + with + v-ing」는 '~에게 …의 임무[책임]을 맡기다'의 의미이다. 「so that」은 '~하도록'이라는 의미의 목적을 나타내는 접속사로 뒤에 완전한 절이 나온다.

문제해설 관리 부족으로 오용될 가능성이 있었던 미국의 공원과 역사적 건축물을 보존하기 위해 1916년에 국립공원관리청(NPS)이 설립되고 국립공원제도가 새롭게 제정되었음을 설명하고 있으므로 ② '국립공원관리청의 설립 배경'이 글의 주제로 적절하다.
① 자연 보호의 중요성
③ 미국의 국립 공원의 발달

④ 국립공원관리청 설립에 대한 논쟁의 결과
⑤ 환경 보호 운동가들이 제도 설립에 미친 영향

어휘 **historical** 역사적, 역사상의 **monument** 기념물; *기념비적인[역사적인] 건축물 **manage** 간신히 해내다; *운영[관리]하다 **state government** 주 정부 **vary** 서로 다르다 **significantly** 상당히, 크게 **lack** ~이 없다 **unified** 통일된 **misuse** 남용[오용]하다 **conservationist** 환경 보호 활동가 **argue** 언쟁을 하다; *주장하다 **creation** 창조, 창작 **bill** 고지서; *법안 **make ~ a reality** ~을 실현하다 **preserve** 지키다, 보호하다 **site** 위치, 장소, 현장 **generation** 세대 **extensive** 아주 넓은, 대규모의

2
.... 정답 ⑤

해석 세계의 많은 지역에서 생강은 수 세기 동안 중요한 약초로 쓰였다. 인도와 중국과 같은 나라 사람들은 그것을 소화불량, 메스꺼움, 구토를 치료하는 데 사용해 왔다. 최근에는 서구 사회 또한 생강에 관심을 보여왔다. 전문가들은 뱃멀미부터 항암 치료로 인한 불쾌감과 통증에 이르기까지 여러 종류의 메스꺼움에 대한 효과를 시험하기 위해 이 향신료에 대해 연구하고 있다. 이미 과학자들은 생강이 이러한 질환에 가장 좋은 치료제라는 것을 인정하기 시작하고 있다. 반복적으로, 단일 성분의 생강 알약이 오늘날 약국에서 구할 수 있는 어떤 약보다 더 긍정적인 결과를 보이고 있다. 이러한 경향이 지속된다면, 생강은 곧 서구에서 인기 있는 약초로 판매될 것 같다.

구문 1행 ..., ginger **has been** an important medicinal plant for centuries.
→ 과거에 발생한 일이 현재까지 계속되고 있으므로 현재완료시제(has been)가 쓰였다.

4행 ... to test its effect on different types of nausea, **from** seasickness **to** the feelings of discomfort and pain [caused by cancer treatments].
→ 「from A to B」는 'A에서 B까지'의 의미이다. [ ]는 the feelings of discomfort and pain을 수식하는 과거분사구이다.

6행 Already, scientists are beginning to recognize [that ginger is the best cure for these ailments].
→ [ ]는 recognize의 목적어 역할을 하는 명사절이고, that은 그 명사절을 이끄는 종속접속사이다.

문제해설 오래 전부터 인도와 중국 등지에서 소화불량과 메스꺼움에 대한 치료 약재로 쓰여온 생강이 최근 서구에서도 그 효능을 인정 받기 시작하여 곧 시중에 판매될 것이라는 내용이므로 ⑤ '새로운 세계를 위한 오래된 약'이 글의 제목으로 적절하다.
① 소화불량을 피하는 방법
② 암 치료제 찾기
③ 생강을 이용한 요리의 기술
④ 세계의 약 비교

어휘 **medicinal** 약효가 있는 **treatment** 치료 **indigestion** 소화불량 **nausea** 욕지기; *메스꺼움 **vomit** 토하다 **take an interest in** ~에 관심을 가지다 **spice** 양념, 향신료 **seasickness** 뱃멀미 **discomfort** (신체적인) 불편, 가벼운 통증 **cure** 낫게 하다; *치료(법) **ailment** 질병 **pharmacy** 약국 **market** 시장; *(상품을) 내놓다; 광

고하다 **herbal** 허브[약초]의 **remedy** 처리 방안; *치료약 [문제] **art** 미술; *기술 **comparison** 비교함; *비교

3
.... 정답 ④

해석 대자연 캠프 자원봉사 프로그램
야외에 있는 것을 좋아하나요? 아이들과 환경을 돕기 위해 여러분의 능력을 사용하는 것에 대해 생각해본 적이 있나요? 대자연 캠프 자원봉사 프로그램에 가입해서 캠프 참가자들과 함께 자연에 대한 여러분의 사랑을 나누세요!

희망 자격 요건
아이들을 지도하거나 가르친 경험이 1년 이상인 자
18세 이상인 자
1주일 동안 자원봉사 가능한 자
심폐소생술과 응급 처치 훈련을 받은 자

책임
1주일 동안 한 개 조의 지도를 맡아야 함
캠프 참가자들과 유대를 형성하고 개인적인 주의를 기울여야 함
큰 조별 활동 시 대표 선생님을 도와줘야 함

자원봉사 기간
여름 캠프: 6월 7일 ~ 7월 10일
겨울 캠프: 1월 3일 ~ 2월 5일

지원 방법
자원봉사 담당자인 Sally Lincoln에게 volunteer@mothernaturescamp.com이나 021-555-3298로 연락하세요.

구문 2행 Do you **enjoy being** outside?
→ enjoy는 명사 및 동명사만을 목적어로 취하는 동사이다.

6행 Have over one year of experience [leading or teaching children]
→ [ ]는 명사 experience를 수식하는 현재분사구로, 분사가 목적어나 수식어를 수반하는 경우에는 뒤에서 명사를 수식한다.

문제해설 '책임' 부분에 캠프 참가자들에게 개인적인 주의를 기울여야 한다고 나와 있으므로 ④가 글의 내용과 일치한다.
① 아이들을 지도하거나 가르친 경험이 있어야 한다.
② 일주일 동안 자원봉사 프로그램에 참여해야 한다.
③ 한 주에 한 그룹을 맡아야 한다.
⑤ 여름과 겨울에 개최되는 캠프에 지원할 수 있다.

어휘 **Mother Nature** 대자연 **camper** 야영[캠핑]객 **desired** 바랐던, 희망했던 **qualification** 자격, 자질 **first aid** 응급 처치 **bond** 접착[접합]시키다; *유대감을 형성하다 **attention** 주의, 주목 **assist** 돕다 **head** 머리; *책임자 **counselor** 상담역, 고문 **apply** 신청하다; *지원하다

4
.... 정답 ④

해석 한 연구진이 두 참가자 집단에게 두 가지 다른 위치 중 한 위치에서 입에 펜을 문 채 설문지를 작성해 달라고 요청했

다. 펜을 '입술 위치'에 문 참가자들은 억지로 얼굴을 찌푸리게 된 반면, '치아 위치'에 문 참가자들은 억지로 미소를 짓게 되었다. 연구자들은 그 연구의 진짜 목적을 설명하지 않았고, 사람들이 손을 쓰지 않고 글을 쓰는 것이 얼마나 어려운지 알아보려 한다고 참가자들에게 말했다. 그 설문지에서, 참가자들은 어떤 만화가 얼마나 웃긴지 평가해 달라는 요청을 받았는데, 이것이 바로 그 실험의 진짜 목적이었다. 연구자들이 예상한 대로, 치아 위치를 취한 집단의 참가자들이 입술 위치를 취한 집단의 참가자들보다 그 만화가 훨씬 더 재미있다고 평가했다.

구문 1행 A team of researchers **asked** two groups of participants **to fill** out a questionnaire *with a pen held* in their mouth ....

→ asked의 목적격보어로 to fill 이하의 to부정사구가 왔다. 동시동작을 나타내는 분사구문 「with + O + 과거분사」는 '~이 …된 채로'의 의미이다.

5행 ..., **telling** the participants [that they were trying to find out {how difficult *it* was for people without the use of their hands *to write*}].

→ telling 이하는 부대상황을 나타내는 분사구문이다. the participants는 telling의 간접목적어이고 [ ]는 직접목적어이다. { }는 find out의 목적어인 간접의문문이다. it은 이 목적절의 가주어, to write은 진주어, for people ... hands는 to write의 의미상 주어이다.

6행 ..., the participants were asked to rate [how funny a cartoon was], **which** was the real objective of the test.

→ [ ]는 rate의 목적어 역할을 하는 간접의문문이다. which는 앞의 to rate ... was를 선행사로 하는 계속적 용법의 주격 관계대명사이다.

문제해설 실제 감정과 무관한 얼굴의 움직임이 사람의 감정에 영향을 미친다는 것을 보여주는 실험에 관한 내용이므로 ④가 글의 요지로 적절하다.

어휘 participant 참가자 questionnaire 설문지 force ~을 강요하다; *(미소 등을) 억지로 짓다 frown 얼굴을 찌푸리다 find out ~을 알아내다 rate (특정한 수준으로) 평가하다 objective 목적, 목표

5
정답 ②

해석 명예의 정확한 정의는 문화마다 다를지도 모르지만, 그 개념이 존재하지 않는 인간 사회는 거의 없다. 어떤 사회학자들은 우리의 명예심이 화합과 궁극적으로는 사회 집단의 생존에 기여하는 조화로운 행동을 장려하기 위해 발달했다고 주장한다. 그러나 나에게는 명예에 관한 더 개인주의적인 설명이 사실처럼 들린다. 죽을 운명인 존재들로서 우리는 우리의 인생이 언젠가는 끝날 것이라는 사실에 끊임없이 직면한다. 우리는 다른 사람들이 우리를 바라보는 방식을 형성하는 데 제한적인 양의 시간만을 갖고 있을 뿐이다. 우리가 죽은 후에는 우리가 모으는 어떠한 물질적인 부도 우리에게 큰 도움이 되지 않을 것이다. 오히려, 우리가 기억되게 하는 것은 바로 주로 우리의 행동에 의해서이다. 만약 우리가 명예로운 방식으

로 우리의 삶을 살아간다면 우리는 그 기억들이 긍정적일 것이라고 장담할 수 있다.

구문 1행 ..., but there are **few** human societies [*in which* the concept does not exist].

→ few는 '거의 ~없는'의 의미로 셀 수 있는 명사를 수식한다. [ ]는 human societies를 선행사로 하는 관계대명사절로, in which는 관계부사 where로 바꿔 쓸 수 있다.

6행 We only have a limited amount of time **to shape** the way [*in which* others view us].

→ to shape는 a limited amount of time을 수식하는 형용사적 용법의 to부정사이다. [ ]는 the way를 선행사로 하는 관계대명사절이다.

7행 After we're gone, any material wealth [*that we accumulate*] will not do us much good.

→ [ ]는 any material wealth를 선행사로 하는 목적격 관계대명사절이다.

8행 Rather, **it** is primarily by our actions **that** we will be remembered.

→ 「It is ~ that ...」은 '…한 것은 바로 ~이다'의 의미로 primarily by our actions를 강조하기 위한 강조구문이다.

문제해설 명예가 사회 집단의 유익을 위해 발달했다는 일부 사회학자들의 의견과 달리, 글쓴이는 개인적인 속성에 바탕을 두고 명예의 의미를 설명하고 있으므로, ②가 글의 목적으로 적절하다.

어휘 precise 정확한 sociologist 사회학자 harmonious 조화로운 contribute 기부하다; *기여하다 cohesion 화합, 결합 individualistic 개인주의적인 ring true 사실처럼 들리다 mortal 영원히 살 수는 없는 constantly 끊임없이 confront (문제나 힘든 상황에) 닥치다; *직면하다 shape (어떤) 모양으로 만들다; *형성하다 view 견해; *보다, 생각하다 material 직물; *물질적인 accumulate 모으다 do ~ good ~에게 도움이 되다 primarily 주로 conduct (특정한 활동을) 하다; *행동하다, 처신하다 honorable 고결한; *명예로운 fashion 유행, 인기; *방식 assure 장담하다 remembrance 추모, 추도; *(~에 대한) 기억

6
정답 ④

해석 Sintayehu Tishale은 20년 넘게 에티오피아에서 가장 훌륭한 목수 중 한 명으로 여겨지고 있다. 그는 숙련된 작업가로 매우 뛰어난 정확도를 가지고 망치를 다룬다. 게다가 그는 톱질을 하고, 장작을 패고, 여느 목수가 그렇듯 위험한 기계도 잘 조작한다. 당신은 그가 만든 탁자와 의자들이 손으로 만들어진 것이 아니라 발로 만들어졌다는 것을 절대 짐작하지 못할 것이다!

소아마비에 걸린 채로 태어난 Tishale은 어린 나이에 양팔 모두를 쓸 수 없게 되었다. 그는 자라면서 부서진 가구를 고치고 발로 작업하는 것을 연습하곤 했는데, 손처럼 더 강해지고 유연해지려면 발을 단련시켜야 된다는 것을 알았다. 슬프게도 Tishale의 부모는 그의 능력을 알아차리지 못했고 그가 일할 수 있는 기회는 없을 것으로 여겨 그에게 길거리에서 구걸하는

것을 가르쳤다.

비록 이곳저곳을 다니며 여러 해 동안 구걸했지만, 그는 항상 그가 더 나은 인생을 살 수 있다고 믿었다. 그 더 나은 인생은 Tishale이 아내를 만나면서 찾아왔고 모든 것이 변했다. 그녀의 도움으로 그는 읽고 쓰는 법을 배웠고 목공 기술을 발전시키는 데 전념할 수 있었다.

현재 Tishale은 40대 중반의 다섯 명의 아이를 둔 아버지이고, 여전히 결혼 생활을 하고 있다. 그는 신체적인 한계가 아니라 그의 뛰어난 목공술과 결부되고 영향을 받은 독자성을 가지고 있다. 어떤 사람들은 그들이 가진 것을 최대한 활용하면서 살아간다. 하지만 심지어 가지지 않은 것을 최대한 활용하는 사람들도 있다. Tishale이 그런 사람들 중 한 명이다. 다음에 당신이 겉보기에 불가능해 보이는 과제에 직면했을 때 그의 이야기를 기억하라.

구문 7행 ... he **would** try to repair broken furniture and *practice performing* tasks with his feet, [knowing he had to train them to be stronger and more flexible ...].
→ would는 과거의 불규칙적인 습관을 나타내는 조동사로 '~하곤 했다'의 의미이다. practice는 동명사를 목적어로 취하는 동사이다. [ ]은 부대상황을 나타내는 분사구문으로 '그리고 ~'라고 해석하면 자연스럽다.

13행 ..., he learned **how to read** and **write**, ...
→ 「how to-v」는 '~하는 방법'의 의미로 read와 write가 등위접속사 and로 병렬연결되었다.

17행 Some people live their lives **by making** the best of [*what* they have].
→ 「by v-ing」 구문은 수단 및 방법을 나타내어 '~하면서, ~함으로써'라는 의미이다. 선행사를 포함한 관계사 what이 이끄는 명사절 [ ]는 전치사 of의 목적어 역할을 한다.

문제해설 양팔을 사용하지 못함에도 불구하고 포기하지 않고, 끊임없이 노력하여 뛰어난 목공술을 뽐내고 있는 목수를 소개하는 내용이므로 ④ '포기하지 않음으로써 역경을 극복하라'가 글의 제목으로 적절하다.
① 가끔은 행운이 당신이 필요한 전부이다
② 성공의 물리적인 한계
③ 장애가 어떻게 생산성에 방해가 되는가
⑤ 삶의 도전 과제들을 극복하려면 목공일을 배워라

어휘 carpenter 목수 wield (권력·권위 등을) 행사하다; *(무기·도구를) 휘두르다 precision 정확(성) saw 톱질하다 chop 썰다, 패다 operate 작동되다; *가동[조작]하다 machinery 기계(류) polio 소아마비 repair 수리하다 flexible 신축성 있는; *잘 구부러지는, 유연한 spot 발견하다, 찾다 employment 직장; *취업 woodworking 목세공의 identity 신원; *독자성 bind 묶다; *결속시키다 make the best of ~을 최대한 이용하다 seemingly 외견상으로, 겉보기에 [문제] hinder 저해하다, ~을 못하게 하다 productivity 생산성 adversity 역경

1

정답 ②

해석 거의 모든 인간 사회에서 공통된 신념은 이름을 짓는 행위가 이름이 붙여진 것에 힘을 부여한다는 것이다. 많은 고대 문화는 한 사람이 다른 사람의 이름을 말함으로써 그 사람에 대한 지배력 또는 지휘권을 보여줄 수 있다고 믿었다. 예를 들어, 만약 어떤 사람이 악마나 신의 진짜 이름을 알게 된다면 그 이름을 말하는 것은 그 사람에게 그 존재에 대한 통제력을 줄 것이라고 생각되었다. 이러한 종류의 발상은 성경에서도 발견될 수 있다. 창세기에서, 조물주는 지구의 새로운 동물들을 아담에게 주는데, 그는 각각의 동물들에게 이름을 주는 것이 허용된다. 그가 그렇게 할 때, 인간을 대표하는 아담은 낯설고 야생적인 자연의 세계를 어느 정도 길들일 수 있다. 결국, 단지 이름을 부여함으로써 아담은 지구상 모든 생물의 주인이 된다.

구문 4행 ... **if someone learned** the true name of a demon or a god, **saying its name would grant** that person control of the entity.
→ 「if + S + 동사의 과거형, S + 조동사의 과거형 + 동사원형」의 가정법 과거 구문으로, 현재 사실과 다른 일을 가정하여 '만약 ~라면 …할 것이다'라는 의미를 나타낸다.

7행 As he does **so**, Adam, [representing humankind], is able to somewhat tame ....
→ so는 앞 문장의 give each of them a name을 가리킨다. [ ]는 현재분사구로 Adam을 부연 설명하기 위해 삽입되었다.

문제해설 누군가에게 이름을 짓는 행위를 통해 그 사람에 대한 지배력을 가질 수 있다는 오랜 발상에 대한 내용을 다루고 있으므로 ② '이름을 짓는 행위가 어떻게 우월성을 만드는지'가 글의 주제로 적절하다.
① 고대 문화의 다양성
③ 고대 문화에 관한 책: 성경
④ 과거에 통치자가 권위를 드러내던 방식들
⑤ 살아있는 모든 생명체를 다스리는 아담의 능력

어휘 confer 상의하다; *수여[부여]하다 demonstrate 증거를 들어가며 보여주다, 입증하다 mastery 숙달; 지배(력) authority 지휘권 demon 악령, 악마 grant 주다 entity 독립체, 존재 Genesis (성경) 창세기 somewhat 어느 정도, 약간, 다소 tame 길들이다 assign (일·책임 등을) 맡기다; *부여하다 [문제] superiority 우월성

2

정답 ①

해석 인구가 팽창함에 따라 사망자 수 또한 증가한다. 2020년까지 약 38만 명이 매년 사망할 것이고, 현재의 매장 제도는 환경에 점점 더 많은 부담을 지우게 될 것이다. 따라서, 정부는 환경친화적인 매장 관례의 채택을 장려하기 위해서 지침을 제시하고 있다. 일반적으로 이러한 지침들은 죽은 사람을 화장해서, 공원과 같은 곳에 그들의 유골을 매장하는 것을 포

함한다. 이것은 환경에 좋을 뿐만 아니라 공동묘지의 광경이 다소 우울하게 보인다고 생각하는 사람들로부터도 동의를 얻을 것이다. 게다가, 그것은 집 주변에 새로운 묘지가 건설되는 것에 대한 사람들의 저항도 줄일 것이다. 많은 유럽 국가들이 이미 이런 매장 기술을 도입하려는 시도를 해 왔고, 그 반응은 긍정적이었다.

구문 5행 **Not only** *would this* be good ..., **but** it would meet ....
→ 「not only A but (also) B」는 'A뿐만 아니라 B도'의 의미이다. 부정어 Not only가 문두에 나와 주어와 동사가 도치되었다.

7행 ..., it would likely lessen people's **resistance to** new cemeteries [*being built* in their neighborhoods].
→ '~에 대한 저항'의 의미를 나타낼 경우 주로 resistance 뒤에 전치사 to가 나온다. [ ]는 new cemeteries를 수식하는 분사구이다. being built는 「being + 과거분사」 형태인 분사의 수동태로 in their neighborhoods를 수반하여 명사 뒤에 위치하였다. 이처럼 분사가 목적어, 보어, 수식어구를 수반하는 경우 분사구는 뒤에서 명사를 수식한다.

문제해설 환경친화적인 매장 제도의 도입과 그것의 이점에 대해 말하고 있으므로 ①이 글의 요지로 가장 적절하다.

어휘 expand 확대[확장/팽창]되다 approximately 거의, ~ 가까이 burial 매장 (v. bury) adoption 입양; *채택 eco-friendly 친환경적인 remain 《pl.》 남은 것, 나머지; *(죽은 사람·동물의) 유해 setting 환경 meet with approval 동의를 얻다 cemetery 묘지 lessen 줄다, 줄이다 resistance 저항, 반대 attempt 시도 introduce 소개하다; *내놓다, 도입하다 promising 유망한; *조짐이 좋은

3
정답 ②

해석 네덜란드에서 최근 한 연구를 통해 45명의 백인 자원봉사자들의 시각적 인식과 인종 편견을 시험해 보았다. 그들은 망막경합 과제를 완성하도록 요구 받았는데, 이는 왼쪽 눈과 오른쪽 눈에 다른 이미지를 동시에 보여주는 실험 유형이다. 참가자들에게 한쪽 눈에는 간단하고 선명한 무늬를 보여주고, 다른 쪽 눈에는 명암이 낮은 밝고 어두운 피부의 얼굴 이미지를 보여줬다. 그들은 얼굴이 뚜렷해지자마자 버튼을 눌러야 했다. 처음에 참가자들은 무늬만 보았다. 실험자들이 무늬의 명암을 낮추고 얼굴의 명암을 높이자 참가자들은 얼굴도 보기 시작했다. 일반적으로 어두운 피부의 얼굴을 알아차리는 데 좀 더 시간이 걸렸다. 이 실험 후에 참가자들은 '밝은'과 '어두운'이라는 단어를 긍정적이거나 부정적인 특징을 설명하는 단어와 연결해야 했다. 연구는 인종 편견을 강하게 가지고 있는 사람들이 어두운 피부의 얼굴을 인식하는 데 가장 많은 시간을 소요했다는 것을 발견했다.

구문 2행 They **were asked to** complete a binocular rivalry task, [a type of experiment {in which a person's left and right eyes are shown different images at the same time}].
→ 「be asked to-v」 구문으로 '~할 것이 요구되다, ~할 부탁을 받다'로

해석한다. [ ]는 a binocular rivalry task에 대한 보충 설명을 덧붙이는 동격의 절이다. { }의 관계대명사 which는 선행사 experiment를 지칭한다.

7행 **As** the experimenters lowered the contrast of the patterns ..., the participants *began to see* the faces as well.
→ 접속사 as는 '~하는 동안에, ~하면서'라는 의미로 사용되었다. begin은 목적어로 to부정사와 동명사 모두 취할 수 있다.

문제해설 인종 편견을 가진 사람들이 어두운 피부색을 더 늦게 인식한다는 실험 결과에 대해 설명하는 글이므로 ② '시각적 인식에서 발견되는 인종 편견'이 글의 제목으로 적절하다.
① 인종과 관련된 네덜란드의 문제
③ 과학 실험에서 패턴 감지하기
④ 우리는 어떤 단어를 사용하여 피부색을 묘사하는가?
⑤ 우리의 눈은 어떻게 밝고 어두운 피부를 인지하는가

어휘 awareness 의식, 관심 racial 인종의, 민족의 bias 편견, 편향 high-contrast 고 대비의, 선명한 noticeable 뚜렷한, 현저한 initially 처음에 raise (무엇을 위로) 들어올리다; *(양·수준 등을) 올리다 detect 발견하다, 알아내다, 감지하다 [문제] perception 지각, 자각 (v. perceive)

4
정답 ③

해석 Fabian 씨께,
저희 기록에 따르면 'Parenting Monthly'의 6월호가 고객님의 12개월 구독의 마지막 배송호입니다. 'Parenting Monthly'의 모두를 대표하여 저는 고객님께 저희 잡지를 선택해 주신 것에 대해 감사드립니다. 지난 해 동안 고객님이 저희 잡지의 기사와 특집 내용을 읽는 것을 즐기셨기를 진심으로 바랍니다. 뿐만 아니라, 고객님께서 앞으로도 계속 그러시기를 바랍니다. 따라서, 현재 고객이신 귀하께서 계속 'Parenting Monthly'를 읽으시도록 권장하고자 향후 12개월간의 구독에 대해 15% 할인을 제공해 드리고 싶습니다. 이 후한 제공은 현 계약의 마지막 날까지만 이용 가능하므로 조속히 행동해 주십시오. 이 기회를 이용하기 위해서는 www.parentingmonthly.com에서 온라인 신청서를 작성하시거나 555-090-780으로 저희 친절한 고객 지원부 담당자 중 한 명에게 전화해 주십시오.
Janette Rhodes 드림

구문 4행 I sincerely hope that you **have enjoyed** reading ....
→ 과거에 시작해서 현재까지 계속되는 일이므로 현재완료 시제(have enjoyed)가 쓰였다.

9행 In order to take advantage of this opportunity, **either** fill out an online form at www.parentingmonthly.com **or** call ....
→ 「either A or B」는 'A이거나 B'의 의미를 나타내는 상관접속사이다.

문제해설 정기구독 만료를 앞둔 고객에게 구독 연장을 신청할 경우 할인을 해주겠다고 제안하는 내용이므로 ③이 글의 목적으로 가장 적절하다.

어휘 edition (출간된 책의 형태로 본) 판; *(시리즈 간행물의) 호

installment 분할 불입; *(전집·연재물 등의) 1회분   subscription 구독료; *구독   on behalf of ~을 대신[대표]하여   sincerely 진심으로   feature 특색, 특징; *특집 기사   generous 후한, 넉넉한   agreement 동의; *계약   take advantage of ~을 이용하다   fill out 기입하다

5
                                                                   정답 ②

해석 유럽 뱀장어는 진정한 여행가이다. 이 뱀 모양의 물고기는 버뮤다의 남동쪽인 조해(藻海)에서 태어나고 죽는다. 하지만 그것들은 생애 대부분을 유럽의 수로에서 보낸다. 그것들의 여행은 태어나면서부터 시작되는데, 이때 그것들은 유충 상태로 대서양을 지나 동쪽으로 표류한다. 그것들이 바다를 횡단하는 데는 3년이 걸리는데, 그 시간 동안 그것들은 성장하고 색이 변한다. 그 다음 9년에서 19년에 걸친 그것들의 삶은 유럽의 강과 호수에서 보내어진다. 그 후에 나이가 들면, 그것들은 조해로 되돌아가, 그곳에서 번식을 하고 죽는다. 비록 이 뱀장어들이 소규모 수역에서 길을 찾는 데 쓰이는 뛰어난 후각을 지니고 있긴 하지만, 과학자들이 그것들의 대서양 횡단을 설명할 수 있는 유일한 방법은 그 종 전체에 유전된 기억력뿐이다.

구문 4행 **It takes** them three years **to cross** the ocean, during *which* time they grow ....
→ 「it takes + A + 시간 + to-v」는 'A가 ~하는 데 …의 시간이 걸리다'의 의미이다. which는 three years를 선행사로 하는 계속적 용법의 관계형용사로, 뒤에 나오는 명사 time을 수식하는 형용사와 접속사 역할을 동시에 한다.

6행 ..., they retrace their path back to the Sargasso, **where** they reproduce and die.
→ where는 the Sargasso를 선행사로 하는 계속적 용법의 관계부사로 in the Sargasso와 같은 의미이다.

문제해설 바다를 횡단하는 3년 사이에 성장하면서 색이 변한다는 내용은 있지만 위급하면 색이 변한다는 언급은 없으므로 ②는 글의 내용과 일치하지 않는다.

어휘 freshwater eel 뱀장어   the Sargasso Sea 조해(藻海)   waterway 수로   drift 떠 가다, 표류하다   retrace (왔던 길을) 되짚어 가다   reproduce 복사[복제]하다; *번식하다   navigation 항해   trans-Atlantic 대서양 횡단의   migration 이주, 이동   species-wide 종(種) 전체의   inherit 상속받다; *(신체적 특성 등을 유전적으로) 물려받다

6-7

해석 (A) 그와 같은 이름을 한 체계로 유명한 Louis Braille는 1809년 1월 4일, 프랑스의 Coupvray에서 태어났다. 그가 겨우 세 살이었을 때, Louis는 사고로 시력을 잃었다. 후에, 그는 파리 맹인 학교의 학생이 되었다. 책을 너무 읽고 싶었던 그는 학교가 맹인들이 읽도록 고안된 책들을 보유하고 있는 것을 발견했다. 그 책들은 매우 크고 만져질 수 있는 도드라진 활자를 사용했다. 안타깝게도, 엄청난 글자 크기 때문에

Louis가 한 문장을 읽는 데 아주 오랜 시간이 걸렸다.

(D) 이 문제를 해결하기 위하여, Louis는 맹인들이 읽는 데 더 효과적인 방법을 찾으려 했다. 다행히도 학교에 있던 어떤 사람이 그에게 프랑스 군대에서 밤에 소식을 전달하기 위해 사용하고 있는 암호에 대해 말해 주었다. 프랑스 군인들은 글자가 아닌 점과 대시 기호(−)를 사용하는 암호를 발명해냈다. 그것들은 전장에 있는 군인들이 밤에 불빛 없이도 손으로 만져서 읽을 수 있도록 종이 위로 도드라져 있었다.

(B) Louis는 이 암호를 스스로 읽어보려고 했다. 그것은 도서관의 책 안에 있던 엄청난 크기의 글자들처럼 도드라져 있긴 했지만, 대시 기호들과 점들은 훨씬 더 작았다. 그것은 보다 쉽긴 했지만, 여전히 읽는 데 시간이 많이 걸렸다. 대시 기호들은 너무 많은 공간을 차지했는데, 이것은 한 페이지에 겨우 한두 문장만을 담을 수 있다는 것을 의미했다. Louis는 자신이 좀 더 나은 체계를 만들 수 있을 거라고 느꼈다.

(C) 방학 동안 집에 있으면서, Louis는 아버지의 가죽 가게에 앉아 아버지가 사용하는 온갖 도구들에 둘러싸여 있었다. 새로운 체계를 연구하는 도중에, Louis는 무심코 아버지의 송곳들 중 하나를 건드렸다. 갑자기, 그는 그 도구가 자신이 새로운 알파벳을 만드는 것을 도와줄 것이라는 것을 깨달았다. 그는 작업하는 데 며칠을 보냈는데, 그 기반을 알파벳 글자를 나타내기 위해 서로 다른 방법으로 배열될 수 있는 여섯 개의 점에 두었다. 그는 송곳을 이용하여 하나의 문장을 찍어내고, 그것을 읽어보려 시도했다. 그것은 모두 이해가 되었다. 그때가 바로 Braille(브라유) 점자가 발명된 순간이었다!

구문 3행 [Desperately wanting to read], he discovered that the school **did** have books {designed to be read by the blind}.
→ [ ]는 이유를 나타내는 분사구문이다. did는 문장의 내용을 강조하기 위해 사용된 조동사이며, { }는 books를 수식하는 과거분사구이다.

7행 Louis **tried reading** this code *himself*.
→ try가 동명사를 목적어로 취하는 경우 '시험삼아 ~해보다'라는 의미이다. himself는 강조를 위해 쓰인 재귀대명사이다.

9행 Dashes took up too much space, **which** meant a page contained only one or two sentences.
→ which는 앞 문장 전체를 선행사로 하는 계속적 용법의 주격 관계대명사이다.

13행 He spent days working on it, [basing it on six dots {that could be arranged in different ways to represent the letters of the alphabet}].
→ [ ]는 부대상황을 나타내는 분사구문이다. { }는 six dots를 선행사로 하는 주격 관계대명사절이다.

6
                                                        정답 (D)-(B)-(C)

문제해설 사고로 시력을 잃은 Louis Braille가 맹인으로서 독서의 어려움을 깨달았다는 (A)에 이어, 이 문제를 해결할 방법을 찾던 중 프랑스 군대에서 사용하는 암호를 접하게 되는 내용의 (D)가 오고, 점과 대시 기호들을 이용한 이 암호가 여전히 읽기에 불편했다는 내용의 (B)가 이

어진 후, 우연히 송곳을 만지다가 그것을 이용하여 글자를 점으로 찍어내는 방식에 착안하여 점자 체계를 발명했다는 내용의 (C)가 오는 것이 자연스럽다.

7
정답 ③

문제해설 새로운 글자 체계를 만들 때 아버지의 도구가 도움이 된 것은 사실이지만, 직접적으로 아버지의 도움을 받았다는 언급은 없으므로 ③은 글의 내용과 일치하지 않는다.

어휘 share 함께 쓰다; *같은 ~을 갖다 desperately 절망적으로; *몹시 raised (주변보다) 높은, 높이 올린 gigantic 거대한 dash 황급히[맹렬히] 달려감; *대시 기호(–) unintentionally 고의 아니게, 무심코 awl 송곳 base on ~에 기반을 두다 arrange 마련하다; *배열하다 punch out ~을 찍어내다 make sense 의미가 통하다, 이해가 되다 efficient 능률적인; *효율적인

Mini Test 7회
본문 pp.102~105

1. ③ 2. ④ 3. ② 4. ③ 5. ⑤ 6. ④

1
정답 ③

해석 각각의 인간 세포는 특정 개인의 유전자를 가지는 구조를 포함하고 있다. 우리의 유전자는 우리가 어떻게 보이고 행동하는지를 결정하는 것들이다. 이 구조들의 각 끝에는 말단소립이라고 불리는 끈적끈적한 몸체가 있다. 그것들이 세포의 수명을 결정하고, 따라서 우리의 수명도 결정하는 듯 보인다. 세포가 분열할 때마다 그 세포의 말단소립은 너무 짧아서 세포가 분열할 수 없게 되어 죽을 때까지 점점 더 짧아진다. 하지만, 과학자들은 세포에 특정 효소를 첨가함으로써 말단소립이 짧아지는 것을 막을 수 있음을 발견했다. 이러한 첨가로 세포는 젊은 상태를 유지하며 분열을 계속한다. 이 발견으로 판단해 보건대, 인간의 수명은 금세기가 끝나기 전에 180세 혹은 그 이상에 이를 것이 확실하다.

구문 1행 Our genes are the things [that determine **how we look and act**].
→ [ ]는 the things를 선행사로 하는 주격 관계대명사절이다. how 이하는 that절의 동사 determine의 목적어 역할을 하는 명사절로, 「의문사 + 주어 + 동사」의 어순을 취하는 간접의문문이다.

2행 At the end of each of these structures **are sticky bodies** [called telomeres].
→ 부사구가 문두에 나와 주어(sticky bodies called telomeres)와 동사(are)가 도치된 형태이다. [ ]는 sticky bodies를 수식하는 과거분사구이다.

문제해설 말단소립을 포함하고 있는 세포 내의 유전자가 세포와 인간의 수명을 결정하며, 이 세포에 특정한 효소를 첨가하면 세포가 젊은 상태를 유지할 수 있다는 내용이므로 ③ '인체 세포의 노화와 죽음을 예방하는 방법'이 글의 주제로 가장 적절하다.
① 각각의 인체 세포가 분열하는 과정
② 인체 세포와 수명 사이의 상관 관계

④ 인간이 오래 살고자 하는 이유
⑤ 건강한 신체 세포를 유지하는 방법을 보여주는 획기적인 발견

어휘 cell 감방; *세포 structure 구조 gene 유전자 sticky 끈적거리는 lifespan 수명 divide 나누다, 갈라지다 enzyme 효소 shorten 짧게 하다; *짧아지다

2
정답 ④

해석 거주자께

전국 선거인 명부에 따르면 이 주소에는 곧 있을 전국 및 지역 선거의 유권자로 현재 등록된 사람이 없습니다. 18세 이상의 모든 캐나다 국민은 법에 의해 전국 선거인 명부에 등록해야 할 의무가 있음을 명심하시기 바랍니다. 귀하께서 공식적으로 등록하는 방법에는 여러 가지가 있습니다. 첫째로 등록 양식을 www.electoralroll.gov에서 온라인으로 다운로드 하실 수 있습니다. 양식을 작성하시고 문서에 있는 주소로 보내주시기만 하면 됩니다. 두 번째로 1-866-097-0009로 전화하셔서 전화상 등록을 하실 수 있습니다. 귀하의 사회보장번호와 그 밖의 개인 신상 명세를 준비하셔야 합니다. 마지막으로 전국 선거인 명부 사무실이라면 어디에서든 직접 등록하실 수 있습니다. 오실 때는 사진이 부착된 유효한 신분증과 주소 증명서를 함께 가져오셔야 합니다.

구문 5행 There are **a number of options** [that you can use] *to officially register*.
→ 「a number of + 복수명사」는 '많은 ~'라는 의미로 복수 취급한다. [ ]는 options를 선행사로 하는 목적격 관계대명사절이다. to officially register는 부사적 용법으로 쓰인 to부정사구이다.

8행 You will need to **have** your social security number and other personal details **ready**.
→ 「have + O + 목적격보어」 구문은 '~가 …이 되게 하다'의 의미로 목적격보어 자리에 형용사 ready가 왔다.

문제해설 해당 거주지의 거주자가 선거인 명부에 등록되어 있지 않음을 알린 다음 선거인 명부에 등록할 수 있는 세 가지 방법을 소개하고 있으므로 ④가 글의 목적으로 적절하다.

어휘 resident 거주자 register 등록하다; *등록, 명부 (n. registration) upcoming 다가오는, 곧 있을 officially 공식적으로 personal details 개인의 신상 명세 in person 직접 bring along ~을 가지고 오다 valid 유효한 proof 증거(물), 증명(서)

3
정답 ②

해석 일자리 공고: 복숭아 농장 근로자

맡을 일
임무는 계절에 따라 다를 수 있지만 다음을 포함할 수 있습니다.
• 매주 또는 격주로 복숭아 나무에 물주기
• 풍작과 과일 크기를 보장하기 위해 복숭아 나무 다듬기
• 지역 슈퍼마켓에 판매용 복숭아 수확하기

근무 시간

근로자들은 대부분 일주일에 39시간을 일하지만 성수기에는 초과 근무 수당을 받으면서 일을 해야 합니다. 이른 아침, 저녁, 주말에 일하는 것은 흔한 일입니다.

초봉

연봉 $30,000: 6개월 이상의 경력을 가진 근로자

연봉 $32,000~$42,000: 2년~5년의 경력을 가진 근로자

기술, 흥미 및 자질

복숭아 농장 근로자로서 다음을 할 수 있어야 합니다.

• 사다리를 타고 올라가고 무거운 상자 운반하기

• 나무에서 조심스럽게 과일 따기

• 보건 안전 규정 준수하기

구문 8행 ...; however, you will be expected to work [paid overtime during busy seasons].
→ [ ]는 수동태의 분사구문으로, paid 앞에 being이 생략된 형태이다.

9행 [Working early mornings, evenings, and weekends] are all common.
→ [ ]는 문장의 주어 역할을 하는 동명사구로, 동명사구가 지칭하는 행위가 세 가지이므로 복수 취급을 하여 동사 are가 쓰였다.

15행 As a peach farm laborer, you should be able to ....
→ as는 '~로서'의 의미를 가진 전치사로 쓰였다.

문제해설 지역 슈퍼마켓에서 복숭아를 판매하는 것이 아니라 그곳에 팔 복숭아를 수확하는 것이 근로자의 업무이므로, ②는 글의 내용과 일치하지 않는다.

어휘 posting 배치; *게시 laborer 노동자, 인부 duty 의무; *직무 vary 서로 다르다; *달라지다 water 물을 주다 trim 다듬다, 손질하다 ensure 반드시 ~하게 하다, 보장하다 crop (농)작물; *수확량 harvest 수확하다 overtime 초과 근무, 잔업 salary 급여, 봉급 ladder 사다리 regulation 규정

4

정답 ③

해석 많은 기업들은 현대 마케팅 활동의 일부로 비디오 게임에서 광고 공간을 구매한다. 예를 들어, 비디오 게임 제조사들은 자신들의 로고를 게임의 가상 세계에 나오는 광고판이나 다른 소품들에 나타나게 하는 기업들에게 요금을 청구한다. 그러나 새로운 자료는 광고주들이 어떤 종류의 비디오 게임에 그 일부가 되고자 자신들이 비용을 지불하고 있는지를 알아야 한다고 제안한다. 한 연구에서 게임 이용자들이 현실 세계의 광고가 등장한 두 개의 서로 다른 게임에 노출되었다. 한 게임은 총을 쏘는 등장 인물들과 벽에 튄 피와 같은 폭력적인 내용을 포함하고 있었고, 반면에 다른 게임은 그렇지 않았다. 나중에, 이용자들은 게임에서 봤던 상표에 대해 질문을 받았다. 폭력적인 게임을 했던 사람들은 다른 그룹보다 상표에 대해 훨씬 더 부정적인 인상을 갖고 있었다. 이러한 차이는 여성 이용자들 사이에서 특히 분명했다.

구문 2행 ... charge companies to **have** their logos **show up** on billboards or other props [that appear in the game's virtual universe].
→ 「사역동사(have) + O + 동사원형」은 '~가 …하게 하다'라는 의미이다. [ ]는 billboards or other props를 선행사로 하는 주격 관계대명사절이다.

4행 New data **suggests**, however, that advertisers **should be** aware of [what kinds of video games they are paying to be a part of].
→ suggest와 같이 추천·권유·명령·요구의 뜻을 나타내는 동사의 목적절의 동사는 「should + 동사원형」이 오며, 이때 should는 생략할 수 있다. [ ]는 전치사 of의 목적어로 쓰인 간접의문문으로, 「의문사 + 주어 + 동사」의 어순을 따른다.

6행 **One** game included violent content, such as characters [shooting guns] and blood [splattered on walls], while **the other** game did not.
→ 「one ~ the other ...」는 '(둘 중) 하나는 ~ 다른 하나는 …'을 의미한다. [ ]는 각각 characters와 blood를 수식하는 분사구이다.

9행 **Those** [who *had played* the violent game] had significantly higher negative brand impressions than the other group ....
→ Those는 관계대명사절 [ ]의 수식을 받아 '~한 사람들'의 의미를 가진다. 이때 관계대명사절의 시제는 주절의 시제(had)보다 더 이전에 일어난 일을 나타내기 위해 과거완료(had played)가 쓰였다.

문제해설 게임 이용자들은 폭력적인 게임을 통해 광고된 상표에 부정적인 인상을 가지게 된다고 했으므로 ③이 글의 요지로 가장 적절하다.

어휘 campaign 운동, 활동 manufacturer 제조재[사] charge (요금·값을) 청구하다 show up 나타나다 billboard 광고[게시]판 prop 《pl.》 소품 virtual 사실상의; *가상의 real-world 실세계의, 현실에 존재하는 content 내용물; *내용, 주제 splatter 후두둑 떨어지다; *(물 등이[을]) 튀다[튀기다] significantly 상당히 impression 인상 evident 분명한

5

정답 ⑤

해석 1960년대 디자이너인 Victor Papanek은 인도네시아 발리에 있는 많은 사람들이 라디오에서 나오는 대피 경고를 듣지 못해서 화산 폭발로 죽었다는 것을 알게 되었다. 그는 가장 가난한 사람들도 살 수 있는 가격대의 라디오를 만들겠다고 결심했다. 재활용된 빈 깡통으로 만들어진 그 디자이너의 라디오는 거름이나 나무와 같이 어떤 물질이든 태우면 연료가 공급되었다. 전체 장치는 캔 하나에 딱 들어가는 크기로 9센트 이하에 팔린다. Papanek이 외형에는 거의 신경을 안 썼기 때문에 몇몇 사람들은 그의 깡통 라디오의 매력적이지 않은 외관을 못마땅해 했다. 그 외형에도 불구하고 인도네시아와 인도에 있는 많은 빈곤층들이 그 라디오를 사용했고, 그 디자이너는 혁신적인 작품으로 유네스코로부터 상을 받게 되었다. 지속 가능한 디자인을 옹호했던 Papanek은 사람들이 진정으로 필요로 하는 것을 충족시켜주는 것이 모든 디자인의 선두에 있어야 한다고 믿었다.

구문 1행 In the 1960s, Victor Papanek, a designer, learned

that many people in Bali, Indonesia **had died** in a volcanic eruption ....

→ 인도네시아에서 있었던 사고는 Papanek이 그 사고에 대해 알게 된 시점(learned)보다 더 이전의 일이므로 과거완료 시제(had died)를 썼다.

4행 [Made from recycled tin cans], the designer's radio could be fueled **by burning** any material, such as manure or wood.

→ [ ]는 수동태의 분사구문 「being + 과거완료」 형태에서 being이 생략된 것이다. 「by v-ing」는 수단이나 방법을 나타내는 구문으로 '~함으로써'라는 뜻이다.

문제해설 디자이너 Papanek이 빈곤한 사람들도 구입해서 들을 수 있는 매우 저렴한 라디오를 만들었다는 내용이므로 ⑤ '목숨을 구하기 위해 고안된 경제적인 라디오'가 글의 제목으로 적절하다.
① 새로운 종류의 대피 신호
② Papanek 라디오의 작동 원리
③ 왜 스타일이 기능보다 더 중요한가
④ 비상시에 사용하는 구형 라디오

어휘 volcanic 화산의 eruption 폭발, 분화 evacuation 비우기; *피난, 대피 resolve 해결하다; *다짐[결심]하다 affordable 줄수 있는; *(가격이) 알맞은 tin 주석; *통, 깡통 fuel 연료를 공급하다 manure 거름, 천연 비료 exterior 외부, 외면 disapprove of ~을 탐탁찮아[못마땅해] 하다 unappealing 매력 없는, 호소력이 없는 defend 방어하다; *옹호하다 sustainable 지속 가능한 forefront 맨 앞; *선두

---

6 .... 정답 ④

해석 커피나무는 직사광선에 취약해서 1972년이 될 때까지 큰 나무의 그늘에서 재배되어야 했다. 1972년에 햇빛에 잘 견디는 커피나무의 개발로 커피 농장은 상당히 바뀌었다. 이 새로운 종류의 커피나무를 재배하면서 농부들은 이전보다 두세 배 더 많은 커피 원두를 생산할 수 있었고, 그래서 더 높은 수익을 낼 수 있었다.

나중에, 이런 개발이 있고 수년이 지나면서 세계 커피 재배 농장의 60%가 그늘을 만드는 나무들을 없애 버렸다. 그늘을 만드는 나무들의 감소는 철새들에게 부정적인 영향을 끼치고 있는데, 특히 겨울에 북미에서 중미나 카리브 해 지역의 남쪽으로 이동하는 새들에게 영향을 끼쳤다. 나무 그늘은 커피 나무 아래를 보호해줬을 뿐만 아니라 우거진 나뭇가지들은 새들이 겨울을 보낼 수 있는 장소이기도 했다. 이러한 그늘을 만드는 나무가 없어지게 되면서 철새들은 중요한 서식지를 잃게 됐는데 이로 인해 철새 수가 지난 25년에 걸쳐 줄고 있다.

이에 대응하여, 스미소니언 철새 센터에서 만든 프로젝트는 소비자들이 그늘에서 자라는 커피 재배 농장에서 나온 커피를 구매하도록 장려하는 것을 목표로 한다. 그런 재배 농장들은 철새들에게 먹이, 물, 그리고 살 곳을 제공하고 있다. 스미소니언 철새 센터는 커피 포장에 붙여지는 새 친화적인 로고를 고안해서 소비자들이 그늘을 만드는 나무 농장에서 생산된 커피를 쉽게 파악할 수 있게 했다. 철새를 돕고 조류의 다양성을

지원하려면 소비자들은 그저 포장지에 특별한 로고가 새겨진 커피를 찾기만 하면 되는 것이다.

구문 1행 Up until 1972, **it** was necessary **for coffee plants to be grown** in the shade of tall trees ....

→ it은 가주어, to부정사구가 진주어이고 의미상의 주어는 for coffee plants이다.

9행 [Not only did the shade trees provide] protection for the coffee plants below, ...

→ [ ]은 not only가 맨 앞으로 오면서 주어와 동사가 도치된 구문이다. 도치된 경우 not only 다음에는 일반동사가 오지 않고, 시제와 수에 맞는 조동사 do가 쓰여 「not only do[does/did] + 주어 + 동사원형」의 형태가 온다.

문제해설 새로운 커피 나무의 개발로 커피 생산이 늘어 커피 농장주에게는 이익을 가져왔지만, 철새에게는 피해를 주고 있다는 내용의 글로, ④ '커피 생산이 철새들에게 어떻게 영향을 끼치는지'가 글의 주제로 적절하다.
① 철새를 보호하는 가장 좋은 방법들
② 햇빛에 잘 견디는 커피 나무의 이점
③ 커피 생산이 증가하는 이유들
⑤ 철새들이 커피 생산에 미치는 영향

어휘 intolerant 너그럽지 못한; *(특정한 식품·약품 등을[에 대해]) 못 먹는[과민증이 있는] tolerant 관대한; *내성이 있는, 잘 견디는 considerably 많이, 상당히 return 돌아옴; *수익 subsequently 그 뒤에, 나중에 plantation 농장 clear of ~을 제거하다 reduction 축소, 삭감, 감소 migratory 이주하는 canopy 덮개, 지붕 모양으로 우거진 나뭇가지들 habitat 서식지 dwindle (점점) 줄어들다 in response to ~에 응하여[답하여] aim to ~하는 것을 목표로 하다 shelter 주거지 identify (신원 등을) 확인하다[알아보다] biodiversity 생물의 다양성

Mini Test 8회   본문 pp.106~109

1. ①   2. ③   3. ②   4. ③   5. ④   6. (D)-(C)-(B)   7. ⑤

1 .... 정답 ①

해석 'mid-century modern'이라는 용어는 1930년대 중반과 1960년대 중반 사이에 서양에서 대중화된 디자인 양식을 나타낸다. 그것은 주로 건축 양식과 가구와 같은 실내 제품에서 보여졌다. 스칸디나비아의 디자인이 주된 영향을 미쳤고 통일적인 특징들은 단순함과 물 흐르듯 자연스러운 선들에 대한 강조를 포함했다. mid-century modern 건축 양식은 Frank Lloyd Wright의 시각의 연속으로 여겨질 수 있는데, 커다란 창문들과 탁 트인 평면도가 가장 두드러지는 특징이 되었다. 이것은 옥외의 세상이 실내로 포함되고 있는 착각을 불러일으키도록 도왔다. 가구 디자인은 또한 기능뿐만 아니라 형태의 단순함에 중점을 두었다. 예를 들어, 전형적인 mid-century modern 양식의 소파와 의자는 단순한 틀과 쿠션 외에 그 어떤 것도 특징으로 삼지 않았다. 대신에, 그 스타

일의 우아함은 틀 자체의 곡선들로부터 비롯되었다.

구문 1행 The term "mid-century modern" refers to a design style [that was popularized …].
→ [ ]는 a design style을 선행사로 하는 주격 관계대명사절이다.

6행 This helped create the illusion [that the outdoor world was being incorporated with the indoor].
→ [ ]는 명사 the illusion에 대해 보충 설명을 덧붙이는 동격절이다.

문제해설 1930년대 중반과 1960년대 중반 사이에 서양의 건축 양식 및 실내 제품에서 유행하던 디자인 양식의 특징에 대한 글이므로 ① 'mid-century modern 디자인의 특징들'이 주제로 적절하다.
② mid-century modern 디자인의 흥망성쇠
③ 20세기의 가구 디자인에 있어서의 변화
④ Frank Lloyd Wright가 스칸디나비아의 디자인에 미친 영향
⑤ mid-century modern 디자인이 단순함을 강조한 이유들

어휘 popularize 대중화하다 primarily 주로 architecture 건축학; *건축 양식 interior 내부(의) unify 통일하다 emphasis 강조 simplicity 간단, 단순 flowing 흐르는, 물 흐르는 듯한 organic 유기농의; *자연스러운 continuation 계속, 연속 floor plan 평면도 dominate 지배하다; *~의 가장 두드러진 특징이 되다 illusion 오해, 착각 incorporate 포함하다 other than ~외에 elegance 우아함

2

정답 ③

해석 1892년부터 1954년까지, New York Bay에 있는 Ellis Island는 미국에서 가장 붐비는 이민자 검열소였다. 매일 5천여 명의 이민자들이 배에서 내려 그 섬에서 '처리되었다'. Ellis Island는 너무 많은 사람들을 처리해서 미국인들 중 무려 40퍼센트가 Ellis Island를 거쳐 간 친척이 있을 정도였다. 그곳의 절차는 간단하지 않았다. 그들은 도착하자마자, 이 줄 저 줄 다니면서 구비 서류에 대해 심문을 받거나 의료 검사를 받았다. 새로 온 사람들에게 가장 고통스러웠던 것은 가족 중 한 명이 전염병이나 범죄 전과, 또는 정신병 때문에 미국 입국을 거부당할 때였다. 이런 일이 발생하면, 가족들은 그 사람을 두고 가거나 온 가족이 고국으로 돌아가거나 하는 끔찍한 결정에 맞닥뜨렸다. 이것은 Ellis Island에 '눈물의 섬'이라는 별명을 부여했다.

구문 5행 As soon as they arrived, immigrants moved from one line to another, [getting questioned about paperwork …].
→ 「as soon as ~」는 '~하자마자'의 의미로, 시간의 부사절을 이끈다. [ ]는 동시동작을 나타내는 분사구문이다.

9행 … either [to leave the person behind] or [to have the entire family return to the old country].
→ 「either A or B」는 'A 또는 B'의 의미이며 두 개의 to부정사구 [ ]가 등위 접속사 or에 의해 병렬연결되어있다.

10행 This gave Ellis Island the nickname of "The Island of Tears."
→ 수여동사 give 뒤에 바로 간접목적어와 직접목적어가 나온 구문으로

'~에게(간접목적어) …를(직접목적어) 주다'의 의미를 나타낸다.

문제해설 Ellis Island를 통해 미국에 건너 온 이민자들의 고충에 대해 설명하고 있는 글이므로 ③ '왜 Ellis Island가 '눈물의 섬'이라고 불렸는 가'가 제목으로 가장 적절하다.
① 과거에는 어떻게 이민자들이 미국에 입국했는가
② 미국의 이민자 검열 과정
④ 미국의 Ellis Island에서 이민자 대다수가 직면했던 문제들
⑤ 미국 입국을 거부당한 이민자들이 겪는 후유증

어휘 bay 만 immigrant 이민자 inspection 검사 process 과정, 절차; *처리하다 on a daily basis 매일 relative 친척 question 심문하다 paperwork 서류 작업 medically 의료적으로 examine 조사하다; *검사하다 newcomer 새로 온 사람 agonizing 고통스러운 deny 부정하다; *거부하다 contagious 전염성의 criminal 범죄의 insanity 정신 이상, 정신병 be faced with ~에 직면하다 leave ~ behind ~를 두고 가다

3

정답 ②

해석 인간 행동에 관한 소위 천성 대 교육 논쟁은 사회 과학자들 사이에서 흔한 것이다. 문제는 우리의 습관과 행동이 자연적 본능으로서 물려받은 것이냐 아니면 우리가 태어난 후에 우리를 둘러싸고 있는 사람과 환경으로부터 학습된 것이냐 하는 것이다. 짝짓기 의식, 친족 관계 유대의 형성, 이타주의와 같은 자질들이 이 맥락 안에서 자주 논의된다. 일부 과학자들은 이들 각각은 생존 목적에 도움이 되며 그리하여 인간 본능의 일부로서 진화한 것이 틀림없다고 주장한다. 또 다른 이들은 이러한 행동이 사회적으로 습득된 것이라는 증거로 문화적 차이를 지적한다. 그러나 대부분은 진실이 그 중간 어딘가에 있다고 믿는다. 사실, 인간 행동의 대부분은 너무 복잡해서 작용하는 다수의 요소들이 있는 것이 틀림없다. 어쩌면 우리의 천성과 교육을 구분하는 것은 불가능할지도 모른다.

구문 2행 The question is **whether** our habits and actions are inherited as natural instincts or learned from the people and environment [that surround us after we are born].
→ whether는 문장 전체의 동사 is의 보어로 사용된 명사절을 이끄는 접속사이다. [ ]는 the people and environment를 선행사로 하는 주격 관계대명사절이다.

6행 Others point to cultural differences as evidence **that** these behaviors are socially acquired.
→ that은 evidence와 동격을 이루는 절을 이끄는 접속사이다.

8행 Indeed, **the majority of** human behavior **is** *so* complex *that* there must be multiple factors at play.
→ the majority of는 뒤에 오는 명사의 수에 따라 동사의 수를 일치시키므로 단수 명사인 human behavior에 호응하는 is가 쓰였다. 「so ~ that …」 구문은 '너무 ~해서 …하다'의 뜻으로 인과 관계를 나타내는 표현이다.

9행 **It** may be impossible **to separate** nature from nurture.
→ It은 가주어이고, to separate 이하가 진주어이다.

문제해설 인간 행동에 관한 천성 대 교육 논쟁을 다루는 내용으로, 각 주장의 논지를 열거한 뒤, 결국 천성과 교육을 분리하는 것은 어렵다는 필자의 견해를 밝히고 있으므로 ②가 요지로 가장 적절하다.

어휘 nature 자연; *본성, 천성 nurture 양육, 교육 inherit 물려받다 instinct 본능 mating 짝짓기 ritual 의식 formation 형성 kinship 친족 bond 유대 context 맥락 evolve 발달[진전]하다; *진화하다 acquire 습득하다, 얻다 lie 누워 있다; *있다, 위치해 있다 separate 분리하다

4
정답 ③

해석 어떤 지역은 지진이 더 자주 일어나는 경향이 있어서 많은 건축가들과 건축업자들이 충격을 견딜 수 있는 건물을 개발해오고 있다. 비록 완벽하게 '지진을 견뎌내는' 구조는 없지만 손상을 줄이기 위해서 몇 가지 특정 조치들이 취해질 수 있다. 예를 들어, 건축 자재 선택이 중요하다. 합판과 수목과 같이 더 가벼운 자재를 사용하면 지진이 건물에 가하는 측면 하중을 줄일 수 있다. 건물의 지붕, 바닥, 그리고 벽을 지탱하기 위해 강철로 된 단단한 상자에 묶는 것도 또 다른 건축 전략이다. 방을 콘크리트로 된 가로판벽과 세로판벽으로 설계하는 것도 높은 건물이 형태와 안정성을 유지할 수 있도록 도와준다. 세로판벽이 건물을 사방으로 허물어 버리는 강한 힘을 견디는 동안 가로판벽은 중력과 지진에 의한 하중에 맞서게 된다.

구문 1행 ..., so many architects and builders **have been developing** buildings [that can withstand the shocks].
→ have been developing은 현재완료진행형 구문으로 과거의 어느 시점부터 현재까지 계속 지속되는 동작을 나타낼 때 사용한다. [ ]는 buildings를 선행사로 하는 주격 관계대명사절이다.

4행 Using lighter materials like plywood and timber **helps lessen** the sideways load [that earthquakes exert on buildings].
→ help는 목적어로 동사원형을 취할 수 있다. [ ]는 목적격 관계대명사절로 exert의 목적어인 the sideways load를 선행사로 한다.

문제해설 지진의 충격을 덜 수 있는 건축 자재 및 건축 기법 등을 설명하는 글이므로 ③이 글의 목적으로 가장 적절하다.

어휘 prone to ~을 잘 하는, ~하는 경향이 있는 withstand 견뎌[이겨]내다 proof (손상 등에) 견딜 수 있는 plywood 합판 timber 수목 load 짐; *무게, 하중 exert 가하다, 행사하다 horizontal 수평의, 가로의 vertical 수직의, 세로의 panel (문이나 벽에 붙이는) 판 stability 안정성 resist 저항[반대]하다; *잘 견디다 gravity 중력 tear ~ apart ~을 찢어 버리다

5
정답 ④

해석 종종 '지구 상의 마지막 위대한 경주'라 불리는 Iditarod 개썰매 경주는 1973년 이래로 매년 열리고 있다. 경주는 알래스카의 앵커리지에서 3월 첫 번째 토요일에 시작하고 끝나는데 2주 이상 소요될 수 있다. 참가자들은 알래스카의 놈에 있는 결승선까지 1,000마일 이상의 황무지를 가로지르며 썰매

를 타게 된다. 각 경주 팀은 한 명의 사람과 12~16마리의 개들로 구성된다. 경주 코스를 따라가면서 팀은 여러 개의 검문소에 서명을 해야 하는데, 북쪽 경로에 26개, 남쪽 경로에 27개가 있다. 팀은 혹독하고 몹시 추운 날씨뿐만 아니라 얼음같이 찬 강물과 가파른 지형도 극복해야 한다. 속도, 힘, 그리고 체력 때문에 시베리안 허스키와 알래스카 맬러뮤트가 가장 흔히 선택되는 경주용 품종이다. 어떤 개들은 썰매를 끄는 반면, 다른 개들은 선두를 달리며 팀을 안내하는 것을 돕는다.

구문 1행 ..., the Iditarod Trail Sled Dog Race **has been held** annually since 1973.
→ Iditarod 개썰매 경주는 특정 시점(1973년) 이후부터 지금까지 계속 행해지고 있는 것이므로 현재완료수동태(has been held)가 쓰였다.

7행 The teams must overcome **not only** the harsh, freezing weather, **but also** icy rivers and steep terrain.
→ 「not only ~ but (also) ...」 구문으로 '~뿐만 아니라 …도'라는 의미의 구문이다. 같은 뜻으로 「not only ~ but ... as well」이 쓰이기도 한다.

문제해설 참가자들은 북쪽 경로와 남쪽 경로에 각각 지정된 검문소에서 서명을 해야 한다고 했지만, 검문소에서 참관인의 서명을 받아야 된다는 언급은 없으므로 ④는 글의 내용과 일치하지 않는다.

어휘 sled 썰매 annually 일년에 한 번 wilderness 황야, 황무지 be made up of ~로 구성되다 multiple 많은, 다수의 checkpoint 검문소 harsh 가혹한, 냉혹한 freezing 꽁꽁 얼게 추운 icy 얼음같이 찬 steep 가파른, 비탈진 terrain 지형, 지역 owing to ~때문에 stamina 체력 breed 품종 set the pace 선두를 달리다

6-7

해석 (A) 1972년, 베트남 전쟁 당시 Trang Bang 마을은 폭격을 당했다. 며칠 뒤, 폭격 사진이 신문에 등장했다. 사진에는 9살짜리 여자아이가 마을의 길을 뛰어가고 있는 모습이 나와 있었다. 그 여자아이의 팔은 하늘로 높이 뻗어 있고, 마을에 떨어진 폭탄으로 등에 화상을 입어 고통스럽게 소리를 지르고 있었다. 자신이 그 폭격에 책임이 있다고 믿었던 미국인 비행사 John Plummer는 몹시 충격을 받았고 죄책감에 휩싸였다.

(D) 그는 이후 24년을 사진 속의 그 여자아이를 찾으면서 보냈다. 하지만 그는 결코 그 아이를 찾을 수 없었다. 미안하다고 말하고 싶은 그의 바람이 그의 가슴을 미어지게 했다. 그의 친구들은 그가 공격 전에 무고한 사람들이 마을을 빠져나올 수 있게 도와주려고 했던 것을 상기시킴으로써 그를 도우려 애썼다. 하지만 이것이 그의 죄책감을 덜어주지는 않았다.

(C) 그런데 1996년 재향 군인의 날, 믿기 힘든 일이 생겼다. John은 참전했던 예전 비행사들과 함께 워싱턴 DC의 베트남 전쟁 기념관에 있었다. 그들은 전쟁에서 목숨을 잃은 사람들을 기리기 위해 그곳에 있었다. 하지만 각자는 죄책감에서 벗어나 안도감을 찾으려는 바람도 있었다. 그들은 연설이 시작

되기를 기다리는 나머지 군중들과 함께 일어섰다. 아담한 여성이 무대로 올라섰다.

(B) 그녀는 자신을 Kim Phuc라고 소개했는데, 사진 속 그 여자아이였다. John은 격한 감정에 휩싸였다. 그는 오랫동안 그녀를 보고 싶어했다. 여성은 "제가 가지고 있는 화상 때문에 아직도 고통스럽지만 전 억울하지 않아요. 저는 오래 전 우리 마을을 폭격한 사람들을 용서했습니다."라고 말을 이었다. John은 재빨리 종이 한 조각에 자신이 그들 중 한 명이었다고 쓰고 그녀에게 전달했다. 몇 분 뒤, 그 예전 비행사는 미안하다고 흐느끼며 Phuc를 안았다. Phuc는 "당신을 용서할게요." 라고 말했다.

구문 8행 The woman continued, "I'm not bitter, though the burns [I got] still **cause me pain**.
→ [ ]는 목적격 관계대명사가 생략된 절로 선행사 the burns를 수식하고 있다. 「cause + 사람 + 명사」는 '~에게 …을 초래하다, 안겨주다' 라는 의미이다.

13행 ..., something astonishing happened.
→ something과 같이 -body, -one, -thing으로 끝나는 부정대명사는 뒤에서 형용사(구)의 수식을 받는다.

15행 They were there to honor those [killed in the war].
→ 수동의 과거분사구 [ ]는 those를 수식하며 '전쟁에서 죽은 사람들'이라는 의미이다.

19행 His friends **tried** to help by reminding him that he **had tried** to *help* innocent people *get* out of the village before the attack.
→ 주절의 시제(tried)보다 무고한 사람들을 도와주려고 한 것이 더 이전에 일어난 일이므로 과거완료 시제(had tried)가 쓰였다. help는 목적격보어로 동사원형을 취할 수 있다.

6 ··· 정답 (D)-(C)-(B)
문제해설 베트남 전쟁의 참전 용사 John Plummer가 전쟁 당시 폭격 때문에 화상을 입은 한 소녀의 사진을 보게 되었다는 (A) 뒤에 그가 전쟁이 끝난 후에도 오랜 기간 동안 죄책감에 시달리며 그 소녀에게 사과하고 싶어했다는 내용의 (D)가 오고 그가 재향 군인의 날에 죄책감을 덜기 위해 베트남 전쟁 기념관에 갔다는 내용의 (C)에 이어 연설을 하기 위해 무대 위에 올라온 여성이 그 소녀임을 알고 그녀에게 용서를 빌었다는 내용의 (B)가 오는 것이 자연스럽다.

7 ··· 정답 ⑤
문제해설 참전 용사를 기리는 곳에 참석했다가 그토록 찾았던 사진 속 여자아이를 우연히 만나 용서를 구했다고 했으므로 ⑤는 글의 내용과 일치하지 않는다.

어휘 bombing 폭격 (v. bomb) guilt 죄책감 overwhelmed 압도된, 휩싸인 bitter 격렬한; *억울해 하는 burn 태우다; *화상, 덴 상처 scrap 조각 sob 흐느끼다 astonishing 정말 놀라운 memorial 기념비 former 예전의, 과거의 honor 명예; *존경하다, 예우하다 relief 안도, 안심 innocent 무죄인, 결백한; *무고한

영웅들 터전…… 늘 별들과 함께 하리기

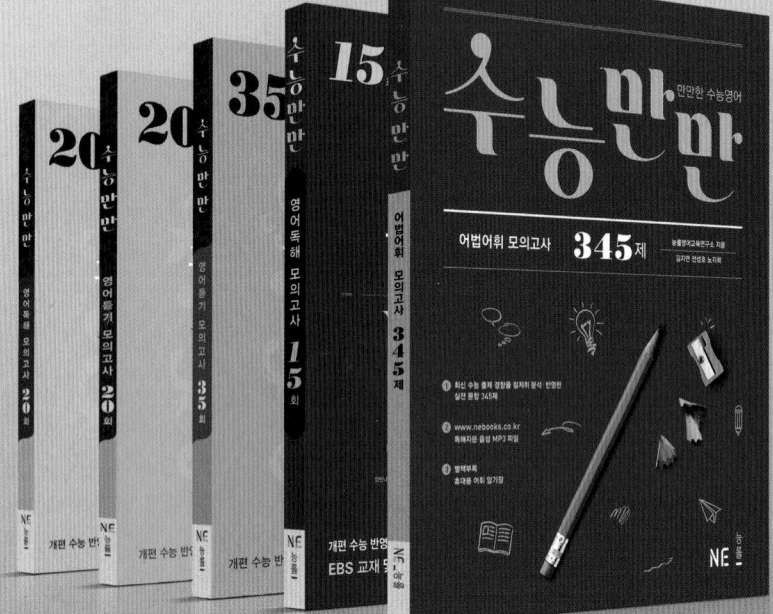